술술풀어가는

영어성경 영문법

〉〉〉마가복음

술술풀어가는

영어성경 영문법 >>>마가복음

김복희 지음

한국문화사

술술풀어가는 영어성경영문법

-마가복음-

초판인쇄 2013년 12월 10일
초판발행 2013년 12월 20일

지 음 김 복 희
펴 냄 김 진 수
펴낸곳 **한국문화사**
등 록 1991년 11월 9일 제2-1276호
주 소 서울특별시 성동구 아차산로 3(성수동 1가) 502호
전 화 (02)464-7708 / 3409-4488
전 송 (02)499-0846
이메일 hkm7708@hanmail.net
홈페이지 www.hankookmunhwasa.co.kr
Copyright ⓒ 김 복 희
사진·삽화 김 복 희

책값은 뒤표지에 있습니다.

ISBN 978-89-6817-079-9 93740

이 도서의 국립중앙도서관 출판시도서목록(CIP)은 서지정보유통지
원시스템 홈페이지(http://seoji.nl.go.kr)와 국가자료공동목록시스템
(http://www.nl.go.kr/kolisnet)에서 이용하실 수 있습니다.
(CIP제어번호: CIP2013026633)

1. 이 책에 실린 영어성경문장과 의역으로 사용된 우리말번역은 NIV 영어성경을 참고한 것임을 밝혀둔다. 성경해설도 『New International Version』, 『Big 베스트 성경』, 『New 만나성경』, 『빅 라이프성경』, 『NIV 한영해설성경』을 참고하였다.

2. NIV 영어원문이나 우리말 의역의 뜻이 분명치 않은 것은 KJV나 NLT 등의 영어 원문을 찾아서 비교대조함으로써 그 뜻을 이해하기 쉽게 하였다.

3. 한 개의 문장 속에 나오는 문법사항들을 문법별로 정리하다보니까 반복되어 나오는 문장이 있다. 예를 들어, 똑같은 문장이 'that의 용법'에도 나오고 '관계대명사'에도 나올 수 있다. 그것은 그 한 문장 속에 두 개 이상의 문법이 등장하기 때문이다. 그럴 경우에는 그 chapter에 해당되는 문법을 해설 ①번에 설명하였고 나머지 문법들은 간략하게 ②번과 ③번에 실었다. 따라서 ①번 문법 설명부분을 눈에 띄게 하기 위해서 글자를 고딕체로 하였다.

4. NIV 번역(의역)만으로는 무엇인가 설명이 미비하다고 생각되는 곳에는 의역 다음 부분에 성경해설을 조금 덧붙였다.

5. 특별한 단어나 숙어가 없는 경우에는 '단어 및 숙어의 확장'을 넣지 않았다.

6. 생략된 부분의 표기는 ✓ 로 하였다.

7. 단어 및 숙어의 확장 부분에서 중요한 기본동사는 불규칙동사변화(원형-과거형-과거분사형)를 표시해두었다.

예) come-came-come / catch-caught-caught

8. 이 책에 사용된 약자표기는 다음과 같다.

R: 동사원형   S: 주어   V: 동사   O: 목적어
Adj: 형용사   Adv: 부사   pl: 명사의 복수형   N: 명사
Prep: 전치사   N.B.: 주의!

오늘날 영어는 일반인은 물론이고 크리스천에게는 더욱 필수적인 언어가 되었다. 특히 하나님의 지상명령인 선교를 수행하기 위해서는 국내에서만이 아니라 전 세계로 활동무대를 확장시킬 필요가 있기 때문에 영어는 복음전파의 중요한 도구라고 할 수 있다. 그러나 복음전파의 도구로 영어를 사용해야 하는 사역자들의 고충은 복음에 대해서는 잘 알지만 영어라는 한계에 이른다는 점이다. 사역자를 키우는 신학대학교에서 강의한 지가 15년이 넘었음에도 그들로 하여금 영어에 능통하게 하는 것이 항상 풀리지 않는 숙제였다. 계속 고민하고 새로운 방법을 연구하다가 혼동하기 쉬운 영문법을 영어성경안의 모든 구절을 통해 이해하기 쉽게 분석해서 낸 책이 바로 5년 전에 출간한『술술풀어가는 영어성경영문법-마태복음-』(2008)이었다. 이어서『술술풀어가는 영어성경영문법-요한복음-』(2011),『술술풀어가는 영어성경영문법-옥중서신-』(2012)이 출간되었고 이번에 네 번째로 완성된 것이『술술풀어가는 영어성경영문법-마가복음-』(2013)이다. 필자는 영어성경 중에서도 '마가복음'에 나오는 영어성경구절을 철저히 분석하여 영문법을 수학의 공식처럼 만들었다. 특히 학생들이 구별하지 못해서 해석이 어려웠던 부분들에 중점을 두었다. 예를 들면, 한 문장 안에서도 용법에 따라 다르게 해석될 수 있는 that을 보여주기 위해 '마가복음'에 나오는 that을 모두 찾아 철저하게 분석하였다.

이 책의 가장 큰 특징은 포맷이다.
첫째, 대체로 기존의 영어성경에 관한 책들이 신구약 중에서도 중요하다고 생각되는 부분만을 선택해서 분석한 것이라면 이 책은 '마가복음' 전체에 나오는 문법사항을 완전히 분석한 것이다.
둘째, 기존의 문법책들이 문법을 제목 중심으로 서술해서 설명했다면, 이 책은 혼돈되는 문법을 중심으로 '마가복음'안의 공통된 문장을 전부 다 한 곳으로 모아서 반복공부하게 함으로써 그 혼돈된 문법을 완전히 마스터하게 하였다. 다시 말하면 일반영어 문법책이나 독해책이 문법의 큰 제목, 즉 단순하게 '명사' '동사' '대명사' 등의 품사별 순서로 나열하고 설명하며 그에 해당하는 문장을 제시설명하는 포맷이라면 이 책은 품사별로 단순하게 나열하는 것이 아니라 평소에 혼동하기 쉬운 문법을 하나로 묶어 구체적으로 제시하고 설명하는 포맷이다. 같은 문법이나 관용구를 지닌 여러 가지 문장을 반복해서 학습하다보면 자연스럽게 그 문법이나 관용구를 술술 이해할 뿐만 아니라 암기도 가능할 것이다.

이 책의 구성은 다음과 같다.
첫째, 문법의 타이틀을 제시하고 중요포인트를 표로 만들어 제시하면서 관련된 기본예문을 보여주었다.
둘째, 성경원문을 보여주고 직역한 다음 그 문장의 핵심구조를 제시하였다.
셋째, 관련된 중요 단어와 숙어를 품사별로 풀이하였다.
넷째, 독해 포인트를 해설하였다.
다섯째, 마지막 부분에는 앞에 설명한 성경구절을 의역하였다. 의역은 NIV 우리말성경을 참고하였다. 또한 필자가 이스라엘과 터키 그리스 성지순례 때에 찍었던 사진 또는 직접 그린 그림을 실어서 본문의 내용을 조금 더 실감나도록 하였다.

예로부터 영어성경은 영어를 배우는 데에 가장 적합하고 훌륭한 교재라고 하였다. 하지만 이것은 성경내용에 대한 책이 아니다. 영어성경의 모든 문장을 통해서 영문법을 완전하게 정복하고자 하는 것이 목표이다. 목회현장에서 사역하는 목사님, 사모님, 전도사님, 선교사님과 신학도 등 모든 분은 이미 성경에 대하여 해박한 지식을 갖고 있다. 따라서 이 책에서 필자는 감히 성경을 설명할 수는 없다. 성경에 능통한 교역자들이 이 책을 공부함으로써 영어에도 능통하여 세계의 모든 사역현장에서 영어라는 매개체를 통하여 설교도 하고 통역도 함으로써 하나님의 영광을 드러내기를 바랄 뿐이다. 일반인도 이 책을 공부함으로써 TOEIC, TOEFL, TEPS 등의 여러 시험의 reading과 writing에서 고득점을 획득하기를 바란다. 영어성경의 문장은 영어공부의 기본이 되기 때문이다.

책을 끝내고 보니 무엇인가 빠진 부분도 있을 것 같고 부족한 설명도 있을 것이라고 생각된다. 이러한 점을 포함한 다른 문제점들은 독자의 지적과 비판을 참고로 빠른 시일 내에 다시 수정 보완할 수 있도록 하겠다. 끝으로 하나님께 영광과 찬양을 올린다. 특히 이 책의 출간을 허락해주신 한국문화사 김진수 사장님과 김정희 실장님께 마음 깊이 감사드린다. 김태균 부장님의 노고에도 크게 감사드린다. 편집을 맡아주신 편집부의 모든 분들께도 심심한 감사를 표한다. 교정을 도와준 희숙과 은주에게도 고마움을 전하고 싶다.

2013년 12월
학산 연구실에서
김 복 희

차례

　　예수님의 탄생과 사역 이전의 기록은 극도로 축소하고 사역하시는 예수님에 관하여 곧
장 기록하고 있다. 또한 마가는 예수님의 설교나 사역에 대하여 자신의 해석을 덧붙이지
않고 오직 역동적으로 하나님 나라를 성취해 나가시는 그리스도의 모습을 간결하고도 사
실적으로 묘사하고 있다.

■ 4복음서 비교

	Matthew	Mark	Luke	John
대상	유대인	로마인	헬라인	유대인과 이방인
내용	나자렛 예수는 구약 성경의 예언들을 성취하신 분이다.	예수님은 가난한 자들을 도우러 오셨다.	예수님은 긍휼이 많으시다.	예수님은 하나님의 아들이시다.
강조점	왕되신 예수	가난한 자들을 도우시는 종으로서의 예수	긍휼이 많으신 인자 예수	하나님의 아들이신 예수

1. 저자: 마가(Mark) (예루살렘 태생으로 베드로의 제자, 베드로의 통역관(벧전5:13))

2. 기록연대: A.D. 65-70년.

3. 기록목적

　　① 그리스도의 수난을 기록함으로써 박해받는 이방, 특히 로마교회의 성도들을 격려하
　　　기 위하여
　　② 그리스도의 지상 행적을 기록으로 후대에 남기기 위하여

4. 주제: 하나님의 아들이신 예수. 예수는 인류를 구속하기 위하여 고난과 죽임을 당하셨
　　　으나, 부활하신 하나님의 아들이다.

5. 배경: 네로 황제의 박해가 최고조에 달했을 무렵이었다. 로마 교인들은 본서의 내용을
　　　설교를 통하여 많이 알고 있었으나 실제적인 기록물의 필요를 느끼고 있었다.

6. 특징
   ① 이방인을 위해서 기록했다.
   ② 간결함--내용과 문체가 매우 단순하고, 저자의 부연 설명이나 해석이 없이 사실만을 객관적으로 기록했다.
   ③ 고난에 중점을 둠--전체의 4분의 1이상을 예수의 고난 기사에 할애했다.
   ④ 사실적인 묘사--예수와 제자들과 군중들의 반응이나 감정을 삭제하거나 덧붙임 없이 사실 그대로 세밀하게 묘사했다.

7. 내용분해
   1) 복음의 시작 1:1-13
   2) 초기 갈릴리 사역 1:14-3:6
   3) 제자를 부르시고 육성하심 3:7-8:26
   4) 예수의 변모와 수난 예고 8:27-9:50
   5) 베뢰아에서의 설교 10:1-52
   6) 예루살렘 사역 11:1-13:37
   7) 예수의 수난 14:1-15:47
   8) 예수의 부활 16:1-20
      ① 성도의 새 생활 4:17-5:21
      ② 성도의 가정 및 사회생활 5:22-6:9
      ③ 성도의 영적 싸움 6:10-24

술술풀어가는 영어성경영문법
(마가복음)

- 지시대명사 that + 동사

- 지시형용사 that + 명사: 명사를 수식함

- 지시부사 that + 형용사(부사): 형용사나 부사를 수식함

- 종속접속사: 동사 + [that + 주어 + 동사]: 종속된 절을 만듦
- (종속접속사): 동사 + [✓ + 주어 + 동사]: that이 생략됨
- 관계대명사: 명사 + [that + 동사]: 뒤에 동사가 오면 주격

- 관계대명사: 명사 + [that + 주어 + 동사]: 뒤에 주어동사가 오면 목적격

- (관계대명사): 명사 + [✓ + 주어 + 동사]: 목적격은 생략됨

· so (that) + 주어 + may (can) + 동사원형
· such that + 주어 + may (can) + 동사원형
· It + 강조부분 + that + 주어 + 동사
· see (to it) that + 주어 + 동사
· How is it that + 주어 + 동사

01

that의 정체를 파악하자

① 지시대명사 that (저것은, 저것이, 그것이, 저 사람이)

중요포인트

that+V

V+that

지시대명사는 지시형용사나 지시부사처럼 꾸며주는 단어가 없다. 바로 뒤에 곧장 동사가 오거나 아무것도 오지 않고 독립적으로 쓰인다.

예문1 저것은 장미꽃이다. That is a rose.

예문2 저분은 김목사님이다. That is pastor Kim.

예문3 저것 좀 주세요. Please give me that.

예문4 이것저것 할 일이 많다. I have many things to do, this or that.

예문5 저것은 무엇입니까? What is that?

1 That is why I have come. (막1:38)

> **직역** 그것이 내가 온 이유이다.
>
> **핵심구조** That + 동사 is
>
> **해설** that은 지시대명사이다
>
> **의역** 내가 이를 위하여 왔노라

2 Why does this fellow talk like that? (막2:7)

> **직역** 왜 이 사람은 그처럼 말하는가?
>
> **핵심구조** 전치사 like + that
>
> **단어 및 숙어의 확장** **명사** fellow 친구, 사람, 동무 (☺ tip: fellow worker: 동역자)
>
> **해설** like는 동사가 아니라 전치사로서 '…와 같은…와 같이'의 뜻이다.
>
> **의역** 이 사람이 어찌 이렇게 말하는가?
>
> **성경해설** this fellow는 예수 그리스도를 의미한다. 마가복음2장1절에서 12절까지는 예수님께서 중풍병자를 고치시는 장면이 나온다. 이 문장은 예수님께서 그 중 풍병자에게 "소자야 네 죄 사함을 받았느니라"고 말씀하시자 거기 앉아 있던 서기관들이 마음으로 하는 말이다

3 And you do many things like that. (막7:13)

> **직역** 그리고 너희는 그와 같은 많은 일을 행한다.
>
> **핵심구조** 전치사 like + that
>
> **해설** like는 동사(좋아하다)가 아니라 전치사(…처럼)이다. 전치사 다음에 오는 that은 지시대명사이다
>
> **의역** 또 이 같은 일을 많이 행하느니라

4 John the Baptist has been raised from the dead, and <u>that</u> is why miraculous powers are at work in him. (막6:14)

> 직역 세례요한은 죽은 자들로부터 부활하였고, 그것이 기적적인 힘이 그 안에서 작용한 이유이다.
>
> 핵심구조 that + 동사 is
>
> 단어 및 숙어의 확장 명사 miracle 기적 동사 raise (vt) 올리다, 부활하다 형용사 miraculous 기적적인 숙어 be at work 작용하다, 작동하다, 활동하다
>
> 해설 ① that은 지시대명사이다 ② John과 the Baptist는 동격이다 ③ the dead는 'the+형용사'로서 복수보통명사가 된다. 따라서 dead people이다
>
> 의역 세례 요한이 죽은 자 가운데서 살아났도다 그러므로 이런 능력이 그 속에서 운동하느니라 하고

5 "Why does this fellow talk like <u>that</u>? He's blaspheming! Who can forgive sins but God alone?" (막2:7)

> 직역 "왜 이 사람은 그와 같이 말하는가? 그는 신성모독하고 있다! 하나님만을 제외하고 누가 죄를 용서할 수 있다는 말인가?"
>
> 핵심구조 …전치사 like + that
>
> 단어 및 숙어의 확장 동사 forgive 용서하다 / blaspheme (신성한 것에 대하여)불경스런 말을 하다, 모독하다
>
> 해설 that은 지시대명사이다
>
> 의역 이 사람이 어찌 이렇게 말하는가 참람하도다 오직 하나님 한 분 외에는 누가 능히 죄를 사하겠느냐

6 For false Christs and false prophets will appear and perform signs and miracles to deceive the elect—if <u>that</u> were possible. (막13:22)

직역 왜냐하면 거짓 그리스도들과 거짓 예언자들이 나타나서 징표와 기적들을 행하여 선택받은 사람들을 속일 것이기 때문이다—만약 그것이 가능하다면

핵심구조 that + 동사 were

단어 및 숙어의 확장 명사 sign (종교) 기적 / miracle 기적 / prophet 예언자, 선지자 동사 deceive 속이다 / appear 나타나다, 등장하다 / perform 행하다 형용사 the elect: elected people: 선택받은 사람들 / false 허위의, 가짜의, 거짓의

해설 that은 지시대명사이다

의역 거짓 그리스도들과 거짓 선지자들이 일어나서 이적과 기사(奇事)를 행하여 할 수만 있으면 택하신 백성을 미혹케 하려 하리라

---

7 Jesus replied, "Let us go somewhere else—to the nearby villages—so I can preach there also. That is why I have come." (막1:38)

직역 예수님은 대답하셨다, "어딘가 다른 곳으로 가자—근처 마을로—그러면 나는 거기에서도 가르칠 수 있다. 그것이 바로 내가 온 이유이다"

핵심구조 That + 동사 is

단어 및 숙어의 확장 명사 village 마을 동사 preach 가르치다 / reply 대답하다 형용사 nearby 근처의, 근방의

해설 That은 지시대명사로서 '그것이'의 뜻이다

의역 이르시되 우리가 다른 가까운 마을들로 가자 거기서도 전도하리니 내가 이를 위하여 왔노라 하시고

---

8 Thus you nullify the word of God by your tradition that you have handed down. And you do many things like that. (막7:13)

직역 그리하여 너희는 너희가 전해준 너희의 유산에 의해서 하나님의 말씀을 무효로 한다. 그리고 너희는 그처럼 많은 일을 한다.

핵심구조 전치사 like + that

단어 및 숙어의 확장 〔명사〕 tradition 전통 〔동사〕 nullify 무효로 하다, 파기(취소)하다, 무가치하게 만들다 〔숙어〕 hand down (후세에)전하다, 유산으로 남기다, (특징을)유전하다

해설 ① 전치사 다음에 온 that은 지시대명사이다 ② tradition 다음에 온 that은 목적격 관계대명사이다

의역 너희의 전한 유전으로 하나님의 말씀을 폐하며 또 이 같은 일을 많이 행하느니라 하시고

---

9 But he answered, "You give them somethings to eat." They said to him, "<u>That</u> would take eight months of a man's wages! Are we to go and spend that much on bread and give it to them to eat?"

(막6:37)

직역 그러나 그는 대답하였다, "너희가 그들에게 먹을 것을 주어라." 그들은 그에게 말하였다. "그렇게 하려면 한 사람의 급료를 8개월 모아야 할 수 있을 것입니다! 우리가 가서 그렇게 많은 돈으로 빵을 사서 그들을 먹여야합니까?"

핵심구조 That + 동사 would take

단어 및 숙어의 확장 〔명사〕 wage 급료 〔동사〕 spend 소비하다, 쓰다

해설 That은 지시대명사이다. 우리말 의역에는 That would take eight months of a man's wages! 에 대한 번역이 없다.

의역 대답하여 가라사대 너희가 먹을 것을 주라 하시니 여짜오되 우리가 가서 이백 테나리온의 떡을 사다 먹이리이까

성경해설 오천 명을 먹이신 기적(막6:30-44)에 나오는 내용이다. 예수님께서 큰 무리의 사람들을 보고 제자들에게 "너희가 먹을 것을 주라"고 하실 때에 제자들이 대답한 내용이다.

앞에 나왔던 명사가 뒤에 또 다시 나올 경우, 명사의 반복을 피하기 위해서 사용되는 지시대명사 that이나 those가 있다.

예문1 The climate of Italy is similar to the climate of Korea.

→The climate of Italy is similar to <u>that</u> of Korea.

(이탈리아의 기후는 한국의 기후와 비슷하다)

예문2 The ears of a rabbit are longer than the ears of a fox.

→The ears of a rabbit are longer than <u>those</u> of a fox.

(토끼의 귀는 여우의 귀보다 더 길다)[반복된 명사가 복수일 경우에는 that도 복수형 those가 된다)

10 "Be careful," Jesus warned them. "Watch out for the yeast of the Pharisees and <u>that</u> of Herod." (막8:15)

직역 "주의하라" 예수님이 그들에게 경고하셨다. "바리새인들의 누룩과 헤롯의 그것을 주의하라."

핵심구조 지시대명사 that + of + 명사 Herod

단어 및 숙어의 확장 명사 yeast 이스트 / Pharisee 바리새인 / Herod 헤롯
형용사 be careful 조심하라, 주의해라 숙어 watch out 조심하다, 주의하다

해설 that은 지시대명사로서 yeast(누룩)를 나타낸다

의역 예수께서 경계하여 가라사대 삼가 바리새인들의 누룩과 헤롯의 누룩을 주의하라 하신대

성경해설 바리새인들의 누룩이란 그들의 '외식(外飾)', 즉 위선(hypocrisy)를 의미한다.

2 지시형용사 that

중요포인트

that+명사 (that은 명사를 수식함) [형용사는 명사를 꾸며준다]

예문1 He used <u>that</u> towel to wipe the disciples' feet.

(그는 제자들의 발을 닦아주기 위하여 그 수건을 사용하였다)
[that은 towel이라는 명사를 꾸며주는 지시형용사이다]

예문2 They followed <u>that</u> star a long way to find Jesus.
(그들은 예수를 찾기 위하여 긴 길을 그 별을 따라갔다)
[that은 star라는 명사를 꾸며주는 지시형용사이다]

예문3 Herod was the king at <u>that</u> time. (헤롯은 그 당시에 왕이었다)
[that은 time이라는 명사를 꾸며주는 지시형용사이다]

---

1 He sent still another, and <u>that</u> one they killed. (막12:5)

직역 하지만 그는 또 다른 사람을 보냈다. 그런데 그 사람을 그들이 죽였다

핵심구조 that + 명사 one

단어 및 숙어의 확장 동사 send 보내다 (send-sent-sent) 부사 still 하지만, 그러나

해설 ① that은 명사 one을 꾸미기 때문에 지시형용사이다 ② that one을 강조하기 위해서 주어 앞에 와서 도치되었다. 원래의 문장으로 고치면, they killed that one이 된다

의역 또 다른 종을 보내니 저희가 그를 죽이고

---

2 They left <u>that</u> place and passed through Galilee. (막9:30)

직역 그들은 그 장소를 떠났고 갈릴리를 통과하였다

핵심구조 that + 명사 place

단어 및 숙어의 확장 숙어 pass through 통과하다, 횡단하다

해설 that은 명사 place를 꾸미기 때문에 지시형용사이다

의역 그 곳을 떠나 갈릴리 가운데로 지날새

---

3 If a kingdom is divided against itself, <u>that</u> kingdom cannot stand. (막3:24)

4 If a house is divided against itself, <u>that</u> house cannot stand.

(막3:25)

직역 만약 한 집안이 그 자체에 대항하여 분열되면, 그 집안은 지탱할 수 없다

핵심구조 that + 명사 house

단어 및 숙어의 확장 **동사** divide 나누다, 분열되다 / stand 견디다

해설 that은 명사 house를 꾸며주기 때문에 지시형용사이다

의역 만일 집이 스스로 분쟁하면 그 집이 설 수 없고

5 Be on guard! Be alert! You do not know when <u>that</u> time will come.

(막13:33)

직역 지켜라! 방심하지 마라! 너희는 모른다 그때가 언제 올 것인지를

핵심구조 that + 명사 time

단어 및 숙어의 확장 **명사** guard 경계, 방호, 감시, 조심 **형용사** alert 방심 않는, 빈틈 없는, 기민한

해설 that은 명사 time을 꾸며주기 때문에 지시형용사이다

의역 주의하라 깨어 있으라 그때가 언제인지 알지 못함이니라

6 Whenever you enter a house, stay there until you leave that town.

(막6:10)

직역 너희가 집에 들어갈 때마다, 거기에 머물러라 너희가 그 마을을 떠날 때까지

핵심구조 that + 명사 town

해설 ① that은 명사 town을 꾸며주기 때문에 지시형용사이다 ② Whenever는 복합관계부사로서 '…할 때마다'의 뜻

의역 또 가라사대 어디서든지 뉘 집에 들어가거든 그 곳을 떠나기까지 거기 유(留)하라

7 At that time Jesus came from Nazareth in Galilee and was baptized by John in the Jordan.

(믹1:9)

직역 그 당시에 예수님은 갈릴리의 나자렛 출신이었고 요단강에서 요한에 의하여 세례를 받으셨다.

핵심구조 that + 명사 time

단어 및 숙어의 확장 동사 baptize 세례를 받다 숙어 at that time 당시에 / come from…출신이다 (ex: 어디 출신이세요? Where do you come from? =Where are you from?)

해설 that은 명사 time을 꾸미기 때문에 지시형용사이다

의역 그때에 예수께서 갈릴리 나사렛으로부터 와서 요단강에서 요한에게 세례를 받으시고

나사렛에 있는 '예수수태통지교회'

8 Jesus then left <u>that</u> place and went into the region of Judea and across the Jordan.

(막10:1)

> 직역 그때 예수님은 그 장소를 떠나서 유대지방으로 들어가시고 요단을 가로질러가셨다
>
> 핵심구조 that + 명사 place
>
> 단어 및 숙어의 확장 [명사] region 지역, 지방 [동사] leave 떠나다 (leave-left-left) go 가다 (go-went-gone)
>
> 해설 that은 명사 place를 꾸미기 때문에 지시형용사이다
>
> 의역 예수께서 거기서 떠나 유대 지경과 요단강 건너편으로 가시니

9 As they untied it, some people standing there asked, "What are you doing, untying <u>that</u> colt?"

(막11:4-5)

> 직역 그들이 그것을 풀러주고 있을 때에 거기에 서 있는 몇 사람이 물었다, "뭘 하고 있나요, 그 망아지를 풀러주면서?"
>
> 핵심구조 that + 명사 colt
>
> 단어 및 숙어의 확장 [명사] colt 망아지(특히 4살쯤까지의 수컷) [동사] tie 묶다 / untie 풀다
>
> 해설 ① that은 명사 colt를 꾸미기 때문에 지시형용사이다 ② standing은 people을 꾸

며주는 현재분사로서 제한적 용법이다

[의역] 거기 서 있는 사람 중 어떤 이들이 가로되 나귀 새끼를 풀어 무엇하려느냐 하매

---

10 At that time if anyone says to you, "Look, here is the Christ!" or "Look, there he is!" do not believe it.   (막13:21)

[직역] 그때에 만약 누군가가 너희에게 "자, 여기 그리스도가 있다" 혹은 "자, 그가 저기 있다"고 말하더라도, 그것을 믿지 마라.

[핵심구조] that + 명사 time

[단어 및 숙어의 확장] **[동사]** believe 믿다 / look 자, 보라, 어때

[해설] ① that은 명사 time을 꾸미기 때문에 지시형용사이다 ② if는 '…한다면'의 뜻이 아니라 '…하더라도'(=though)의 뜻이다

[의역] 그때에 사람이 너희에게 말하되 보라 그리스도가 여기 있다 보라 저기 있다 하여도 믿지 말라

---

11 But in those days, following that distress, …"the sun will be darkened, and the moon will not give its light;   (막13:24)

[직역] 그러나 그 당시에, 그 걱정에 이어서,…"태양이 어두워질 것이며, 달은 그 빛을 내지 않을 것이다;

[핵심구조] that + 명사 distress

[단어 및 숙어의 확장] **[명사]** distress 걱정, 고민, 심통, 비탄, 가난, 곤궁

[해설] that은 명사 distress를 꾸미기 때문에 지시형용사이다

[의역] 그때에 그 환난 후 해가 어두워지며 달이 빛을 내지 아니하며

---

12 That evening after sunset the people brought to Jesus all the sick and demon-possessed.   (막1:32)

> **직역** 그날 저녁 해가 진 후 사람들은 예수님께 모든 병든 자들과 악마에 사로잡힌 자들을 데리고 왔다
>
> **핵심구조** That + 명사 evening
>
> **단어 및 숙어의 확장** 명사 sunset 석양 동사 bring 데리고 오다 (bring-brought-brought) 형용사 demon-possessed 악마에 사로잡힌
>
> **해설** ① That은 evening을 꾸며주는 지시형용사이다 ② the sick은 sick people(아픈 사람들)을 의미한다
>
> **의역** 저물어 해질 때에 모든 병자와 귀신 들린 자를 예수께 데려오니

13 But the time will come when the bridegroom will be taken from them, and on <u>that</u> day they will fast. (막2:20)

> **직역** 그러나 신랑이 그들로부터 데려가질 때가 올 것이다, 그리하여 그날에 그들은 단식할 것이다
>
> **핵심구조** that + 명사 day
>
> **단어 및 숙어의 확장** 명사 bridegroom 신랑 (↔bride 신부) 동사 fast 단식하다(금식, 절식하다)
>
> **해설** ① that은 명사 day를 꾸며주기 때문에 지시형용사이다 ② when은 관계부사로서 선행사는 the time이다
>
> **의역** 그러나 신랑을 빼앗길 날이 이르리니 그 날에는 금식할 것이니라

14 <u>That</u> day when evening came, he said to his disciples, "Let's go over to the other side." (막4:35)

> **직역** 저녁이 되는 그날, 그는 그의 제자들에게 말씀하셨다, "저편으로 건너가자"
>
> **핵심구조** That + 명사 day
>
> **단어 및 숙어의 확장** 명사 disciple 제자 동사 say 말하다 (say-said-said) / come-came-come 숙어 go over …을 건너다, 넘다

That은 명사 day를 꾸며주기 때문에 지시형용사이다

그 날 저물 때에 제자들에게 이르시되 우리가 저편으로 건너가자 하시니

15 "At <u>that</u> time men will see the Son of Man coming in clouds with great power and glory.　　　　　　　　　　　　　　　(막13:26)

직역 그때에 사람들은 인자가 매우 힘차고 영광스럽게 구름 속에서 오시는 것을 보게 될 것이다

핵심구조 that + 명사 time

단어 및 숙어의 확장 〔명사〕 power 능력, 권력, 힘 / glory 영광 〔숙어〕 at that time 그 당시에, 그때에 / with + 추상명사 great power=very powerfully 매우 힘차게 / with + 추상명사 glory=very gloriously 매우 영광스럽게 (great은 very의 뜻이다)

해설 ① that은 명사 time을 꾸며주기 때문에 지시형용사이다 ② coming은 현재분사로서 서술적 용법이다

의역 그때에 인자가 구름을 타고 큰 권능과 영광으로 오는 것을 사람들이 보리라

16 No one knows about <u>that</u> day or hour, not even the angels in heaven, nor the Son, but only the Father.　　　　　　　　(막13:32)

직역 아무도 그날 혹은 그 시간에 대하여 모른다, 하늘의 천사들도, 아들도 모른다, 하지만 오직 아버지만 아신다

핵심구조 that + 명사 day

단어 및 숙어의 확장 〔명사〕 angel 천사 / heaven 천국

해설 that은 명사 day를 꾸며주기 때문에 지시형용사이다

의역 그러나 그 날과 그때는 아무도 모르나니 하늘에 있는 천사들도, 아들도 모르고 아버지만 아시느니라

17 I tell you the truth, I will not drink again from the fruit of the vine until <u>that</u> day when I drink it anew in the kingdom of God."

(막14:25)

> 직역 나는 너희에게 진실을 말하노니, 나는 내가 하나님의 왕국에서 새롭게 마실 그 날까지 포도열매로부터 다시는 마시지 않겠다
>
> 핵심구조 that + 명사 day
>
> 단어 및 숙어의 확장 명사 vine 포도나무 부사 still 그럼에도, 그러나 anew 다시, 새로
>
> 해설 that은 명사 day를 꾸며주기 때문에 지시형용사이다
>
> 의역 진실로 너희에게 이르노니 내가 포도나무에서 난 것을 하나님 나라에서 새것으로 마시는 날까지 다시 마시지 아니하리라 하시니라

18 Jesus left <u>that</u> place and went to the vicinity of Tyre. He entered a house and did not want anyone to know it; yet he could not keep his presence secret.

(막7:24)

> 직역 예수님은 그 장소를 떠나서 두로 근처로 가셨다. 그는 어떤 집에 들어가셨는데 그는 그 누구도 그것을 알기를 원하지 않으셨다. 하지만 그는 그의 존재를 비밀로 지킬 수가 없었다
>
> 핵심구조 that + 명사 place
>
> 단어 및 숙어의 확장 명사 vicinity 가까움, 근처, 가까운 곳, 부근 / presence 존재, 현존 / secret 비밀
>
> 해설 that은 명사 place를 꾸며주기 때문에 지시형용사이다
>
> 의역 예수께서 일어나사 거기를 떠나 두로 지경으로 가서 한 집에 들어가 아무도 모르게 하시려 하나 숨길 수 없더라
>
> 성경해설 Trye [taiər] 두로: 고대 페니키아의 최대 항구도시, 상업도시. 자신에게 넘치는 풍요로움이 마치 자신의 손으로 이룬 것처럼 교만했으며 자신을 신으로 착각함. 그 착각으로 인하여 패망과 죽음으로 이어짐 (겔26:3-5).

19 The Son of Man will go just as it is written about him. But woe to <u>that</u> man who betrays the Son of Man! It would be better for him if he had not been born." (막14:21)

> **직역** 인자는 그에 관하여 쓰여진 것처럼 될 것이다. 그러나 인자를 배신하는 그 사람에게 화가 있으라! 태어나지 않았더라면 그에게 더 좋을텐데.
>
> **핵심구조** that + 명사 man
>
> **단어 및 숙어의 확장** [명사] woe 비애, 비통, 고뇌 / betray 배신하다, 배반하다 [숙어] woe (be) to…! …에 화가 있으라, …은 화가 미칠진저
>
> **해설** that은 명사 man을 꾸며주기 때문에 지시형용사이다
>
> **의역** 인자는 자기에게 대하여 기록된 대로 가거니와 인자를 파는 그 사람에게는 화가 있으리로다 그 사람은 차라리 나지 아니하였더면 제게 좋을 뻔하였느니라 하시니라

③ 지시부사 that

> 1) 지시부사는 형용사를 수식한다.
>
> **예문** <u>That</u> beautiful flower is a gardenia. (저 아름다운 꽃은 치자꽃이다)
> (that은 beautiful이라는 형용사를 꾸민다)
>
> 2) 지시부사는 다른 부사를 수식한다.
>
> **예문** <u>That</u> very person is my fellow worker.
> (바로 그 사람이 나의 동역자이다) (That은 very라는 부사를 꾸민다)

1 They ran throughout <u>that</u> whole region and carried the sick on mats to wherever they heard he was. (막6:55)

> **직역** 그들은 달려서 그 전체 지역을 통과하였고 그가 있다고 들은 곳마다 아픈 사람들을 매트 위에 데리고 갔다.

> **핵심구조** that + 형용사(whole)

> **단어 및 숙어의 확장** **명사** region 지역, 지방 / mat 매트 **동사** run 달리다 (run-ran-run) / hear 듣다(hear-heard-heard)

> **해설** ① that은 형용사 whole을 꾸며주기 때문에 지시부사이다 ② wherever는 복합관계부사로서 '어디든지'의 뜻이다

> **의역** 그 온 지방으로 달려 돌아다니며 예수께서 어디 계시단 말을 듣는 대로 병든 자를 침상채로 메고 나아오니

2 But he answered, "You give them somethings to eat." They said to him, "That would take eight months of a man's wages! Are we to go and spend <u>that</u> much on bread and give it to them to eat?"

(막6:37)

> **직역** 그러나 그는 대답하였다, "너희가 그들에게 먹을 것을 주어라." 그들은 그에게 말하였다, "그렇게 하면 한사람의 8개월 급료가 들어갈 것입니다! 우리가 가서 빵에 그렇게 많은 돈을 써서 그들에게 그것을 먹여야합니까?"

> **핵심구조** that + 부사(much)

> **단어 및 숙어의 확장** **명사** wage 급료

> **해설** that은 부사 much를 꾸미기 때문에 지시부사이다

> **의역** 대답하여 가라사대 너희가 먹을 것을 주라 하시니 여짜오되 우리가 가서 시백 데나리온의 떡을 사다 먹이리이까

④ 종속접속사 that이 들어간 문장

30 | 술술풀어가는 영어성경영문법(마가복음)

V + that + S + V

두 개의 문장, 1) John stated.(요한은 말했다) 2) Satan entered into Judas after he received the bread.(사단은 유다가 빵을 받은 후 유다에게 들어갔다)를 종속접속사 that을 연결해서 다음과 같이 한 개의 문장으로 만들 수 있다.

John stated that Satan entered into Judas after he received the bread.

이때 that을 종속접속사라고 하고 that 이하의 문장은 전체동사 stated의 목적어가 된다. that 이하의 절을 명사절이라고 한다.

예문1 We knew that Jesus was a great teacher from God.
(우리는 예수님이 하나님에게서 온 위대한 교사인 것을 알았다)
[that Jesus was a great teacher from God은 knew의 목적어가 되는 명사절이다]

예문2 Joseph understood that God was judge.
(요셉은 하나님이 심판관이라는 것을 이해하였다)
[that God was judge는 understood의 목적어가 되는 명사절이다]

예문3 To make sure that Jesus was really dead, the soldiers pierced His side with a spear. (예수님이 실제로 죽었는지를 확실하게 하기 위하여 군인들은 창으로 그의 옆구리를 찔렀다)
[that Jesus was really dead는 make sure의 목적어가 되는 명사절이다]

---

1 They went out and preached that people should repent. (막6:12)

직역 그들은 밖으로 나가서 사람들이 회개해야한다고 설교하였다

핵심구조 동사 went and preached + that + 주어 people + 동사 should repent

단어 및 숙어의 확장 [동사] preach 설교하다 / repent 회개하다 / go 가다 (go-went-gone)

해설 that의 앞에는 동사, that 다음에는 주어 peolple +동사 should repent 가 왔으므로 종속접속사이다

의역 제자들이 나가서 회개하라 전파하고

2 And they asked him, "Why do the teachers of the law say <u>that</u> Elijah must come first?" (막9:11)

> 직역 그리고 그들은 그에게 물었다, "왜 서기관들은 엘리야가 먼저 와야 한다고 말하나요?"
>
> 핵심구조 동사 say + that + 주어 Elijah + 동사 must come
>
> 단어 및 숙어의 확장 명사 teacher of the law 서기관
>
> 해설 that앞에는 동사 say, that다음에는 주어 Elijah와 동사 must come이 왔으므로 종속접속사이다
>
> 의역 이에 예수께 묻자와 가로되 어찌하여 서기관들이 엘리야가 먼저 와야 하리라 하나이까

3 Even so, when you see these things happening, you know <u>that</u> it is near, right at the door. (막13:29)

> 직역 비록 그렇다고 하더라도, 너희가 이러한 일이 일어나는 것을 보면, 너희는 그것이 바로 문 앞에 가까이 왔다는 것을 안다
>
> 핵심구조 동사 know + that + 주어 it + 동사 is
>
> 단어 및 숙어의 확장 동사 happen 발생하다, 생기다 숙어 even so (비록)그렇다(고)하더라도
>
> 해설 that의 앞에 동사 know, that의 다음에 주어it와 동사 is가 왔으므로 종속접속사이다
>
> 의역 이와 같이 너희가 이런 일이 나는 것을 보거든 인자가 가까이 곧 문 앞에 이른 줄을 알라

4 But if we say, 'From men'···(They feared the people, for everyone held <u>that</u> John really was a prophet.) (막11:32)

> 직역 그러나 만약 우리가, '인간으로부터'···(그들은 사람들을 두려워했는데, 왜냐하

면 모든 사람들이 요한이 진짜 예언자라고 주장했기 때문이었다)…라고 말한 다면,

핵심구조 동사 held + that + 주어 John + 동사 was

단어 및 숙어의 확장 명사 prophet 예언자, 선지자 동사 fear 두려워하다 / hold 주장 하다 (hold-held-held)

해설 that의 앞에는 동사 held, that 다음에는 주어 John, 동사 was가 왔으므로 종속접 속사이다

의역 그러면 사람에게로서라 할까 하였으나 모든 사람이 요한을 참선지자로 여기므 로 저희가 백성을 무서워하는지라

---

5 When he learned from the centurion <u>that</u> it was so, he gave the body to Joseph.
(막15:45)

직역 그가 백부장으로부터 그것이 그렇다는 것을 알았을 때 그는 그 몸을 요셉에게 주었다

핵심구조 동사 learned + that + 주어 it + 동사 was

단어 및 숙어의 확장 명사 centurion 백부장 동사 give 주다 (give-gave-given)

해설 ① that의 앞에 동사 learned, that의 뒤에는 주어 it, 동사 was가 왔으므로 종속접 속사이다 ② from the centurion은 부사구이다

의역 백부장에게 알아본 후에 요셉에게 시체를 내어 주는지라

---

6 Therefore I tell you, whatever you ask for in prayer, believe <u>that</u> you will receive it, and it will be yours.
(막11:24)

직역 그러므로 내가 너희에게 말하노니, 너희가 기도 중에 무엇을 요청하든지, 너희 가 그것을 받을 것이라고 믿어라, 그러면 그것은 너희의 것이 될 것이다

핵심구조 동사 believe + that + 주어 you + 동사 will receive

단어 및 숙어의 확장 명사 prayer 기도

해설 ① that의 앞에 동사 believe, that의 뒤에 주어 you, 동사 will receive가 왔으므로

종속접속사이다 ② whatever는 복합관계대명사로서 '무엇이든지'의 뜻이다

의역 그러므로 내가 너희에게 말하노니 무엇이든지 기도하고 구하는 것은 받은줄로 믿으라 그리하면 너희에게 그대로 되리라

7 A few days later, when Jesus again entered Capernaum, the people heard <u>that</u> he had come home.

(막2:1)

직역 며칠 후, 예수님이 가버나움에 다시 들어가셨을 때, 사람들은 그가 고향에 오셨다고 들었다.

핵심구조 동사 heard + that + 주어 he + 동사 had come

해설 ① that의 앞에 동사 heard, that의 뒤에 주어 he, 동사 had come이 왔으므로 that은 종속접속사이다 ② ,when은 관계부사의 계속적용법으로 and then으로 바꿀 수 있다

의역 수일 후에 예수께서 다시 가버나움에 들어가시니 집에 계신 소문이 들린지라

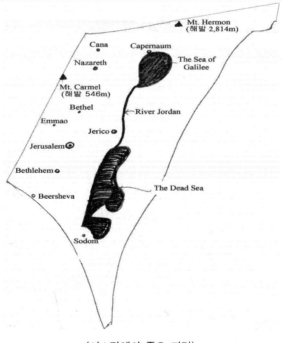

〈이스라엘의 주요 지명〉

8 So many gathered <u>that</u> there was no room left, not even outside the door, and he preached the word to them. (막2:2)

> **직역** 너무 많은 사람들이 모여서 남아 있는 공간이 없었고, 문 밖으로조차도 없었다. 그래서 그는 그들에게 말씀을 가르치셨다.
>
> **핵심구조** 동사 gathered + that + 주어 no room + 동사 was left
>
> **단어 및 숙어의 확장** [동사] gather 모이다 / preach 가르치다, 설교하다 / leave 남다 (leave-left-left)
>
> **해설** gathered 다음의 that은 종속접속사로서 that이하의 절은 gathered의 목적어이다
>
> **의역** 많은 사람이 모여서 문 앞에라도 용신(容身)할 수 없게 되었는데 예수께서 저 희에게 도를 말씀하시더니

9 When they heard <u>that</u> Jesus was alive and <u>that</u> she had seen him, they did not believe it. (막16:11)

> **직역** 예수님이 살아 있고 그 여자가 그를 본 적이 있다는 것을 그들이 들었을 때, 그들은 그것을 믿지 않았다
>
> **핵심구조** 동사 heard + that + 주어 Jesus + 동사 was
> 　　　　　 동사 heard + that + 주어 she + 동사 had seen
>
> **단어 및 숙어의 확장** [동사] hear 듣다(hear-heard-heard) / see 보다(see-saw-seen) / 하다 do(do-did-done) [형용사] alive 살아 있는
>
> **해설** that 앞에 동사 heard, that 뒤에 주어 Jesus, 동사 was가 왔다. 그런데 이 문장에서 종속접속사 that은 2개이다. that she has seen …에서도 that 뒤에 주어 she, 동사 had seen이 왔다
>
> **의역** 그들은 예수의 살으셨다는 것과 마리아에게 보이셨다는 것을 듣고도 믿지 아니 하니라

10 When he heard <u>that</u> it was Jesus of Nazareth, he began to shout, "Jesus, Son of David, have mercy on me!" (막10:47)

> **직역** 그가 그분이 나사렛의 예수님이라고 들었을 때, 그는 소리치기 시작했다, "다윗의 자손 예수님, 저에게 자비를 베푸소서!"
>
> **핵심구조** 동사 heard + that + 주어 it + 동사 was
>
> **단어 및 숙어의 확장** **명사** mercy 자비, 사랑 **동사** begin 시작하다 (begin-began-begun) / hear 듣다 (hear-heard-heard) / shout 소리치다
>
> **해설** that 앞에 동사 heard, 뒤에 주어 it, 동사 was가 왔으므로 종속접속사이다
>
> **의역** 나사렛 예수시란 말을 듣고 소리 질러 가로되 다윗의 자손 예수여 나를 불쌍히 여기소서 하거늘

11 But that you may know <u>that</u> the Son of Man has authority on earth to forgive sins—"He said to the paralytic, (막2:10)

> **직역** 그러나 너희는 알 수도 있다 인자가 땅 위에서 죄를 용서해줄 권위가 있다는 것을—"그는 중풍환자에게 말하였다,"
>
> **핵심구조** 동사 know + that + 주어 the Son of Man + 동사 has
>
> **단어 및 숙어의 확장** **명사** authority 권위 / paralytic 중풍환자 / the Son of Man 인자 **동사** forgive 용서하다 (forgive-forgave-forgiven) / say 말하다 (say-said-said)
>
> **해설** ① that 앞에 동사, that 다음에 주어+동사가 왔으므로 종속접속사이다 ② But 다음에 오는 that의 앞에는 so가 생략돼 있다: so that + S + may + R:…하기 위하여
>
> **의역** 그러나 인자가 땅에서 죄를 사하는 권세가 있는 줄을 너희로 알게 하려 하노라 하시고 중풍병자에게 말씀하시되

12 "Well said, teacher," the man replied. "You are right in saying <u>that</u> God is one and there is no other but him. (막12:32)

> **직역** "잘 말씀하셨습니다, 선생님," 그 사람이 대답하였다. "하나님이 한분이시고 그 외에는 다른 이는 없다고 말씀하신 점에서 당신이 옳아요"
>
> **핵심구조** 동사 say + that + 주어 God + 동사 is

동사 say + that + 주어 no other + 동사 is

단어 및 숙어의 확장 **동사** say 말하다 (say-said-said) / reply 대답하다

해설 ① that 앞에 동사 say, that 뒤에 주어+동사가 왔으므로 종속접속사이다. 여기에서 that이하의 문장은 2개 (God is one / there is no other but him)이다 ② but은 except (…을 제외하고)의 뜻이다

의역 서기관이 가로되 선생님이여 옳소이다 하나님은 한 분이시오 그 외에 다른 이가 없다 하신 말씀이 참이니이다

13 At once Jesus realized <u>that</u> power had gone out from him. He turned around in the crowd and asked, "Who touched my clothes?"

(막5:30)

직역 즉시 예수님은 능력이 그로부터 나간 것을 깨달으셨다. 그는 몸을 돌려 군중을 보시며 질문하셨다, "누가 나의 옷을 만졌느냐?"

핵심구조 동사 realized + that + 주어 power + 동사 had gone

단어 및 숙어의 확장 **동사** realize 깨닫다, 각성하다 / go 가다 (go-went-gone)
명사 crowd 군중, 무리 **숙어** at once 곧, 즉시 (=soon)

해설 that 앞에 동사 realized, 뒤에 주어+동사가 왔으므로 종속접속사이다

의역 예수께서 그 능력이 자기에게서 나간 줄을 곧 스스로 아시고 무리 가운데서 돌이켜 말씀하시되 누가 내 옷에 손을 대었느냐 하시니

14 Going a little farther, he fell to the ground and prayed <u>that</u> if possible the hour might pass from him.

(막14:35)

직역 약간 더 멀리 가신 후에, 그는 땅바닥에 떨어지더니 가능하다면 그 시간이 그로부터 지나갈 수 있도록 기도하셨다

핵심구조 동사 prayed + that + 주어 the hour + 동사 might pass

단어 및 숙어의 확장 **동사** fall 떨어지다 (fall-fell-fallen) / pass 지나가다, 통과하다
숙어 if (it is) possible 가능하다면, 할 수 있다면 / fall to the ground 땅에 떨어

지다

해설 that 앞에 동사 prayed, 뒤에 주어+ 동사가 왔으므로 종속접속사이다

의역 조금 나아가사 땅에 엎드리어 될 수 있는 대로 이 때가 자기에게서 지나가기를 구하여

15 But when they looked up, they saw <u>that</u> the stone, which was very large, had been rolled away. (막16:4)

직역 그러나 그들이 위를 쳐다보았을 때, 그들은 매우 커다란 그 돌이 굴러간 것을 보았다

핵심구조 동사 saw + that + 주어 the stone + 동사 had been rolled

단어 및 숙어의 확장 [동사] roll 구르다 / see 보다 (see-saw-seen) [형용사] large 커다란, 큰 [숙어] roll away 굴리다, 구르다 / look up 쳐다보다

해설 ① that 앞에 동사 saw, 뒤에 주어 + 동사가 왔으므로 종속접속사이다 ② which는 관계대명사의 계속적 용법으로서 and it으로 바꿀 수 있다

의역 눈을 들어 본즉 돌이 벌써 굴려졌으니 그 돌이 심히 크더라

16 Now learn this lesson from the fig tree: As soon as its twigs get tender and its leaves come out, you know <u>that</u> summer is near. (막13:28)

직역 이제 무화과나무로부터 이 교훈을 배워라, 즉 그 가지들이 연하고 잎이 돋기 시작하자마자, 너희는 여름이 가까이 왔음을 안다는 것을.

핵심구조 동사 know + that + 주어 summer + 동사 is

단어 및 숙어의 확장 [명사] twig 잔가지, 가는 가지 / fig tree 무화과나무 [형용사] tender 부드러운, 연한, 어린, 미숙한 [숙어] as soon as…하자마자 / come out (꽃이)피다, 잎이 나오다

해설 that 앞에 동사 know, 뒤에 주어 + 동사가 왔으므로 종속접속사이다

의역 무화과나무의 비유를 배우라 그 가지가 연하여지고 잎사귀를 내면 여름이 가까운 줄을 아나니

터키의 무화과나무

17 "Are you so dull?" he asked. "Don't you see <u>that</u> nothing that enters a man from the outside can make him 'unclean'? (막7:18)

> 직역 "너희는 그렇게 무디냐?" 그는 물었다. "너희는 밖에서부터 인간에게로 들어가는 것은 아무것도 그를 '불결하게'할 수 없다는 것을 모르느냐?"
>
> 핵심구조 동사 see + that + 주어 nothing + 동사 can make
>
> 단어 및 숙어의 확장 형용사 dull 둔한, 무딘, 둔감한, 활기 없는, 굼뜬 / clean 깨끗한(↔ unclean 불결한)
>
> 해설 ① that 앞에 동사 see, 뒤에 주어+ 동사가 왔으므로 종속접속사이다 ② enters 앞에 온 that은 주격관계대명사이다
>
> 의역 예수께서 이르시되 너희도 이렇게 깨달음이 없느냐 무엇이든지 밖에서 들어가는 것이 능히 사람을 더럽게 하지 못함을 알지 못하느냐

18 Pilate was surprised to hear <u>that</u> he was already dead. Summoning the centurion, he asked him if Jesus had already died. (막15:44)

> 직역 빌라도는 그가 이미 죽었다는 말을 듣고 깜짝 놀랐다. 백부장을 소환한 후에 그는 그에게 예수님이 이미 돌아가셨는지 아닌지를 물었다
>
> 핵심구조 동사 hear + that + 주어 he + 동사 was

단어 및 숙어의 확장　[명사] centurion 백부장　[동사] summon 소환하다, 호출하다

[형용사] dead 죽은 (동사: die / 명사: death)　[숙어] be surprised to R…(깜짝) 놀라다

해설 ① that 앞에 동사 hear, 뒤에는 주어+ 동사가 왔으므로 종속접속사이다
② summoning은 분사구문이다 ③ if는 '…인지 아닌지'의 뜻이다

의역 빌라도는 예수께서 벌써 죽었을까 하고 이상히 여겨 백부장을 불러 죽은 지 오래냐 묻고

---

19 While Jesus was teaching in the temple courts, he asked, "How is it that the teachers of the law say <u>that</u> the Christ is the son of David?

(막12:35)

직역 성전 뜰에서 가르치고 있는 동안 예수님은 물었다, "서기관들이 그리스도가 다윗의 자손이라고 말하는 것은 어찌된 일이냐?"

핵심구조 동사 say + that + 주어 the Christ + 동사 is

단어 및 숙어의 확장　[명사] temple 성전 / court 뜰 / teacher of the law 서기관
[동사] teach 가르치다 (teach-taught-taught)　[숙어] How is it (that)…? 어째서…인가(한가)?

해설 that 앞에 동사 say, 뒤에 주어+동사가 왔으므로 종속접속사이다

의역 예수께서 성전에서 가르치실쌔 대답하여 가라사대 어찌하여 서기관들이 그리스도를 다윗의 자손이라 하느뇨

---

20 Immediately Jesus knew in his spirit <u>that</u> this was what they were thinking in their hearts, and he said to them, "Why are you thinking these things?"

(막2:8)

직역 예수님은 그들의 마음속에서 생각하고 있는 것이 바로 이것임을 그의 영 안에서 즉시 아셨다. 그래서 그들에게 말씀하셨다, "왜 너희는 이것들을 생각하고 있느냐?"

동사 knew + that + 주어 this + 동사 was

단어 및 숙어의 확장 동사 know 알다 (know-knew-known) 부사 still 그럼에도, 그러나 immediately 즉시, 곧, 바로 (=at once)

해설 ① that 앞에 동사 knew, 뒤에 주어+동사가 왔으므로 종속접속사이다 ② what은 관계대명사이다

의역 저희가 속으로 이렇게 의논하는 줄을 예수께서 곧 중심에 아시고 이르시되 어찌하여 이것을 마음에 의논하느냐

---

21 When Jesus saw that he had answered wisely, he said to him, "You are not far from the kingdom of God." And from then on no one dared ask him any more questions. (막12:34)

직역 예수님이 그가 지혜롭게 대답했다는 것을 아셨을 때, 그는 그에게 말씀하셨다, "너는 하나님의 왕국으로부터 멀리 있지 않다." 그때로부터 아무도 감히 그에게 더 많은 질문을 하지 않았다

핵심구조 동사 saw + that + 주어 he + 동사 had answered

단어 및 숙어의 확장 동사 dare 감히…하다 / see 보다, 알다 (see-saw-seen)
숙어 from then on 그때부터 / be far from …에서 멀리

해설 that 앞에 동사 saw, 뒤에 주어+동사가 왔으므로 종속접속사이다

의역 예수께 그 지혜 있게 대답함을 보시고 이르시되 네가 하나님의 나라에 멀지 않도다 하시니 그 후에 감히 묻는 자가 없더라

---

22 When Jesus saw that a crowd was running to the scene, he rebuked the evil spirit. "You deaf and dumb spirit," he said, "I command you, come out of him and never enter him again." (막9:25)

직역 군중이 그 광경으로 뛰어가는 것을 예수님이 아셨을 때, 그는 악령을 꾸짖으셨다, "너 귀먹고 말 못하는 영아," 그는 말씀하셨다, "내가 너에게 명령하노니, 그에게서 나와서 다시는 그에게 결코 들어가지 마라."

핵심구조 동사 saw + that + 주어 a crowd + 동사 was running

단어 및 숙어의 확장 (명사) crowd 군중, 무리 / evil spirit 악령 (동사) rebuke 꾸짖다, 꾸중하다 / command 명령하다 (형용사) deaf 귀먹은 / dumb 말 못하는

해설 that 앞에 동사 saw, 뒤에 주어+동사가 왔으므로 종속접속사이다

의역 예수께서 무리의 달려 모이는 것을 보시고 그 더러운 귀신을 꾸짖어 가라사대 벙어리 되고 귀먹은 구신아 내가 네게 명하노니 그 아이에게서 나오고 다시 들어가지 말라 하시매

---

23 Jesus called them together and said, "You know <u>that</u> those who are regarded as rulers of the Gentiles lord it over them, and their high officials exercise authority over them. (막10:42)

직역 예수님은 그들을 함께 불러서 말씀하셨다, "너희는 알고 있다 이방인들의 지도 자라고 간주된 자들이 그들에게 주인행세를 하는 것을, 그리고 그들의 고위직 원들이 그들에게 권위를 행사한다는 것을.

핵심구조 동사 know + that + 주어 those + 동사 lord

단어 및 숙어의 확장 (명사) authority 권위 / official 공무원, 관공리, 직원 / gentile 이방 인 (동사) lord (over) 주인행세하다, 좌지우지하다, 마구 뽐내다, 건방을 떨다 (숙어) regard A as B: A를 B로 여기다, 간주하다

해설 ① that의 앞에 동사 know, 뒤에 주어 those + 동사 lord가 왔으므로 종속접속사 이다 ② those 다음에는 people이 생략돼있다

의역 예수께서 불러다가 이르시되 이방인의 소위 집권자들이 저희를 임의로 주관하 고 그 대인들이 저희에게 권세를 부리는 줄을 너희가 알거니와

---

24 "I tell you the truth, if anyone says to this mountain, 'Go, throw yourself into the sea,' and does not doubt in his heart but believes <u>that</u> what he says will happen, it will be done for him. (막11:23)

직역 "내가 너희에게 진실을 말하노니, 누군가가 이 산에게, '가서, 네 자신을 바다에

던져라,'고 말하고 그의 마음속에서 의심하지 않고 그가 말한 것이 일어나리라
고 믿는다면, 그것이 그를 위하여 행해질 것이다

핵심구조 동사 [not doubt / but believes] + that + 주어 what he says + 동사 will happen

단어 및 숙어의 확장 **동사** doubt 의심하다 / believe 믿다 / throw 던지다 / happen 일어
나다, 발생하다 / do 행하다 (do-did-done) **숙어** not A but B: A가 아니라 B이다

해설 ① that의 앞에 not doubt와 believes, 뒤에 주어+동사가 왔으므로 종속접속사이다
② what은 관계대명사로서 the thing which로 바꿀 수 있다

의역 내가 진실로 너희에게 이르노니 누구든지 이 산더러 들리어 바다에 던지우라
하며 그 말하는 것이 이룰 줄 믿고 마음에 의심치 아니하면 그대로 되리라

25 He then began to teach them <u>that</u> the Son of Man must suffer many
things and be rejected by the elders, chief priests and teachers of
the law, and <u>that</u> he must be killed and after three days rise again.

(막8:31)

직역 그는 그때 그들을 가르치기 시작하였다 인자가 많은 것들을 고통당해야만 하고
장로들, 대제사장들, 서기관들에 의해서 거절당해야만 하며, 그는 살해당해야
만 하고 사흘 후에 다시 부활하셔야만 한다고.

핵심구조 ① 동사 began to teach + that + 주어 the Son of Man + 동사 must suffer
/ be rejected ② 동사 began to teach + that + 주어 he + 동사 must be killed
/ rise

단어 및 숙어의 확장 **명사** elder 장로 / chief priest 대제사장 / teacher of the law 서기
관 **동사** reject 거절하다, 거부하다 / rise 부활하다 / begin 시작하다(begin-
began-begun) / suffer 괴로워하다, 고통을 겪다

해설 that의 앞에 동사 began to teach, 뒤에 주어+동사가 왔으므로 종속접속사이다.
이 문장에서는 종속접속사 that이 2개이다

의역 인자가 많은 고난을 받고 장로들과 대제사장들과 서기관들에게 버린 바 되어
죽임을 당하고 사흘 만에 살아나야 할 것을 비로소 저희에게 가르치시되

26 "Teacher," they said, "Moses wrote for us <u>that</u> if a man's brother dies and leaves a wife but no children, the man must marry the widow and have children for his brother. (막12:19)

> **직역** "선생님," 그들이 말했다, "모세는 우리를 위하여 썼습니다 만약 한 남자의 형님이 죽어서 자식은 없고 아내만 남긴다면, 그 남자는 그 미망인과 결혼해서 형님을 위해 자녀를 낳아야한다고"
>
> **핵심구조** 동사 wrote + that + 주어 the man + 동사 must marry / have
>
> **단어 및 숙어의 확장** 【동사】 write 쓰다 (write-wrote-written) / die 죽다 / leave 남기다 / marry 결혼하다 【명사】 widow 미망인 (↔widower 홀아비) / child 어린이 (pl. children)
>
> **해설** that의 앞에 동사 wrote, 뒤에 주어+동사가 왔으므로 종속접속사이다
>
> **의역** 선생님이여 모세가 우리에게 써 주기를 사람의 형이 자식이 없이 아내를 두고 죽거든 그 동생이 그 아내를 취하여 형을 위하여 후사를 세울찌니라 하였나이다

27 Pray <u>that</u> this will not take place in winter, because those will be days of distress unequaled from the beginning, when God created the world, until now—and never to be equaled again. (막13:18-19)

> **직역** 기도하라 이것이 겨울에 발생하지 않도록, 왜냐하면 그것들이 하나님이 세상을 창조하셨던 처음부터 지금까지—그리고 다시는 결코 견줄 것이 없는 고난의 날들이 될 것이기 때문이다
>
> **핵심구조** 동사 Pray + that + 주어 this + 동사 will not take place
>
> **단어 및 숙어의 확장** 【명사】 distress 심통, 비탄 고민, 고통, 가난, 곤궁, 고난 【형용사】 unequalled 견줄 것이 없는, 필적할만한 【숙어】 take place 일어나다, 발생하다
>
> **해설** that의 앞에 동사 pray, 뒤에 주어+동사가 왔으므로 종속접속사이다
>
> **의역** 이 일이 겨울에 나지 않도록 기도하라 이는 그 날들은 환난의 날이 되겠음이라 하나님의 창조하신 창초부터 지금까지 이런 환난이 없었고 후에도 없으리라

28 One of the teachers of the law came and heard them debating. Noticing <u>that</u> Jesus had given them a good answer, he asked him, "Of all the commandments, which is the most important?"　　(막12:28)

> **직역** 서기관 중의 한 명이 와서 그들이 토론하는 것을 들었다. 예수님이 그들에게 잘 답변하신 것을 목격한 후, 그는 예수님께 물었다, "모든 계명 중에서 어느 것이 가장 중요합니까?"
>
> **핵심구조** 동사 notice + that + 주어 Jesus + 동사 had given
>
> **단어 및 숙어의 확장** 〔명사〕 commandment 계명 〔동사〕 debate 토론하다 / notice 목격하다, 보다 〔숙어〕 one of + 복수명사:…중의 하나 / Of all + 복수명사:…중에서
>
> **해설** ① that의 앞에 동사 notice, 뒤에 주어+동사가 왔으므로 종속접속사이다 ②heard them debating에서 debating은 현재분사의 서술적 용법이다 ③ Noticing은 분사구문이다
>
> **의역** 서기관 중 한 사람이 저희의 변론하는 것을 듣고 예수께서 대답 잘하신 줄을 알고 나아와 묻되 모든 계명 중에 첫째가 무엇이니이까

29 But you say <u>that</u> if a man says to his father or mother: 'Whatever help you might otherwise have received from me is Corban' (that is, a gift devoted to God), then you no longer let him do anything for his father or mother.　　(막7:11-12)

> **직역** 그러나 너희는 말한다 한 남자가 그의 아버지나 어머니에게 '사정이 달랐더라면 너희가 나로부터 받았을지도 모르는 도움이면 무엇이든지 코르반이다' (즉, 하나님께 바치는 선물)이라고 말한다면, 너희는 그가 그의 아버지나 어머니를 위해서 어떤 일도 더 이상 하지 못하게 할 거라고.
>
> **핵심구조** 동사 say + that + 주어 you + 동사 let
>
> **단어 및 숙어의 확장** 〔명사〕 gift 선물 〔동사〕 devote 바치다 〔숙어〕 no longer 더 이상… 하지 않다 / that is 즉
>
> **해설** ① that의 앞에 동사 say, 뒤에 주어+동사가 왔으므로 종속접속사이다 ② devoted 앞에는 주격관계대명사 that과 is가 생략돼 있다 ③ Whatever는 복합관계대명사

이다 ④ 사역동사 let + 목적어 him + 동사원형 do

의역 너희는 가로되 사람이 아비에게나 어미에게나 말하기를 내가 드려 유익하게 할 것 이 고르반 곧 하나님께 드림이 되었다고 하기만 하면 그만이라 하고 제 아비나 어미에게 다시 아무것이라도 하여 드리기를 허하지 아니하여

⑤ 종속접속사 that이 생략된 문장

중요포인트

$$S + V + (that) + S + V$$

종속접속사 that은 생략할 수 있다.

예문1 She knew ✓ he was good.
(그녀는 알고 있었다 그가 착하다는 것을)

예문2 Jesus knew ✓ the man wanted to walk.
(예수님은 알고 계셨다 그 사람이 걷기 원한다는 것을)

예문3 Do you believe ✓ Jesus died on the cross because of your sins?
(당신의 죄 때문에 예수님이 십자가에서 돌아가신 것을 믿습니까?)

1 He was about to pass by them, but when they saw him walking on the lake, they thought ✓ he was a ghost. (막6:49)

직역 그는 막 그들을 지나치려 하고 있었으나 그들이 그가 호수 위를 걷는 것을 보았을 때, 그들은 그가 유령이라고 생각하였다.

핵심구조 동사 thought + (that) + 주어 he + 동사 was

단어 및 숙어의 확장 **명사** ghost 유령 **동사** see 보다 (see-saw-seen) / think 생각하다 (think-thought-thought) **숙어** be about to + R 막…하려고 하다 / pass by 옆을

지나다

thought와 he 사이에 종속접속사 that이 생략돼 있다

의역 제자들이 그의 바다 위로 걸어오심을 보고 유령인가 하여 소리 지르니

〈갈릴리바다〉

2 Then they looked for a way to arrest him because they knew ✓
he had spoken the parable against them. But they were afraid of
the crowd; so they left him and went away. (막12:12)

직역 그때 그들은 그를 체포할 방법을 찾았다 왜냐하면 그들은 그가 그들에게 대항
하는 비유를 말했다는 것을 알았기 때문이었다. 그러나 그들은 군중을 두려워
하지 않았고 그들은 그를 떠나 가버렸다.

핵심구조 동사 knew + (that) + 주어 he + 동사 had spoken

단어 및 숙어의 확장 명사 parable 비유, 우화 / crowd 군중, 무리 동사 arrest 체포하
다 / speak 말하다 (speak-spoke-spoken) / know 알다(know-knew-known) / leave
떠나다 (leave-left-left) / go 가다 (go-went-gone) 숙어 be afraid of…을 두려워
하다 / look for…을 찾다

해설 knew와 he 사이에 종속접속사 that이 생략돼 있다

의역 저희가 예수의 이 비유는 자기들을 가리켜 말씀하심인 줄 알고 잡고자 하되
무리를 두려워하여 예수를 버려 두고 가니라

3 They came to him and said, "Teacher, we know ✓ you are a man of integrity. You aren't swayed by men, because you pay no attention to who they are; but you teach the way of God in accordance with the truth. Is it right to pay taxes to Caesar or not?

(막12:14)

> [직역] 그들이 그에게 와서 말했다, "선생님, 우리는 당신이 완전한 사람인 것을 압니다. 당신은 사람들에게 흔들리지 않습니다, 왜냐하면 당신은 그들이 누구인지에 관심이 없기 때문입니다. 하지만 당신은 하나님의 방법을 진리에 따라 가르칩니다. 시이저에게 세금을 내는 것이 옳습니까, 옳지 않습니까?"
>
> [핵심구조] 동사 know + (that) + 주어 you + 동사 are
>
> [단어 및 숙어의 확장] [명사] integrity 성실, 완전무결(한 상태) / tax 세금 [동사] sway 흔들리다, 동요하다, 좌우하다 [숙어] a man of integrity 성실한 사람 / pay attention to 관심을 갖다 / in accordance with …에 따라, …와 일치하여
>
> [해설] 동사 know와 주어 you 사이에 종속접속사 that이 생략돼 있다
>
> [의역] 와서 가로되 선생님이여 우리가 아노니 당신은 참되시고 아무라도 꺼리는 일이 없으시니 이는 사람을 외모로 보지 않고 오직 참으로써 하나님의 도를 가르치심이니이다 가이사에게 세를 바치는 것이 가하니이까 불가하니이까

⑥ 관계대명사 that이 들어간 문장

관계대명사 바로 뒤에 '동사'가 오면 그 관계대명사는 주격이다. 관계대명사 바로 뒤에 '주어+동사'가 오면 그 관계대명사는 목적격이다. 목적격관계대명사는 생략할 수 있으나 주격관계대명사는 생략할 수 없다. 그러나 주격관계대명사 바로 뒤에 be동사가 오면 주격관계대명사와 be동사가 함께 생략될 수 있다.

```
1. 주격관계대명사 + V
2. 선행사 + (주격관계대명사 + be동사) + p.p.
3. 목적격관계대명사 + S + V
4. (목적격관계대명사) + S + V
```

주격관계대명사

N + 관계대명사 + V

예문1 Joseph understood God planned all <u>that</u> had happened to him for good.
(요셉은 하나님이 그에게 일어났던 모든 일을 영원히 계획하심을 이해했다)
[that 다음에 동사 had happened가 왔으므로 주격이다]

예문2 In the Sunday school classroom humor can serve to break the barrier <u>that</u>
sometimes exists between teacher and class members.
(주일학교교실에서 유머란 교사와 학급학생들 사이에서 때로 존재하는 장벽
을 깨뜨리는 데에 도움을 줄 수 있다) [that 다음에 동사 exists가 왔으므로
주격이다]

6-1. 주격관계대명사 + 일반동사

1 Then the disciples went out and preached everywhere, and the Lord
worked with them and confirmed his word by the signs <u>that</u>
accompanied it.
(막16:20)

직역 그때 제자들이 나가서 모든 곳에 설교를 하였고, 주님은 그들과 함께 일하셨으
며 따르는 징표에 의해서 그의 말씀을 확증하였다.

핵심구조 명사 signs + that + 동사 accompanied

단어 및 숙어의 확장 명사 sign 징표, 표시, 징후 동사 confirm 확증하다, 확인하다

/ preach 설교하다, 가르치다 / accompany 동반하다, 수반하다, 따르다

해설 ① that은 바로 뒤에 동사가 왔으므로 주격관계대명사이다 ② it은 word를 가리킨다

의역 제자들이 나가 두루 전파할쌔 주께서 함께 역사하사 그 따르는 표적으로 말씀을 확실히 증거하시니라

---

2 A man in the crowd answered, "Teacher, I brought you my son, who is possessed by a spirit <u>that</u> has robbed him of speech.

(막9:17)

직역 군중 속에 있던 한 사람이 대답하였다, "선생님, 제가 당신에게 저의 아들을 데리고 왔습니다, 왜냐하면 이 아이는 자신에게서 말을 빼앗아간 영에 사로잡혀 있기 때문입니다.

핵심구조 명사 spirit + that + 동사 has robbed

단어 및 숙어의 확장 명사 crowd 군중, 무리 / speech 말 동사 possess 소유하다 / bring 데리고 오다(bring-brought-brought) 숙어 rob A of B: A에게서 B를 강탈하다, 빼앗다 / be possessed by…에 의해 사로잡히다

해설 that의 바로 뒤에 동사가 왔으므로 주격관계대명사이다

의역 무리 중에 하나가 대답하되 선생님 벙어리 귀신 들린 내 아들을 선생님께 데려왔나이다

---

3 When the Sabbath came, he began to teach in the synagogue, and many who heard him were amazed. "Where did this man get these things?" they asked. "What's this wisdom <u>that</u> has been given him, that he even does miracles!

(막6:2)

직역 안식일이 왔을 때, 그는 회당에서 가르치기 시작하였고, 그의 말을 들었던 수많은 사람들은 놀랐다. "이 사람은 어디에서 이것들을 얻었는가?" 그들은 질문하였다. "그에게 주어졌으며 심지어 기적까지 행하는 이 지혜는 무엇인가?

명사 wisdom + that + 동사 has been given

명사 Sabbath 안식일 / synagogue 회당 / wisdom 지혜 / miracle 기적 동사 amaze 깜짝 놀라다

① that의 뒤에 동사가 왔으므로 주격관계대명사이다 ② that he even does miracles 에서의 that은 목적격관계대명사이다

안식일이 되어 회당에서 가르치시니 많은 사람이 듣고 놀라 가로되 이 사람이 어디서 이런 것을 얻었느뇨 이 사람의 받은 지혜와 그 손으로 이루어지는 이런 권능이 어찌됨이뇨

6-2. 목적격관계대명사

N + 관계대명사 + S + V

관계대명사 다음에 주어(S)+동사(V)가 오면 그 관계대명사는 목적격이다.

예문1 Give us the food that we need today.
(오늘 우리가 필요한 음식을 주세요)
[선행사인 명사는 the food, 관계대명사는 that인데 that 다음에 주어+동사가 왔으므로 목적격관계대명사이다]

예문2 The church people shared food and everything else that they had.
(교인들은 가지고 있는 음식과 모든 것을 나누었다)
[선행사는 food and everything, that은 목적격관계대명사이다]

1 Immediately her bleeding stopped and she felt in her body that she was freed from her suffering. (막5:29)

즉시 그녀의 피흘림이 멈췄고 그녀는 고통으로부터 자유로워짐을 몸에서 느꼈다.

명사 body + that + 주어 she + 동사 was freed

단어 및 숙어의 확장 [명사] bleeding 피흘림 (bleed 피흘리다 / blood 피, 혈액) / suffering 고통, 괴로움 [동사] feel 느끼다 (feel-felt-felt) [부사] immediately 즉시, 곧

해설 that은 앞에는 명사, 뒤에는 주어+동사가 왔으므로 목적격관계대명사이다

의역 이에 그의 혈루(血漏)근원이 곧 마르매 병이 나은 줄을 몸에 깨달으니라

---

2 "Tell us, when will these things happen? And what will be the sign that they are all about to be fulfilled?"   (막13:4)

직역 "우리에게 말해주시오, 언제 이러한 일들이 일어날 것인지요? 그리고 그들 모두가 막 성취될 예정인 징조는 무엇일까요?"

핵심구조 명사 sign + that + 주어 they + 동사 are

단어 및 숙어의 확장 [동사] happen 일어나다, 발생하다 / fulfill 성취하다 [숙어] be about to R…막…하려고 하다

해설 that은 앞에는 명사, 뒤에는 주어+동사가 왔으므로 목적격관계대명사이다

의역 우리에게 이르소서 어느 때에 이런 일이 있겠사오며 이 모든 일이 이루려 할 때에 무슨 징조가 있사오리이까

---

3 Go, show yourself to the priest and offer the sacrifices that Moses commanded for your cleansing, as a testimony to them.   (막1:44)

직역 가서, 너 자신을 제사장에게 보이고 그들에게 증거로서 너의 깨끗함을 위하여 모세가 명령한 제물을 바쳐라

핵심구조 명사 sacrifices + that + 주어 Moses + 동사 commanded

단어 및 숙어의 확장 [명사] priest 제사장 / sacrifice 희생, 산 제물, 제물, 헌신 / testimony 증거, 간증 [동사] offer 제공하다, 주다 / command 명령하다

해설 that은 앞에는 명사, 뒤에는 주어+동사가 왔으므로 목적격관계대명사이다

의역 가서 네 몸을 제사장에게 보이고 네 깨끗케됨을 인하여 모세의 명한 것을 드려 저희에게 증거하라

4 "Am I leading a rebellion," said Jesus, "<u>that</u> you have come out with swords and clubs to capture me? (막14:48

> 직역 "내가 반역을 인도하는 중이란 말이냐," 예수님이 말씀하셨다, "너희가 나를 사로잡기 위하여 칼과 곤봉을 가지고 나왔던?"
>
> 핵심구조 명사 rebellion + that + 주어 you + 동사 have come
>
> 단어 및 숙어의 확장 　명사　 rebellion 반역, 배반 / sword 칼 / club 곤봉　동사　 capture 사로잡다 / lead 인도하다
>
> 해설 that은 앞에는 명사, 뒤에는 주어+동사가 왔으므로 목적격관계대명사이다
>
> 의역 예수께서 무리에게 말씀하여 가라사대 너희가 강도를 잡는 것같이 검과 몽치를 가지고 나를 잡으러 나왔느냐

5 Thus you nullify the word of God by your tradition <u>that</u> you have handed down. And you do many things like that. (막7:13)

> 직역 그리하여 너희는 너희가 유산으로 물려받은 전통에 의하여 하나님의 말씀을 무효로 한다. 너희는 그와 같은 많은 일을 한다.
>
> 핵심구조 명사 tradition + that + 주어 you + 동사 have handed
>
> 단어 및 숙어의 확장 　명사　 tradition 전통　동사　 nullify 무효로 하다, 파기(취소)하다, 수포로 돌리다　숙어　 hand down (후세에)전하다, (판결을)언도하다, 유산으로 남기다
>
> 해설 ① **that은 앞에는 명사, 뒤에는 주어+동사가 왔으므로 목적격관계대명사이다**
> ② like 다음의 that은 지시대명사이다
>
> 의역 너희의 전한 유전으로 하나님의 말씀을 폐하며 또 이 같은 일을 많이 행하느니라 하시고

6 Yet when planted, it grows and becomes the largest of all garden plants, with such big branches <u>that</u> the birds of the air can perch in its shade." (막4:32)

핵심구조 명사 branches + that + 주어 the birds of the air + 동사 can perch

단어 및 숙어의 확장 명사 branch 가지 / shade 그림자 / plant 식물 동사 perch 둥지
를 틀다 / plant (식물을)심다

해설 ① that의 앞에는 명사, 뒤에는 주어+동사가 왔으므로 목적격관계대명사이다
② when과 planted 사이에는 it is가 생략돼 있다. 주절의 주어+동사와 종속절의
주어+be동사가 같을 경우 종속절의 주어+be동사를 생략할 수 있다
예문 When I was young, I was a beauty. (젊었을 때 나는 미인이었다)
[주절의 주어와 be동사(was)가 종속절의 주어와 be동사가 같다. 따라서 종속절
안의 주어와 be동사를 생략할 수 있다. When young, I was a beauty. 가 된다]

意譯 심긴 후에는 자라서 모든 나물보다 커지며 큰 가지를 내니 공중의 새들이 그
그늘에 깃들일 만큼 되느니라

---

7 Then the high priest stood up before them and asked Jesus, "Are
you not going to answer? What is this testimony <u>that</u> these men
are bringing against you?"

(막14:60)

直譯 그때 대제사장은 그들 앞에 서서 예수님께 물었다, "너는 대답하지 않을 작정이
냐? 이 사람들이 너에게 소송을 제기하는 이 증거는 무엇이냐?

핵심구조 명사 testimony + that + 주어 these men + 동사 are bringing

단어 및 숙어의 확장 명사 high priest 대제사장 / testimony 증거, 간증 숙어 be going
to R …할 예정이다 / bring against (소송을)제기하다, 일으키다

해설 that은 앞에는 명사, 뒤에는 주어+동사가 왔으므로 목적격관계대명사이다

意譯 대제사장이 가운데 일어서서 예수에게 물어 가로되 너는 아무 대답도 없느냐
이 사람들의 너를 치는 증거가 어떠하냐 하되

8 When the Sabbath came, he began to teach in the synagogue, and many who heard him were amazed. "Where did this man get these things?" they asked. "What's this wisdom that has been given him, that he even does miracles!

(막6:2)

> **직역** 안식일이 왔을 때, 그는 회당에서 가르치기 시작하였고, 그의 말을 들었던 수많은 사람들은 놀랐다. "이 사람은 어디에서 이것들을 얻었는가?" 그들은 질문하였다. "그에게 주어졌으며 심지어 기적까지 행하는 이 지혜는 무엇인가?
>
> **핵심구조** 명사 wisdom + that + 주어 he + 동사 does
>
> **단어 및 숙어의 확장** 【명사】 Sabbath 안식일 / synagogue 회당 / wisdom 지혜 / miracle 기적 【동사】 amaze 깜짝 놀라다
>
> **해설** ① that은 앞에는 명사, 뒤에는 주어+동사가 왔으므로 목적격관계대명사이다 ② wisdom 다음에 오는 that은 주격관계대명사이다
>
> **의역** 안식일이 되어 회당에서 가르치시니 많은 사람이 듣고 놀라 가로되 이 사람이 어디서 이런 것을 얻었느뇨 이 사람의 받은 지혜와 그 손으로 이루어지는 이런 권능이 어찌됨이뇨

⑦ 관계대명사 that이 생략된 문장

7-1. 목적격관계대명사의 생략

> 목적격관계대명사는 생략할 수 있다.
>
> $$\boxed{\text{N + (that) + S + V}}$$
>
> ■ 목적격관계대명사의 생략의 예
> 목적격관계대명사 다음에는 반드시 S와 V가 온다. 이 때 목적격관계대명사 that은 생략될 수 있다. that 대신에 which가 올 경우도 있는데 이 때 which도 목적격이므

로 생략될 수 있다. 그러나 선행사 바로 앞에 <u>서수, 최상급, the only, the very, all,</u> <u>no, the same 등이 올 때는 반드시 관계대명사 that을 사용해야만 한다.</u>

예문1 All ✓ Mary could do was to say, "I have seen the Lord."
(마리아가 할 수 있는 모든 것은 "내가 주님을 뵈었다"라고 말하는 것이었다)
[all과 Mary 사이에 목적격관계대명사 that이 생략됐다]

예문2 The people did not understand the kind of salvation ✓ Jesus was bringing. (사람들은 예수님이 가져 온 종류의 구원을 이해하지 않았다)
[salvation과 Jesus 사이에 목적격관계대명사 that이 생략됐다]

예문3 She wants to spread the joy ✓ she has found in Jesus.
(그녀는 예수님에게서 찾았던 기쁨을 확산시키고 싶어한다)
[joy와 she 사이에 목적격관계대명사 that이 생략됐다]

예문4 They joyfully told everyone about the things ✓ they had seen and heard.
(그들은 본 것과 들은 것들에 대해서 모든 사람에게 즐겁게 말했다)
[things와 they 사이에는 목적격관계대명사 that이 생략됐다]

예문5 The natural soap Clean Skin Mythos ✓ you selected contains olive oil extracts, red wine and grape seeds.
(당신이 선택한 자연비누 Clean Skin Mythos에는 올리브 오일 추출물, 붉은색 포도주와 포도씨가 포함돼 있습니다)
Mythos와 you 사이에는 목적격관계대명사 that이 생략돼 있다

1 Jesus went up into the hills and called to him those ✓ he wanted, and they came to him.

(막3:13)

직역 예수님은 언덕으로 올라가서 그가 원했던 사람들을 그에게 부르셨다, 그러자 그들이 그에게 왔다.

핵심구조 명사 those + (that) + 주어 he + 동사 wanted

단어 및 숙어의 확장 동사 come 오다(come-came-come) / go 가다(go-went-gone)

해설 those와 he 사이에 목적격관계대명사 that이 생략돼 있다

의역 또 산에 오르사 자기의 원하는 자들을 부르시니 나아온지라

〈눈물교회 on Mt. Olive〉

2 The apostles gathered around Jesus and reported to him all ✓ they had done and taught.　(막6:30)

> **직역** 사도들은 예수님 주변으로 모여서 그들이 행하고 가르쳤던 모든 것을 그에게 보고하였다
>
> **핵심구조** 명사 all + (that) + 주어 they + 동사 had done and taught
>
> **단어 및 숙어의 확장** 〔명사〕 apostle 사도 〔동사〕 gather 모이다 / report 보고하다 / do 하다(do-did-done) / teach 가르치다 (teach-taught-taught)
>
> **해설** all과 they 사이에 목적격관계대명사 that이 생략돼 있다
>
> **의역** 사도들이 예수께 모여 자기들의 행한 것과 가르친 것을 낱낱이 고하니

3 He began to call down curses on himself, and he swore to them, "I don't know this man ✓ you're talking about."　(막14:71)

> **직역** 그는 자신에게 저주를 내리라고 빌기 시작했고 그들에게 맹세하였다, "나는 너희가 말하는 이 사람을 모른다"
>
> **핵심구조** 명사 this man + (that) + 주어 you + 동사 are talking
>
> **단어 및 숙어의 확장** 〔명사〕 curse 저주 〔동사〕 egin 시작하다(begin-began-begun) / swear 맹세하다(swear-swore-sworn) 〔숙어〕 call down(천혜, 천벌 따위를)내리라고 빌다 (on)

해설 this man과 you 사이에 목적격관계대명사 that이 생략돼 있다

의역 베드로가 저주하며 맹세하되 나는 너희의 말하는 이 사람을 알지 못하노라 하니

베드로통곡교회

4   But when Herod heard this, he said, "John, the man ✓ I beheaded, has been raised from the dead!"   (막6:16)

직역 그러나 헤롯이 이것을 들었을 때, 그는 말했다, "내가 목을 베었던 그 사람, 즉 요한이 죽은 자들로부터 부활하였구나!"

핵심구조 명사 the man + (that) + 주어 I + 동사 beheaded

단어 및 숙어의 확장   동사 say 말하다(say-said-said) / hear 듣다(hear-heard-heard) / raise 부활하다 / behead 목을 베다, 참수하다   숙어 the dead=dead people=죽은 자들

해설 the man과 I 사이에 목적격관계대명사 that이 생략돼 있다

의역 헤롯은 듣고 가로되 내가 목 베인 요한 그가 살아났다 하더라

5   Peter remembered and said to Jesus, "Rabbi, look! The fig tree ✓ you cursed has withered!"   (막11:21)

직역 베드로는 기억하고 예수님께 말했다, "선생님, 보십시오! 당신이 저주한 무화과 나무가 시들었습니다!"

핵심구조 명사 fig tree + (that) + 주어 you + 동사 cursed

단어 및 숙어의 확장 명사 rabbi 유대의 율법박사, 선생 / fig tree 무화과나무
동사 curse 저주하다, 비난하다 / wither 시들다 / say 말하다(say-said-said)

해설 fig tree와 you 사이에 목적격관계대명사 that이 생략돼 있다

의역 베드로가 생각이 나서 여짜오되 랍비여 보소서 저주하신 무화과나무가 말랐나
이다

6 "What shall I do, then, with the one ✓ you call the king of the
Jews?" Pilate asked them.   (막15:12)

직역 "그러면, 당신들이 유대인의 왕이라고 부르는 자를 내가 어찌해야하느냐?" 빌
라도가 그들에게 물었다.

핵심구조 명사 the one + (that) + 주어 you + 동사 call

단어 및 숙어의 확장 명사 Pilate 빌라도

해설 the one과 you 사이에 목적격관계대명사 that이 생략돼 있다

의역 빌라도가 또 대답하여 가로되 그러면 너희가 유대인의 왕이라 하는 이는 내가
어떻게 하랴

7 The disciples had forgotten to bring bread, except for one loaf ✓
they had with them in the boat.   (막8:14)

직역 제자들은 빵을 가져오는 것을 잊어버렸다, 그들이 배 안에서 갖고 있었던 빵
한 덩어리를 제외하고

핵심구조 명사 one loaf + (that) + 주어 they + 동사 had

단어 및 숙어의 확장 명사 loaf 빵 한 덩어리 / disciple 제자 동사 forget 잊다, 망각하
다(forget-forgot-forgotten) / bring 가져오다(bring-brought-brought) 전치사 except
…을 제외하고

해설 loaf와 they 사이에 목적격관계대명사 that이 생략돼 있다

의역 제자들이 떡 가져오기를 잊었으매 배에 떡 한 개밖에 저희에게 없더라

8 Many people spread their cloaks on the road, while others spread branches ✓ they had cut in the fields. (막11:8)

> 직역 많은 사람들은 길 위에 그들의 망토를 펼쳤다, 한편 다른 사람들은 그들이 들판에서 잘랐던 나뭇가지들을 펼쳤다
>
> 핵심구조 명사 branches + (that) + 주어 they + 동사 had cut
>
> 단어 및 숙어의 확장 명사 cloak 망토 / branch 나뭇가지 / field 들판 동사 spread 펼치다 (spread-spread-spread)
>
> 해설 branches와 they 사이에 목적격관계대명사 that이 생략돼 있다
>
> 의역 많은 사람은 자기 겉옷과 다른 이들은 밭에서 벤 나뭇가지를 길에 펴며

9 But I tell you, Elijah has come, and they have done to him everything ✓ they wished, just as it is written about him." (막9:13)

> 직역 그러나 나는 너희에게 말한다, 엘리야가 왔다고, 그러자 그들은 그들이 원하는 모든 것을 그에게 행했다, 마치 그에 대해서 쓰여진 것처럼.
>
> 핵심구조 명사 everything + (that) + 주어 they + 동사 wished
>
> 단어 및 숙어의 확장 동사 write 쓰다 (write-wrote-written) / do 행하다 (do-did-done)
>
> 해설 everything과 they 사이에 목적격관계대명사 that이 생략돼 있다
>
> 의역 그러나 내가 너희에게 이르노니 엘리야가 왔으되 기록된 바와 같이 사람들이 임의로 대우하였느니라 하시니라

10 They all gave out of their wealth; but she, out of her poverty, put in everything—all ✓ she had to live on." (막12:44)

> 직역 그들 모두는 그들의 재산 중에서 드렸지만 그 여자는 가난한 중에서도 모든 것을 다 드렸다—즉 그녀가 의지해서 살아야만 하는 모든 것을 드린 것이다
>
> 핵심구조 명사 all + (that) + 주어 she + 동사 had to live

명사 wealth 부, 재산 / poverty 가난, 빈곤 숙어 live on…을 먹고 살다, …을 의지하여 살다

해설 all과 she 사이에 목적격관계대명사 that이 생략돼 있다

의역 저희는 그 풍족한 중에서 넣었거니와 이 과부는 그 구차한 중에서 자기 모든 소유 곧 생활비 전부를 넣었느니라 하셨더라

11 "First let the children eat all ✓ they want," he told her, "for it is not right to take the children's bread and toss it to their dogs."

(막7:27)

직역 "우선 아이들에게 그들이 원하는 모든 것을 먹게 하라," 그는 그녀에게 말했다, "아이들의 빵을 가져와서 그것을 그들의 개들에게 던지는 것은 옳지 않기 때문이다"

핵심구조 명사 all + (that) + 주어 they + 동사 want

단어 및 숙어의 확장 명사 bread 빵 동사 toss 던지다 / tell 말하다(tell-told-told) 형용사 right 옳은

해설 ① all 과 they 사이에 목적격관계대명사 that이 생략돼 있다 ② 사역동사 let + 목적어 the children + R (eat) ③ it은 가주어, to take and (to) toss는 진주어

의역 예수께서 이르시되 자녀로 먼저 배불리 먹게 할찌니 자녀의 떡을 취하여 개들에게 던짐이 마땅치 아니하니라

12 Now the betrayer had arranged a signal with them: "The one ✓ I kiss is the man; arrest him and lead him away under guard."

(막14:44)

직역 이제 그 배신자는 그들에게 신호를 보내기로 합의하였다. "내가 입 맞추는 자가 그 사람이다. 감시 하에 그를 체포하고 끌고 가라"

핵심구조 명사 the one + (that) + 주어 I + 동사 kiss

단어 및 숙어의 확장 명사 signal 신호, 표시 / betrayer 배신자, 배반자 / guard 경계,

감시, 보호 동사 arrest 체포하다 / lead 인도하다, 이끌다 숙어 arrange with… 하기로 합의하다 / lead away 끌고 가다, 데리고 가다

해설 the one과 I 사이에 목적격관계대명사 that이 생략돼 있다

의역 예수를 파는 자가 이미 그들과 군호를 짜 가로되 내가 입 맞추는 자가 그이니 그를 잡아 단단히 끌어가라 하였는지라

13 She had suffered a great deal under the care of many doctors and had spent all ✓ she had, yet instead of getting better she grew worse.
(막5:26)

직역 그녀는 많은 의사들의 보호 하에서 고통을 많이 겪었으며 그녀가 가졌던 모든 것을 소비하였지만 더 나아진 대신에 더 악화되었다

핵심구조 명사 all + (that) + 주어 she + 동사 had

단어 및 숙어의 확장 명사 care 보살핌 동사 suffer 괴로움을 겪다 / spend 소비하다, 쓰다(spend-spent-spent) / get 얻다 (get-got-gotten) / grow 자라다, 성장하다 (grow-grew-grown) 형용사 bad 나쁜 (bad-worse-the worst) 숙어 a great deal 매우 많이 / get better 더 나아지다 / instead of…대신에

해설 all과 she 사이에 목적격관계대명사 that이 생략돼 있다

의역 많은 의원에게 많은 괴로움을 받았고 있던 것도 다 허비하였으되 아무 효험이 없고 도리어 더 중하여졌던 차에

14 "Consider carefully what you hear," he continued. "With the measure ✓ you use it will be measured to you—and even more.
(막4:24)

직역 "너희가 들은 것을 조심스럽게 고려해라" 그는 계속하였다. "너희가 사용하는 척도로 그것은 너희에게 평가될 것이다—훨씬 더 많이.

핵심구조 명사 measure + (that) + 주어 you + 동사 use

단어 및 숙어의 확장 명사 measure 기준, 척도 동사 consider 심사숙고하다, 고려하

다 / continue 계속하다 / measure 평가(판단)하다 [부사] carefully 조심성 있게,
주의 깊게

[해설] ① measure와 you 사이에는 목적격관계대명사 that이 생략돼 있다
② what은 관계대명사로서 the thing which로 바꿀 수 있다

[의역] 또 가라사대 너희가 무엇을 듣는가 스스로 삼가라 너희의 헤아리는 그 헤아림
으로 너희가 헤아림을 받을 것이요 또 더 받으리니

---

15 "You don't know what you are asking," Jesus said. "Can you drink
the cup ✓ I drink or be baptized with the baptism ✓ I am baptized
with?"

(막10:38)

[직역] "너희는 너희가 무엇을 묻는지를 모른다," 예수님이 말씀하셨다. "너희는 내가
마시는 잔을 마실 수 있느냐? 혹은 내가 세례 받은 세례로 세례 받을 수 있느
냐?"

[핵심구조] 명사 the cup + (that) + 주어 I + 동사 drink
명사 baptism + (that) + 주어 I + 동사 am baptized

[단어 및 숙어의 확장] [명사] baptism 세례 [동사] baptize 세례를 주다 (be baptized 세례
를 받다)

[해설] the cup과 I 사이에, the baptism과 I 사이에 목적격관계대명사 that이 각각 생략
돼 있다

[의역] 예수께서 가라사대 너희 구하는 것을 너희가 알지 못하는도다 너희가 나의 마
시는 잔을 마시며 나의 받는 세례를 받을 수 있느냐

---

16 When they heard all ✓ he was doing, many people came to him
from Judea, Jerusalem, Idumea, and the regions across the Jordan
and around Tyre and Sidon.

(막3:8)

[직역] 그들이 그가 행하는 모든 것을 들었을 때, 유대, 예루살렘, 이두미아, 그리고
요단강을 가로지르고 두로와 시돈 근처에 있는 지역들로부터 많은 사람들이
그에게 왔다

핵심구조 명사 all + (that) + 주어 he + 동사 was doing

단어 및 숙어의 확장 **명사** region 지역, 지방 **동사** come 오다 (come-came-come) / hear 듣다 (hear-heard-heard)

해설 all과 he 사이에 목적격관계대명사 that이 생략돼 있다

의역 유대와 예루살렘과 이두매와 요단강 건너편과 또 두로와 시돈 근처에서 허다한 무리가 그의 하신 큰 일을 듣고 나아오는지라

성경해설 두로(Tyre)[taiər]: 고대 페니키아의 최대 항구도시. 자신에게 넘치는 풍요로움이 마치 자신의 손으로 이룬 것처럼 교만했으며 자신을 신으로 착각함. 그 착각으로 인하여 패망과 죽음으로 이어짐 (겔26:3-5)

〈예루살렘〉

17 When the daughter of Herodias came in and danced, she pleased Herod and his dinner guests. The king said to the girl, "Ask me for anything ✓ you want, and I'll give it to you."

(막6:22)

직역 헤로디아의 딸이 들어와서 춤을 추자, 그녀는 헤롯과 그의 저녁손님들을 기쁘게 하였다. 왕은 그 소녀에게 말했다, "네가 원하는 것이면 무엇이든지 내게 요청하라, 그러면 내가 그것을 너에게 주겠다"

핵심구조 명사 anything + (that) + 주어 you + 동사 want

명사 guest 손님 동사 please 기쁘게 하다 / say 말하다(say-said-said)

해설 anything과 you 사이에 목적격관계대명사 that이 생략돼 있다

의역 헤로디아의 딸이 친히 들어와 춤을 추어 헤롯과 및 함께 앉은 자들을 기쁘게 한지라 왕이 그 여아에게 이르되 무엇이든지 너 원하는 것을 내게 구하라 내가 주리라하고

18 Since they could not get him to Jesus because of the crowd, they made an opening in the roof above Jesus and, after digging through it, lowered the mat ✓ the paralyzed man was lying on. (막2:4)

직역 군중 때문에 그를 예수님께 데리고 갈 수 없었기 때문에, 그들은 예수님 바로 위에 있는 지붕에 열린 구멍을 만들었다. 그리고 그것을 통과하여 파 들어간 후에, 그 중풍병자가 누워 있는 매트를 낮추었다.

핵심구조 명사 the mat + (that) + 주어 the paralyzed man + 동사 was lying

단어 및 숙어의 확장 동사 dig 파다 / lower 낮추다, 낮게 하다 형용사 paralyzed 중풍이 든 숙어 lie on 눕다 / because of …때문에

해설 the mat와 the paralyzed man 사이에 목적격관계대명사 that이 생략돼 있다

의역 무리를 인하여 예수께 데려갈 수 없으므로 그 계신 곳의 지붕을 뜯어 구멍을 내고 중풍병자의 누운 상을 달아 내리니

19 Jesus looked at him and loved him. "One thing you lack," he said. "Go, sell everything ✓ you have and give to the poor, and you will have treasure in heaven. Then come, follow me." (막10:21)

직역 예수님이 그를 쳐다보았고 그를 사랑하였다. "너는 한 가지가 부족하다," 그가 말씀하셨다. "가서, 네가 가진 모든 것을 팔아서 가난한 사람들에게 주어라, 그러면 너는 천국에서 보물을 갖게 될 것이다. 그리고 와서 나를 따르라"

핵심구조 명사 everything + (that) + 주어 you + 동사 have

명사 treasure 보물, 보배 / heaven 천국 동사 lack 부족하다 /
follow 따르다 숙어 look at 쳐다보다 / the poor=poor people 가난한 사람들

해설 everything과 you 사이에 목적격관계대명사 that이 생략돼 있다

의역 예수께서 그를 보시고 사랑하사 가라사대 네게 오히려 한 가지 부족한 것이
있으니 가서 네 있는 것을 다 팔아 가난한 자들을 주라 그리하면 하늘에서 보화
가 네게 있으리라 그리고 와서 나를 좇으라 하시니

20 Immediately the rooster crowed the second time. Then Peter
remembered the word ✓ Jesus had spoken to him: "Before the
rooster crows twice, you will disown me three times." And he broke
down and wept.

(막14:72)

직역 곧 수탉이 두 번 울었다. 그때 베드로는 예수님이 그에게 말씀하셨던 말이 기억
났다. "수탉이 두 번 울기 전에, 너는 나를 세 번 부인할 것이다." 그는 무너지더
니 눈물을 주르륵 흘렸다.

핵심구조 명사 word + (that) + 주어 Jesus + 동사 had spoken

단어 및 숙어의 확장 명사 rooster 수탉 동사 crow (수탉이) 울다 / disown …에 관계
없다고(책임이 없다고) 말하다 / weep (눈물을) 주르륵 흘리다 (weep-wept-
wept) / speak 말하다(speak-spoke-spoken) / break 부수다, 깨뜨리다(break-broke-
broken) 부사 immediately 곧, 즉시 숙어 break down 무너지다, 쓰러지다

해설 word와 Jesus 사이에 목적격관계대명사 that이 생략돼 있다

의역 닭이 곧 두 번째 울더라 이에 베드로가 예수께서 자기에게 하신 말씀 곧 닭이
두 번 울기 전에 네가 세 번 나를 부인하리라 하심이 기억되어 생각하고 울었더
라

〈베드로통곡교회〉

21 Haven't you read this scripture:
'The stone ✓ the builders rejected
has become the capstone;
the Lord has done this,
and it is marvelous in our eyes?

(막12:10-11)

직역 너희는 이 성경을 읽어보지 못했느냐? 즉 집지은 자들이 거절한 돌이 모퉁이 돌이 된 것을; 주님은 이 일을 하셨고 그것이 우리의 눈에 놀라운 것을.

핵심구조 명사 the stone + (that) + 주어 the builders + 동사 rejected

단어 및 숙어의 확장 명사 Scripture 성경 / builder 건축가들, 집 지은 자들 / capstone 모퉁이돌 동사 reject 거절하다, 거부하다 형용사 marvelous 놀라운, 기이한

해설 stone과 the builders 사이에 목적격관계대명사 that이 생략돼 있다

의역 너희가 성경에 건축자들의 버린 돌이 모퉁이의 머릿돌이 되었나니 이것은 주로 말미암아 된 것이요 우리 눈에 기이하도다 함을 읽어 보지도 못하였느냐 하시니라

22 These are the twelve ✓ he appointed: Simon (to whom he gave the name Peter); James son of Zebedee and his brother John (to them he gave the name Boanerges, which means Sons of Thunder); Andrew, Philip, Bartholomew, Matthew, Thomas, James son of Alphaeus, Thaddaeus, Simon the Zealot, and Judas Iscariot, who betrayed him.

(막3:16-19)

직역 이들은 그가 임명한 12명이다. 즉 시몬 (그에게는 베드로라는 이름을 주셨다), 세베대의 아들 야고보와 그의 형제 요한 (그에게는 보아네게스라는 이름을 주셨는데, 뜻은 천둥의 아들이다), 안드레, 빌립, 바돌로메, 마태, 도마, 알페우스의 아들 야고보, 다테우스, 젤롯의 시몬, 그리고 그를 배반한 이스카롯 유다이다

핵심구조 명사 twelve + (that) + 주어 he + 동사 appointed

단어 및 숙어의 확장 〔동사〕 appoint 임명하다 / betray 배반하다, 배신하다 / give 주다 (give-gave-given)

해설 twelve와 he 사이에 목적격관계대명사 that이 생략돼 있다

의역 이 열둘을 세우셨으니 시몬에게는 베드로란 이름을 더하셨고 또 세베대의 아들 야고보와 야고보의 형제 요한이니 이 둘에게는 보아너게 곧 우레의 아들이란 이름을 더하셨으며 또 안드레와 빌립과 바돌로매와 마태와 도마와 알패오의 아들 야고보와 및 다대오와 가나안인 시몬이며 또 가롯 유다니 이는 예수를 판 자러라

---

8 주격관계대명사+be동사의 생략

원래 주격관계대명사 that은 생략될 수 없다. 그러나 주격관계대명사가 바로 뒤에 be 동사를 데리고 올 경우에는 그 주격관계대명사와 be동사는 둘 다 생략될 수 있다.

> **명사 + (주격관계대명사 + be동사) + p.p.**

예문1 I have a smart phone ✓ made in Korea.
(나는 한국에서 만든 스마트폰이 있다) [that is가 생략됐다]

예문2 He received an email ✓ written in English.
(그는 영어로 쓰인 이메일을 받았다) [that was가 생략됐다]

예문3 The little dog has a nickname ✓ called 'mandoo.'
(그 어린 강아지에게는 '만두'라는 별명이 있다) [that is가 생략됐다]

예문4 Jacob loved a young woman ✓ named Rachel.
(야곱은 라헬이라는 이름의 젊은 여자를 사랑했다) [that was가 생략됐다]

예문5 Elizabeth, ✓ filled with the Holy Spirit, blesses Mary and calls her "the mother of my Lord."
(엘리사벳은, 성령으로 가득 차서, 마리아를 축복하고 그녀를 "나의 주님의 어머니"라고 부른다) [that is가 생략됐다]

---

1 They worship me in vain; their teachings are but rules ✓ taught by men."
(막7:7)

직역 그들은 나를 숭배하지만 헛되도다; 그들의 가르침은 단지 인간들에 의해서 가르쳐진 규율에 불과하기 때문이다

핵심구조 명사 rules + (that are) + 과거분사 taught

단어 및 숙어의 확장 명사 teaching 가르침 / rule 규율, 규칙 동사 worship 숭배하다 / teach 가르치다 (teach-taught-taught) 숙어 in vain 헛되다, 소용없다

해설 rules와 taught 사이에는 주격관계대명사 that과 are가 생략돼 있다

의역 사람의 계명으로 교훈을 삼아 가르치니 나를 헛되이 경배하는도다 하였느니라

---

2 Then they offered him wine ✓ mixed with myrrh, but he did not take it.
(막15:23)

직역 그때 그들은 몰약과 섞인 포도주를 그에게 주었다지만 그는 그것을 받지 않았다

핵심구조 명사 wine + (that was) + 과거분사 mixed

단어 및 숙어의 확장 〔명사〕 myrrh 몰약 〔동사〕 offer 주다, 제공하다 / mix 섞다

해설 wine과 mixed 사이에 주격관계대명사 that과 was가 생략돼 있다

의역 몰약을 탄 포도주를 주었으나 예수께서 받지 아니하시니라

---

3 They brought Jesus to the place ✓ called Golgotha (which means, The Place of the Skull).　　　　　　　　　(막15:22)

직역 그들은 예수님을 골고다라고 불리는 장소로 데리고 갔다 (그것은 해골의 장소라는 뜻이다)

핵심구조 명사 the place + (that was) + 과거분사 called

단어 및 숙어의 확장 〔명사〕 Golgotha 골고다(예수님이 십자가에 못박혀 돌아가신 곳) / skull 해골 〔동사〕 bring 데리고 가다 (bring-brought-brought)

해설 the place와 called 사이에 주격관계대명사 that과 was가 생략돼 있다

의역 예수를 끌고 골고다라 하는 곳(번역하면 해골의 곳)에 이르러

---

4 John wore clothing ✓ made of camel's hair, with a leather belt around his waist, and he ate locusts and wild honey.　　　　(막1:6)

직역 요한은 낙타털로 만든 옷을 입었고, 허리둘레에는 가죽밸트를 매고 있었으며 메뚜기와 석청을 먹었다.

핵심구조 명사 clothing + (that was) + 과거분사 made

단어 및 숙어의 확장 〔명사〕 camel 낙타 / leather 가죽 / waist 허리 / locust 메뚜기 / honey 꿀 〔동사〕 wear 입다 (wear-wore-worn) / eat 먹다(eat-ate-eaten)

해설 ① made 앞에는 주격관계대명사 that과 was가 생략돼 있다 ② with a leather belt around his waist 허리에 가죽밸트를 매고

의역 요한은 약대털을 입고 허리에 가죽띠를 띠고 메뚜기와 석청을 먹더라

5 They went to a place ✓ called Gethsemane, and Jesus said to his disciples, "Sit here while I pray."   (막14:32)

직역 그들은 겟세마네라고 불리는 장소로 갔다. 그러자 예수님은 제자들에게 말씀하셨다, "내가 기도하는 동안 이곳에 앉아있어라"

핵심구조 명사 place + (that was) + 과거분사 called

단어 및 숙어의 확장 명사 disciple 제자 동사 go 가다(go-went-gone) / say 말하다 (say-said-said) / pray 기도하다

해설 place와 called 사이에 주격관계대명사 that과 was가 생략돼 있다

의역 저희가 겟세마네라 하는 곳에 이르매 예수께서 제자들에게 이르시되 나의 기도할 동안에 너희는 여기 앉았으라 하시고

성경해설 겟세마네(Gethsemane)는 감람산에 위치한 동산의 이름으로 '기름짜는 틀'이라는 뜻이다.

〈겟세마네교회 또는 만국교회〉

6 Then they looked at those ✓ seated in a circle around him and said, "Here are my mother and my brothers!"   (막3:34)

직역 그때 그들은 그의 주변에 원을 둘러서 앉은 사람들을 쳐다보며 말했다, "저의 어머니와 동생들입니다!"

핵심구조 명사 those + (that were) + 과거분사 seated

단어 및 숙어의 확장 명사 circle 원 동사 be seated 앉다 / say 말하다 (say-said-said) 숙어 look at 쳐다보다

해설 those와 seated 사이에 주격관계대명사 that이 생략돼 있다

의역 둘러앉은 자들을 둘러보시며 가라사대 내 모친과 내 동생들을 보라

7 In the morning, as they went along, they saw the fig tree ✓ withered from the roots. (막11:20)

직역 아침에, 그들이 걸어가면서 무화과나무가 뿌리부터 시들어버린 것을 보았다.

핵심구조 명사 fig tree + (that was) + 과거분사 withered

단어 및 숙어의 확장 명사 root 뿌리 / fig tree 무화과나무 동사 wither 시들다

해설 fig tree와 withered 사이에 주격관계대명사 that이 생략돼 있다

의역 저희가 아침에 지나갈 때에 무화과나무가 뿌리로부터 마른 것을 보고

무화과 열매

8 He had one ✓ left to send, a son, whom he loved. He sent him last of all, saying, "They will respect my son." (막12:6)

직역 그는 보내야 할 남은 한 사람, 즉 그가 사랑한 아들이 있었다. 그는 모든 사람 중에서 마지막으로 그를 보냈다, "그들은 나의 아들을 존경할 것이다"고 말하

면서.

> **핵심구조** 명사 one + (that was) + 과거분사 left

> **단어 및 숙어의 확장** **동사** respect 존경하다

> **해설** one과 left 사이에 주격관계대명사 that이 생략돼 있다

> **의역** 오히려 한 사람이 있으니 곧 그의 사랑하는 아들이라 최후로 이를 보내며 가로되 내 아들은 공경하리라 하였더니

9 He will show you a large upper room, ✓ furnished and ready. Make
preparations for us there." (막14:15)

> **직역** 그는 너희에게 가구가 비치되어 있고 즉시 쓸 수 있는 커다란 위쪽 방을 보여줄 것이다. 거기에서 우리를 위하여 준비하라.

> **핵심구조** 명사 room + (that was) + 과거분사 furnished

> **단어 및 숙어의 확장** **명사** preparation 준비 **동사** furnish (필요한 물건을)공급하다, 제공해주다, 가구를 비치하다 **형용사** furnished 가구가 있는 (a furnished apartment 가구가 딸린 아파트) / upper 위쪽의, 상부의 (the upper stories 위층) / ready 편리한, 즉시 쓸 수 있는

> **해설** room과 furnished 사이에 주격관계대명사 that과 was가 생략돼 있다

> **의역** 그리하면 자리를 베풀고 예비된 큰 다락방을 보이리니 거기서 우리를 위하여 예비하라 하신대

10 A man ✓ called Barabbas was in prison with insurrectionists who
had committed murder in the uprising. (막15:7)

> **직역** 바라바라고 불리는 한 남자가 폭동 중에 살인을 저지른 폭도들과 함께 투옥되었다

> **핵심구조** 명사 a man + (that was) + 과거분사 called

> **단어 및 숙어의 확장** **명사** prison 감옥 / insurrection 반란, 폭동, 봉기 / insurrectionist 폭도 / murder 살인 / uprising (지역적)반란, 폭동(revolt) **동사** commit (죄, 과실

을)범하다, 저지르다 (commit murder 살인하다/ commit suicide 자살하다)

숙어 be in prison 투옥되다

해설 a man과 called 사이에 주격관계대명사 that과 was가 생략돼 있다

의역 민란을 꾸미고 이 민란에 살인하고 포박된 자 중에 바라바라 하는 자가 있는지라

성경해설 바라바(Barabbas)는 '아버지의 아들'이라는 뜻이다

11 As they entered the tomb, they saw a young man ✓ dressed in a white robe sitting on the right side, and they were alarmed.

(막16:5)

직역 무덤에 들어갔을 때, 그들은 하얀 옷을 입은 어떤 젊은이가 오른 편에 앉아 있는 것을 보고 깜짝 놀랐다.

핵심구조 명사 a young man + (that was) + 과거분사 dressed

단어 및 숙어의 확장 **명사** tomb 무덤 (b는 묵음) / robe (남녀가 같이 쓰는) 길고 품이 넓은 겉옷 (pl) 의복, 옷, 의상 **동사** alarm 놀라다, 오싹하게 하다 **숙어** be alarmed at…에 깜짝 놀라다

해설 a young man과 dressed 사이에 주격관계대명사 that과 was가 생략돼 있다

의역 무덤에 들어가서 흰 옷을 입은 한 청년이 우편에 앉은 것을 보고 놀라매

12 Others, like seed ✓ sown on good soil, hear the word, accept it, and produce a crop, thirty, sixty, or even a hundred times what was sown."

(막4:20)

직역 좋은 흙 위에 뿌려진 씨앗처럼, 다른 사람들은 말씀을 듣고 받아들이며, 뿌려진 것의 30배, 60배, 심지어 100배의 곡식을 생산한다.

핵심구조 명사 seed + (that is) + 과거분사 sown

단어 및 숙어의 확장 **명사** seed 씨앗 / soil 흙, 토양 / crop 곡식 **동사** sow (씨앗을)뿌리다 (sow-sowed-sown)

해설 seed와 sown 사이에 주격관계대명사 that과 is가 생략돼 있다

해설 seed와 sown 사이에 주격관계대명사 that과 is가 생략돼 있다

의역 좋은 땅에 뿌리웠다는 것은 곧 말씀을 듣고 받아 삼십 배와 육십 배와 백 배의 결실을 하는 자니라

13 The woman was a Greek, ✓ born in Syrian Phoenicia. She begged Jesus to drive the demon out of her daughter. (막7:26)

직역 그 여자는 시리아 페니키아에서 태어난 그리스 사람이었다. 그 여자는 예수님께 자신의 딸로부터 악마를 내쫓아달라고 간청하였다.

핵심구조 명사 Greek + (that was) + 과거분사 born

단어 및 숙어의 확장 명사 demon 악마 / daughter 딸 동사 bear 태어나다 (bear-bore-born) 숙어 beg + O + to R…에게--해달라고 간청하다 / out of=from…로 부터

해설 Greek과 born 사이에는 주격관계대명사 that과 was가 생략돼 있다

의역 그 여자는 헬라인이요 수로보니게 족속이라 자기 딸에게서 귀신 쫓아 주시기를 간구하거늘

14 "Let this Christ, this King of Israel, come down now from the cross, that we may see and believe." Those ✓ crucified with him also heaped insults on him. (막15:32)

직역 "이스라엘의 왕, 이 그리스도로 하여금 지금 십자가에서 내려오게 하라, 우리가 보고 믿을 수 있도록." 그와 함께 십자가에 못 박혔던 사람들도 그에게 욕설을 많이 하였다.

핵심구조 명사 Those + (that were) + 과거분사 crucified

단어 및 숙어의 확장 명사 cross 십자가 / insult 모욕 동사 crucify 십자가에 못 박다 / heap 쌓아올리다 숙어 heap a plate with cherries 접시에 체리를 수북이 담다

해설 ① Those와 crucified 사이에 주격관계대명사 that과 were가 생략돼 있다 ② Let + 목적어(this Christ) + R (come) ③ that 앞에 so가 생략돼 있다

의역 이스라엘의 왕 그리스도가 지금 십자가에서 내려와 우리로 보고 믿게 할찌어다 하며 함께 십자가에 못 박힌 자들도 예수를 모욕하더라

15 "And if anyone causes one of these little ones who believe in me to sin, it would be better for him to be thrown into the sea with a large millstone ✓ tied around his neck. (막9:42)

> 직역 누군가 나를 믿는 이 어린 자들 중의 하나로 하여금 죄를 짓게 한다면, 그는 목둘레에 묶인 커다란 연자맷돌을 지니고 바다 속으로 내던져지는 것이 더 나을 것이다.
>
> 핵심구조 명사 millstone + (that was) + 과거분사 tied
>
> 단어 및 숙어의 확장 [명사] millstone 맷돌, 연자맷돌(마18:6) / neck 목 [동사] cause 초래하다, 야기시키다 / throw 던지다(throw-threw-thrown) / tie 묶다 [숙어] one of + 복수명사…중의 하나 / believe in…의 존재를 믿다
>
> 해설 ① millstone과 tied 사이에 주격관계대명사 that과 was가 생략돼 있다 ② it은 가주어, for him은 의미상의 주어, to be thrown은 진주어이다 ③ cause + O (one of these little ones who believe in me) + to R(to sin) …하도록 초래하다
>
> 의역 또 누구든지 나를 믿는 이 소자 중 하나를 실족케 하면 차라리 연자맷돌을 그 목에 달리우고 바다에 던지움이 나으리라

16 Just as he was speaking, Judas, one of the Twelve, appeared. With him was a crowd ✓ armed with swords and clubs, ✓ sent from the chief priest, the teachers of the law, and the elders. (막14:43)

> 직역 그가 말을 하였을 때, 12명 중의 한 명인 유다가 나타났다. 그와 함께 칼과 곤봉으로 무장된 군중이 있었는데, 대제사장들과 서기관들과 장로들로부터 보내진 자들이었다.
>
> 핵심구조 명사 crowd + (that was) + 과거분사 armed / sent
>
> 단어 및 숙어의 확장 [명사] crowd 군중, 무리 / sword 검, 칼 / club 곤봉 / chief priest 대제사장 / teacher of the law 서기관 / elder 장로 [동사] arm 무장하다 / send 보내다 (send-sent-sent) [숙어] one of + 복수명사…중의 하나 / just as…막…하듯이
>
> 해설 a crowd와 armed 사이, a crowd와 sent 사이에 주격관계대명사 that과 was가 생

락돼 있다

<blockquote>
의역 말씀하실 때에 곧 열둘 중의 하나인 유다가 왔는데 대제사장들과 서기관들과 장로들에게서 파송된 무리가 검과 몽치를 가지고 그와 함께 하였더라
</blockquote>

17 Pray that this will not take place in winter, because those will be days of distress ✓ unequaled from the beginning, when God created the world, until now—and never to be equaled again. (막13:18-19)

<blockquote>
직역 기도하라 이것이 겨울에 발생하지 않도록, 왜냐하면 그것들이 하나님이 세상을 창조하셨던 처음부터 지금까지—그리고 다시는 결코 견줄 것이 없는 고난의 날들이 될 것이기 때문이다.

핵심구조 명사 days of distress + (that are) + 과거분사 unequaled

단어 및 숙어의 확장 **명사** distress 심통, 비탄(grief), 고민, 걱정(worry), 가난, 곤궁, 고난 **형용사** unequaled 필적하는 견줄 것이 없는, 무적의, 월등하게 좋은 **숙어** take place 개최되다, (사건이)일어나다, 생기다

해설 ① distress와 unequaled 사이에 주격관계대명사 that과 are가 생략돼 있다
② pray 다음의 that은 종속접속사이다

의역 이 일이 겨울에 나지 않도록 기도하라 이는 그 날들은 환난의 날이 되겠음이라 하나님의 창조하신 창초부터 지금까지 이런 환난이 없었고 후에도 없으리라
</blockquote>

18 To love him with all your heart, with all your understanding and with all your strength, and to love your neighbor as yourself is more important than all ✓ burnt offerings and sacrifices." (막12:33)

<blockquote>
직역 너의 마음을 다하고, 너의 탁월한 이해심으로, 그리고 매우 힘차게 그를 사랑하고, 너의 이웃을 네 자신처럼 사랑하는 일은 태워진 모든 봉헌물과 제사보다도 더 중요하다.

핵심구조 명사 all + (that are) + 과거분사 burnt

단어 및 숙어의 확장 **명사** offering 제물, 봉헌 / sacrifice 희생 / neighbor 이웃
</blockquote>

with + all + 추상명사=매우..하게 (with all your heart 너의 온마음을 다하여, 성의를 다하여 / with all your strength 매우 힘차게, 너의 온힘을 다하여 / with all your understanding 널리 이해하면서, 탁월한 이해심으로

해설 all과 burnt 사이에 주격관계대명사 that과 are가 생략돼 있다

의역 또 마음을 다하고 지혜를 다하고 힘을 다하여 하나님을 사랑하는 것과 또 이웃을 제 몸과 같이 사랑하는 것이 전체로 드리는 모든 번제물과 기타 제물보다 나으니이다

19 But you say that if a man says to his father or mother: 'Whatever help you might otherwise have received from me is Corban' (that is, a gift ✓ devoted to God), then you no longer let him do anything for his father or mother. (막7:11-12)

직역 그러나 너희는 말한다 한 남자가 그의 아버지나 어머니에게 '사정이 달랐더라면 당신들이 나로부터 받았을지도 모르는 도움이면 무엇이든지 코르반'(즉, 하나님께 바치는 선물)이라고 말한다면, 너희는 그가 그의 아버지나 어머니를 위해서 어떤 일도 더 이상 하지 못하게 할 것이라고.

핵심구조 명사 gift + (that is) + 과거분사 devoted

단어 및 숙어의 확장 명사 gift 선물 부사 otherwise 만약 그렇지 않으면 숙어 be devoted to…에게 헌신하다, 몰두하다 / no longer 더 이상…하지 않다 / that is 즉

해설 ① gift와 devoted 사이에 주격관계대명사 that과 is가 생략돼 있다 ② say 다음에 오는 that은 종속접속사이다 ③ Whatever는 복합관계대명사이다 ④ let은 사역동사이므로 him 다음에 원형동사 do가 왔다

의역 너희는 가로되 사람이 아비에게나 어미에게나 말하기를 내가 드려 유익하게 할 것 이 고르반 곧 하나님께 드림이 되었다고 하기만 하면 그만이라 하고 제 아비나 어미에게 다시 아무것이라도 하여 드리기를 허하지 아니하여

20 Still others, like seed ✓ sown among thorns, hear the word; but the worries of this life, the deceitfulness of wealth and the desires for other things come in and choke the word, making it unfruitful.

(막4:18-19)

직역 그러나 다른 사람들은, 가시밭 속에 뿌려진 씨앗처럼, 말씀을 듣는다. 그러나 이 삶의 걱정, 재산의 속임수와 다른 것들에 대한 욕망이 들어와서 말씀을 질식시킨다, 말씀을 열매 맺지 못하게 만들면서.

핵심구조 명사 seed + (that is) + 과거분사 sown

단어 및 숙어의 확장 [명사] seed 씨앗 / thorn 가시 / worry 걱정, 근심 / deceitfulness 속임, 사기, 거짓 / wealth 부, 재산 [동사] choke 질식시키다, 숨 막히게 하다 [형용사] unfruitful 효과가 없는, 보람 없는, 헛된, 열매를 맺지 않는

해설 ① seed와 sown 사이에 주격관계대명사 that과 is가 생략돼 있다
② ,making은 분사구문의 동시상황으로서 and make로 바꿀 수 있다

의역 또 어떤 이는 가시떨기에 뿌리우는 자니 이들은 말씀을 듣되 세상의 염려와 재리의 유혹과 기타 욕심이 들어와 말씀을 막아 결실치 못하게 되는 자요

성경해설 말씀을 듣지만 세상의 염려와 재리의 유혹에 말씀이 막혀서 결실을 맺지 못하는 자이다

---

21 While he was in Bethany, reclining at the table in the home of a man ✓ known as Simon the Leper, a woman came with an alabaster jar of very expensive perfume, ✓ made of pure nard. She broke the jar and poured the perfume on his head.

(막14:3)

직역 그가 베다니에서, 나병환자 시몬으로 알려진 한 남자의 집의 식탁에 기대어 있을 때, 한 여자가 순수한 감송으로 만들어진, 매우 비싼 향수가 든 설화석고로 된 항아리를 들고 왔다. 그녀는 그 항아리를 깨뜨리고 나서 그의 머리 위에 그 향수를 부었다.

핵심구조 명사 a man + (that was) + 과거분사 known
명사 perfume+ (that was) + 과거분사 made

단어 및 숙어의 확장 [명사] leper 나병환자 / alabaster 설화석고 (같은) / jar 항아리, 단지 / perfume 향수 / nard (식물)감송(甘松), 감송향(甘松香) [동사] recline 기대게 하다, 의지하다, (몸을)눕히다 / break 깨뜨리다, 부수다 (break-broke-broken)

/ pour 따르다, 쏟다, 붓다 [형용사] expensive 비싼

[해설] ① man과 known 사이에 주격관계대명사 that과 was가 생략돼 있다
② perfume과 made 사이에 주격관계대명사 that과 was가 생략돼 있다
③ Simon과 the Leper는 동격이다

[의역] 예수께서 베다니 문둥이 시몬의 집에서 식사하실 때에 한 여자가 매우 값진
향유 곧 순전한 나드 한 옥합을 가지고 와서 그 옥합을 깨뜨리고 예수의 머리에
부으니

N.B. 주격관계대명사와 be동사가 생략되지 않은 채 그대로 쓰이는 경우도
있다

1 Some people are like seed along the path, where the word is sown.
As soon as they hear it, Satan comes and takes away the word <u>that</u>
<u>was</u> sown in them.

(막4:15)

[직역] 어떤 사람들은 말씀이 뿌려진 길을 따라서 있는 씨앗과 같다. 그들이 그것을(말
씀을) 듣자마자, 사탄이 와서 그들 안에 뿌려졌던 그 말씀을 가지고 가버린다

[핵심구조] 명사 the word + that was + 과거분사 sown

[단어 및 숙어의 확장] [명사] seed 씨앗 / path 길, 작은 길, 보도 [동사] sow 뿌리다
(sow-sowed-sown) [숙어] take away (..을)가지고 가다 / as soon as…하자마자

[해설] the word와 sown 사이에 주격관계대명사 that과 be동사 was가 생략되지 않은
채 그대로 쓰여 있다

[의역] 말씀이 길가에 뿌리웠다는 것은 이들이니 곧 말씀을 들었을 때에 사단이 즉시
와서 저희에게 뿌리운 말씀을 빼앗는 것이요

[성경해설] 길이 매우 단단해서 하나님께서 구원의 가능성을 주셨음에도 불구하고 그
마음이 길의 땅처럼 매우 단단하고 약하여 전혀 받아들일 여지를 갖지 못한다.
실제로 하나님은 이 세상 모든 사람들을 구원에 초대하고 있지만 세상사람들은
그 초대에 전혀 반응이 없다.

2 The people ate and were satisfied. Afterward the disciples picked up seven basketfuls of broken pieces <u>that were</u> left over. (막8:8)

> 직역 사람들은 먹었고 만족했다. 나중에 제자들은 남아 있는 부서진 조각 일곱바구니를 집어들었다
>
> 핵심구조 명사 pieces + that were + 과거분사 left
>
> 단어 및 숙어의 확장 명사 disciple 제자 / piece 조각 동사 eat 먹다(eat-ate-eaten) / be satisfied 만족하다 / leave 남기다 (leave-left-left) 형용사 broken 부서진 숙어 pick up 줍다, 집어 들다
>
> 해설 pieces와 left 사이에 주격관계대명사 that과 be동사 were가 생략되지 않은 채 그대로 쓰여 있다
>
> 의역 배불리 먹고 남은 조각 일곱 광주리를 거두었으며

3 The Pharisees and some of the teachers of the law who had come from Jerusalem gathered around Jesus and saw some of his disciples eating food with hands <u>that were</u> unclean, that is, unwashed.

(막7:1-2)

> 직역 예루살렘에서 온 바리새인들과 몇몇 서기관들은 예수님 주변으로 모여서 그의 제자 몇 명이 깨끗하지 않은, 즉 씻지 않은 손으로 음식을 먹는 것을 보았다
>
> 핵심구조 명사 hands + that were + 과거분사 unclean (unwashed)
>
> 단어 및 숙어의 확장 명사 pharisee 바리새인 / teacher of the law 서기관 / 동사 gather 모으다 / see 보다 (see-saw-seen) 형용사 unclean 깨끗하지 않은 / unwashed 씻지 않은 숙어 that is 즉
>
> 해설 ① hands와 unclean, that is, unwashed 사이에 주격관계대명사 that과 be동사 were가 생략되지 않은 채 그대로 쓰여 있다 ② see + O (some of his disciples) + 현재분사 eating에서 eating은 서술적 용법의 현재분사이다
>
> 의역 바리새인들과 또 서기관 중 몇이 예루살렘에서 와서 예수께 모였다가 그의 제자 중 몇 사람의 부정한 손 곧 씻지 아니한 손으로 떡 먹는 것을 보았더라

N.B. 주격관계대명사＋일반동사로 된 문장에서는 주격관계대명사를 생략할 수 없다!

1 Nothing outside a man can make him 'unclean' by going into him. Rather, it is what comes out of a man <u>that makes</u> him 'unclean.'

(막7:15-16)

> **직역** 인간의 바깥에 있는 것이 그에게 들어감으로써 그를 '불결하게' 만들 수 있는 것은 아무것도 없다. 오히려 그를 '불결하게' 만드는 것은 인간에게서 나오는 것이다.
>
> **핵심구조** 명사 a man ＋ that ＋ 일반동사 makes
>
> **해설** ① 주격관계대명사 that은 뒤에 일반동사 makes가 왔으므로 생략할 수 없다 ② what은 관계대명사로서 the thing which로 바꿀 수 있다
>
> **의역** 무엇이든지 밖에서 사람에게로 들어가는 것은 능히 사람을 더럽게 하지 못하되 사람 안에서 나오는 것이 사람을 더럽게 하는 것이니라 하시고

2 "Are you so dull?" he asked. "Don't you see that nothing <u>that enters</u> a man from the outside can make him 'unclean'?

(막7:18)

> **직역** "너희는 그렇게 둔감하냐?" 그가 물었다. "너희는 알지 못하느냐 밖으로부터 인간에게로 들어가는 아무것도 그를 '불결하게'할 수 없다는 것을?"
>
> **핵심구조** 명사 nothing ＋ that ＋ 일반동사 enters
>
> **단어 및 숙어의 확장** 〔형용사〕 dull 무딘, 둔한, 둔감한, 우둔한, 활기 없는
>
> **해설** 주격관계대명사 that은 뒤에 일반동사 enters가 왔으므로 생략할 수 없다
>
> **의역** 예수께서 이르시되 너희도 이렇게 깨달음이 없느냐 무엇이든지 밖에서 들어가는 것이 능히 사람을 더럽게 하지 못함을 알지 못하느냐

3 When you see 'the abomination <u>that causes</u> desolation' standing where it does not belong—let the reader understand—then let those who are in Judea flee to the mountains.　　　　　　　(막13:14)

직역 너희가 '황량함을 초래하는 혐오'가 그것이 속하지 않은 곳에 서 있는 것을 볼 때—독자로 하여금 이해하게 하라—그때에는 유대에 있는 사람들을 산으로 달아나게 하라

핵심구조 명사 abomination + that + 일반동사 causes

단어 및 숙어의 확장 〔명사〕 abomination 혐오, 증오, 싫음 / desolation 황폐시킴, 황폐, 황량, 폐허 〔동사〕 flee 달아나다, 도망하다, 피하다 / cause 초래하다, 야기시키다

해설 ① 주격관계대명사 that은 뒤에 일반동사 causes가 왔으므로 생략할 수 없다 ② see + O (the abomination that causes desolation)+ standing에서 standing은 서술적용법의 현재분사이다 ③ let + O (the reader) + R (understand) ④ let + O (those who are in Jedea) + R (flee)

의역 멸망의 가증(可憎)한 것이 서지 못할 곳에 선 것을 보거든 (읽는 자는 깨달을찐저) 그때에 유대에 있는 자들은 산으로 도망할찌어다

---

4 On another occasion Jesus began to teach by the lake. The crowd that gathered around him was so large that he got into a boat and sat in it out on the lake, while all the people were along the shore at the water's edge.　　　　　　　(막4:1)

직역 또다른 경우에 예수님은 호숫가에서 가르치기 시작했다. 그의 주변에 모여든 군중은 너무도 많아서 그는 배 안으로 들어가서서 호수 위에서 그 배 안에 앉으셨다, 한편 모든 사람들은 물의 변두리에 있는 해변을 따라 있었다.

핵심구조 명사 crowd + that + 일반동사 gathered

단어 및 숙어의 확장 〔명사〕 occasion 경우, 사례 / crowd 군중, 무리 / edge 가장자리, 변두리, 경계 〔동사〕 begin 시작하다(begin-began-begun) / gather 모으다, 거두어들이다 〔숙어〕 so + adj + that + S + V…너무--해서…하다

해설 ① 주격관계대명사 that은 뒤에 일반동사 gathered가 왔으므로 생략할 수 없다 ② so + adj (large) + that + S (he) + V (got) 너무--해서…하다

의역 예수께서 다시 바닷가에서 가르치시니 큰 무리가 모여들거늘 예수께서 배에 올라 바다에 떠 앉으시고 온 무리는 바다 곁 육지에 있더라

9 so-that… 관용구

① may 대신에 can, will, shall을 쓸 수도 있다.
② so that 대신에 in order that을 쓸 수도 있다.
③ may의 과거 might가 쓰일 경우에는 could, would, should가 된다.
④ so 또는 that을 생략할 수도 있다.

예문1 Jacob did this so that he would always remember the place where God had spoken to him.
(야곱은 하나님이 그에게 말씀하셨던 장소를 항상 기억하기 위하여 이 일을 했다)[do의 과거형 did가 쓰였기 때문에 will의 과거형 would가 되었다]

예문2 We must deny ourselves so that Jesus can use us to the fullest extent possible.
(우리는 예수님이 가능하면 최대로 우리를 사용하실 수 있도록 하기 위하여 우리 자신을 부인해야만 한다)

9-1. [so that + S + may + R] …하기 위하여 (목적)

1 And when you stand praying, if you hold anything against anyone, forgive him, so that your Father in heaven may forgive you your sins."

(막11:25)

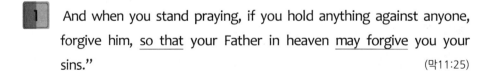

직역 너희가 기도하면서 서 있을 때, 너희가 어떤 이에 대하여 안 좋은 마음을 지니고 있다면, 그를 용서하라, 하늘에 계신 너의 아버지가 너의 죄를 용서하실 수 있도록.

핵심구조 so that + 주어 your Father + may + 동사원형 forgive

단어 및 숙어의 확장 동사 forgive 용서하다 / pray 기도하다 명사 heaven 천국

해설 ① so that + 주어 your Father + may + 동사원형 forgive ② stand praying에서 praying은 서술적용법의 현재분사 ③ in heaven은 Father를 꾸며주는 형용사구 이다

의역 서서 기도할 때에 아무에게나 혐의가 있거든 용서하라 그리하여야 하늘에 계신 너희 아버지도 너희 허물을 사하여 주시리라 하셨더라

2 When the Sabbath was over, Mary Magdalene, Mary the mother of James, and Salome bought spices so that they might go to anoint Jesus' body.

(막16:1)

직역 안식일이 끝나자, 막달라 마리아, 야고보의 어머니 마리아, 그리고 살로메는 예수님의 몸에 기름을 바르러 가기 위하여 향품을 샀다

핵심구조 so that + 주어 they + might + 동사원형 go

단어 및 숙어의 확장 명사 spice 양념, 향품, 방향(芳香) 동사 anoint (상처 따위에) 기름을(연고를)바르다, (사람의)머리에 기름을 붓다 / buy 사다 (buy-bought-bought) 숙어 be over 끝나다

해설 so that + 주어 they + might + 동사원형 go

의역 안식일이 지나매 막달라 마리아와 야고보의 어머니 마리아와 또 살로메가 가서 예수께 바르기 위하여 향품을 사다 두었다가

3 He told them, "The secret of the kingdom of God has been given to you. But to those on the outside everything is said in parables so that,

"they may be ever seeing but never perceiving,
and ever hearing but never understanding;
otherwise they might turn and be forgiven!"

(막4:11-12)

직역 그는 그들에게 말했다, "하나님나라의 비밀이 너희에게 주어졌다. 그러나 밖에 있는 자들에게는 모든 것이 비유로 말 되어진다 "그들이 볼 수는 있으나 결코 깨닫지 못하며 듣기는 하지만 결코 이해하지 못하게 하고, 그렇지 않으면 그들은 돌이켜 용서받지 못하게 하기 위해서"

핵심구조 so that + 주어 they + may + 동사원형 be / might turn and be forgiven

단어 및 숙어의 확장 [명사] parable 비유, 우화 / secret 비밀 [동사] tell 말하다 (tell-told-told) / give 주다(give-gave-given) / say 말하다 (say-said-said) / perceive 인식하다, 깨닫다 / forgive 용서하다 (forgive-forgave-forgiven) [부사] otherwise 만약 그렇지 않으면

해설 so that + 주어 they + may + 동사원형 be / might turn and be forgiven

의역 이르시되 하나님 나라의 비밀을 너희에게는 주었으나 외인에게는 모든 것을 비유로 하나니 이는 저희로 보기는 보아도 알지 못하며 듣기는 들어도 깨닫지 못하게 하여 돌이켜 죄 사함을 얻지 못하게 하려 함이니라 하시고

9-2. [so ~that + S + V…] 너무 ~ 해서…하다 (결과)

1 The spirit shrieked, convulsed him violently and came out. The boy looked <u>so</u> much like a corpse <u>that</u> many said, "He's dead."

(막9:26)

직역 그 영은 비명을 지르며, 그를 몹시 몸부림치게 하고는 밖으로 나왔다. 그 소년은 너무도 시체처럼 보였기 때문에 많은 사람들이 "그는 죽었다"고 말했다

핵심구조 so~that + S (many) + V (said)…

단어 및 숙어의 확장 [명사] corpse (특히 사람의)시체, 송장 [동사] shriek 날카로운 소리를 지르다, 비명을 지르다 / convulse 진동시키다, 몸부림치게 하다, ..에게 경련을 일으키게 하다 [형용사] dead 죽은 (die 죽다, death 죽음) [부사] violently 격렬하게, 세차게, 맹렬하게, 몹시

해설 ① so와 that 사이에 형용사나 부사가 와서 결과적으로 해석한다. (너무…해서---

하다) ② He's는 He was의 준말

의역 귀신이 소리 지르며 아이로 심히 경련을 일으키게 하고 나가니 그 아이가 죽은 것같이 되어 많은 사람이 말하기를 죽었다 하나

2 The people were all <u>so</u> amazed <u>that</u> they asked each other, "What is this? A new teaching—and with authority ! He even gives orders to evil spirits and they obey him." (막1:27)

직역 사람들은 모두 너무도 깜짝 놀랐기 때문에 서로에게 이렇게 물었다. "이것은 무슨 일인가? 권위가 있는 새로운 가르침이다! 심지어 그는 악령에게 명령하고 악령들은 그에게 복종하는구나."

핵심구조 so + 형용사 amazed + that + 주어 they + 동사 asked

단어 및 숙어의 확장 [명사] authority 권위 / order 명령 / evil spirit 악령 [동사] amaze 깜짝 놀라다 / obey 복종(순종)하다 [숙어] each other 서로서로

해설 so와 that 사이에 형용사 amazed가 와서 결과적으로 해석한다. (너무…해서~하다)

의역 다 놀라 서로 물어 가로되 이는 어찜이뇨 권세 있는 새 교훈이로다 더러운 귀신들을 명한즉 순종하는도다 하더라

3 Then, because <u>so</u> many people were coming and going <u>that</u> they did not even have a chance to eat, he said to them, "Come with me by yourselves to a quiet place and get some rest." (막6:31)

직역 그때, 너무도 많은 사람들이 오고갔기 때문에 그들은 심지어 먹을 기회도 없었기 때문에, 그는 그들에게 말했다, "나와 함께 조용한 장소로 가서 휴식을 좀 취하자"

핵심구조 so + 형용사 many + that + 주어 they + 동사 did not have

단어 및 숙어의 확장 [명사] rest 휴식 [동사] come 오다(come-came-come) / go 가다 (go-went-gone) / say 말하다 (say-said-said) / do 하다(do-did-done) [형용사] quiet

조용한

의역 이르시되 너희는 따로 한적한 곳에 와서 잠간 쉬어라 하시니 이는 오고 가는 사람이 많아 음식 먹을 겨를도 없음이라

---

4 On another occasion Jesus began to teach by the lake. The crowd that gathered around him was <u>so</u> large <u>that</u> he got into a boat and sat in it out on the lake, while all the people were along the shore at the water's edge.　　　　　　　　　　　　　　　　　　　　　(막4:1)

직역 또다른 경우에 예수님은 호숫가에서 가르치기 시작했다. 그의 주변에 모여든 군중은 너무도 많아서 그는 배 안으로 들어가셔서 호수 위에서 그 배 안에 앉으셨다, 한편 모든 사람들은 물의 변두리에 있는 해변을 따라 있었다.

핵심구조 so + 형용사 large + that + 주어 he + 동사 got /sat

단어 및 숙어의 확장 명사 occasion 경우, 사례 / crowd 군중, 무리 / edge 가장자리, 변두리, 경계 동사 begin 시작하다(begin-began-begun) / gather 모으다, 거두어들이다 숙어 so + adj + that + S + V…너무~해서…하다

해설 ① so + adj (large) + that + S (he) + V (got) 너무~해서…하다 ② 주격관계대명사 that(which)은 뒤에 일반동사 gathered가 왔으므로 생략할 수 없다

의역 예수께서 다시 바닷가에서 가르치시니 큰 무리가 모여들거늘 예수께서 배에 올라 바다에 떠 앉으시고 온 무리는 바다 곁 육지에 있더라

9-3. so that + S + V~그리하여~하다 (결과의 부사절을 이끈다)

1 For he had healed many, <u>so that</u> those with diseases were pushing forward to touch him.　　　　　　　　　　　　　　　　　　　　　(막3:10)

직역 왜냐하면 그가 많은 사람들을 치료하였기 때문이다, 그리하여 질병이 있는 사람들은 그를 만지기 위해서 앞으로 밀고 나가는 중이었다

so that + 주어 those + 동사 were pushing

 disease 질병 heal 치료하다 / push 밀다

so that 다음에 결과의 부사절을 이끌면서 '그래서, 그때문에'의 뜻이 된다

이는 많은 사람을 고치셨으므로 병에 고생하는 자들이 예수를 만지고자 하여 핍근(逼近)히 함이더라

---

2 Then Jesus entered a house, and again a crowd gathered, <u>so that</u> he and his disciples were not even able to eat. (막3:20)

그때 예수님은 어떤 집으로 들어가셨고 또 다시 군중이 모였다, 그래서 그와 그의 제자들은 먹을 수도 없었다

so that + 주어 he and his disciples + 동사 were not even able to eat

 disciple 제자 / crowd 군중, 무리 gather 모이다, 모으다 / enter 들어가다 be able to + R…할 수 있다(=can)

so that 다음에 결과의 부사절을 이끌면서 '그래서, 그때문에'의 뜻이 된다

집에 들어가시니 무리가 다시 모이므로 식사할 겨를도 없는지라

---

3 Other seed fell among thorns, which grew up and choked the plants, <u>so that</u> they did not bear grain. (막4:7)

다른 씨앗은 가시나무 속으로 떨어졌고, 그것은 자라서 식물들을 질식시켰다, 그래서 그들은 알곡을 맺지 않았다

so that + 주어 they + 동사 did not bear

 grain 낟알, 곡물, 알곡 / thorn (식물의)가시, 가시나무 / seed 씨앗 / plant 식물 grow 자라다 (grow-grew-grown) / choke 질식시키다…을 숨막히게 하다 / bear 열매맺다 (bear-bore-born) / fall 떨어지다 (fall-fell-fallen) grow up 자라다, 성장하다

so that 다음에 결과의 부사절을 이끌면서 '그래서, 그때문에'의 뜻이 된다

의역 더러는 가시떨기에 떨어지매 가시가 자라 기운을 막으므로 결실치 못하였고

성경해설 마태복음 13:22에도 언급돼 있다. 말씀을 듣지만 세상의 염려와 재리의 유혹에 말씀이 막혀서 결실을 맺지 못하는 자이다.

---

4 A furious squall came up, and the waves broke over the boat, so that it was nearly swamped.

(막4:37)

직역 사납게 몰아치는 돌풍이 일어났고, 파도가 부딪쳐 배 위를 넘었다, 그래서 배는 거의 전복될 뻔하였다

핵심구조 so that + 주어 it + 동사 was swamped

단어 및 숙어의 확장 **명사** squall 질풍, 돌풍 / wave 파도 **동사** break 부수다, 깨뜨리다(break-broke-broken) / swamp 물에 잠기게 하다 (물을 넣어) 배를 전복시키다 **형용사** furious 성난, 격노한, 광포한, 무서운 사납게 몰아치는

숙어 break over (파도가)부딪쳐…위를 넘다 / come up (폭풍 등이) 일어나다

해설 so that 다음에 결과의 부사절을 이끌면서 '그래서, 그때문에'의 뜻이 된다

의역 큰 광풍이 일어나며 물결이 부딪혀 배에 들어와 배에 가득하게 되었더라

9-4. so가 생략된 경우: (so) + that + S + may + R

1 Jesus said to them: "Watch out ✓ that no one deceives you."

(막13:5)

직역 예수님은 그들에게 말씀하셨다. "아무도 너희를 속이지 않도록 주의하라"

핵심구조 (so) that + 주어 no one + (may) + 동사원형 deceive

단어 및 숙어의 확장 **동사** deceive 속이다 **숙어** watch out 주의하다, 조심하다

해설 that 앞에 so가 생략돼 있다. no one 다음에는 may가 생략돼 있어서 deceive 원형이 와야 된다. NIV에서 deceives로 오타가 생긴 것 같다

의역 예수께서 이르시되 너희가 사람의 미혹을 받지 않도록 주의하라

2 He shouted at the top of his voice, "What do you want with me, Jesus, Son of the Most High God? Swear to God ✓ that you won't torture me" (막5:7)

직역 그는 목소리를 한껏 올려서 소리쳤다, "지극히 높으신 하나님의 아들 예수여, 당신은 내게 무엇을 원하십니까? 당신이 나를 괴롭게 하지 않도록 하나님께 맹세하시오!"

핵심구조 (so) that + 주어 you + won't + 동사원형 torture

단어 및 숙어의 확장 **동사** swear 맹세하다 / shout 소리치다, 외치다 / torture 괴롭히다 / won't는 will not의 준말

해설 that 앞에 so가 생략돼 있고 may not 대신에 will not (=won't)이 쓰여있다

의역 큰 소리로 부르짖어 가로되 지극히 높으신 하나님의 아들 예수여 나와 당신과 무슨 상관이 있나이까 원컨대 하나님 앞에 맹세하고 나를 괴롭게 마옵소서 하니

성경해설 He는 '귀신들린 사람(a demon-possessed man)'이다

3 Let this Christ, this King of Israel, come down now from the cross, ✓ that we may see and believe." Those crucified with him also heaped insults on him. (막15:32)

직역 이스라엘의 왕, 이 그리스도로 하여금 십자가에서 지금 내려오게 하라 우리가 보고 믿을 수 있도록." 그와 함께 십자가에 못박힌 자들도 그에게 모욕을 퍼부었다

핵심구조 (so) that + 주어 we + may + 동사원형 see and believe

단어 및 숙어의 확장 **명사** cross 십자가 / insult 모욕, 욕설 **동사** crucify 십자가에 못박다 (be crucified 십자가에 못박히다 / heap 쌓아올리다, 축적하다, …을 수북이 달다

해설 ① that 앞에 so가 생략돼 있다 ② Let은 사역동사로서 목적어(this Christ) 다음에 동사원형 come이 왔다 ③ Those와 crucified 사이에 주격관계대명사 that과 were가 생략돼 있다

의역 이스라엘의 왕 그리스도가 지금 십자가에서 내려와 우리로 보고 믿게 할찌어다 하며 함께 십자가에 못 박힌 자들도 예수를 모욕하더라

4 He appointed twelve—designating them apostles—✓ that they might be with him and ✓ that he might send them out to preach and to have authority to drive out demons. (막3:14-15)

직역 그는 열두 명을 지명하였다—그들을 사도라고 표시하면서—그들이 그와 함께 있고 그가 그들을 보내서 가르치고 악마를 몰아내는 권위를 가질 수 있도록 하기 위해서.

핵심구조 (so) that + 주어 they + might + 동사원형 be
(so) that + 주어 he + might + 동사원형 send

단어 및 숙어의 확장 **명사** apostle 사도 / demon 악마, 마귀 / authority 권위
동사 appoint 지명하다 / designate 가리키다, 지적하다, 표시하다. 지명하다 / preach 가르치다, 설교하다 **숙어** drive out 추방하다, 몰아내다, 배격하다

해설 ① 두 개의 that 앞에 각각 so가 생략돼 있다 ② designating은 분사구문의 동시상황으로서 and designated로 바꿀 수 있다

의역 이에 열둘을 세우셨으니 이는 자기와 함께 있게 하시고 또 보내사 전도도 하며 귀신을 내어 쫓는 권세도 있게 하려 하심이러라

9-5. may가 아니라 will이 쓰인 경우

1 Watch and pray so that you will not fall into temptation. The spirit is willing, but the body is weak. (막14:38)

직역 너희가 유혹으로 떨어지지 않도록 깨어 기도하라. 영혼은 기꺼이 하려고 하지

만, 육신은 약하다.

[핵심구조] so that + 주어 you + will + 동사원형 fall

[단어 및 숙어의 확장] [명사] temptation 유혹, 시험 / spirit 영, 영혼 [동사] watch 깨어 있다, 주의하다 [형용사] weak 약한 [숙어] fall into 떨어지다, 빠지다

[해설] may 대신에 will이 쓰여 있다

[의역] 시험에 들지 않게 깨어 있어 기도하라 마음에는 원이로되 육신이 약하도다 하시고

---

2 Seeing Jesus, he fell at his feet and pleaded earnestly with him "My little daughter is dying. Please come and put your hands on her <u>so that</u> she <u>will</u> be healed and live."
(막5:22-23)

[직역] 예수님을 보았을 때, 그는 그의 발아래에 엎드려 그에게 열심히 간청하였다 "저의 어린 딸이 죽어가고 있습니다. 제발 오셔서 당신의 손을 그 아이에게 얹어주세요 그 아이가 치료받고 살아날 수 있도록"

[핵심구조] so that + 주어 she + will + 동사원형 be healed and live

[단어 및 숙어의 확장] [동사] plead 탄원하다, 간청하다 / heal 치료하다 (be healed 치료받다) [부사] earnestly 열렬하게, 열심히 [숙어] at one's feet 아무의 발아래에, 아무에게 복종하여

[해설] ① may 대신에 will이 쓰여 있다 ② Seeing Jesus, 는 분사구문으로서 부사절로 바꾸면, When he saw Jesus, 가 된다

[의역] 예수를 보고 발 아래 엎드리어 많이 간구하여 가로되 내 어린 딸이 죽게 되었사오니 오셔서 그 위에 손을 얹으사 그로 구원을 얻어 살게 하소서 하거늘

9-6. may가 아니라 can이 쓰인 경우

1 The chief priests and the whole Sanhedrin were looking for evidence against Jesus <u>so that</u> they <u>could</u> put him to death, but they did not find any. (막14:55)

직역 대제사장들과 모든 공회는 예수님에 반대하는 증거를 찾고 있는 중이었다 그들이 그를 죽일 수 있도록, 그러나 그들은 어떤 것도 찾지 못했다.

핵심구조 so that + 주어 they + could + 동사원형 put

단어 및 숙어의 확장 〔명사〕 chief priest 대제사장 / Sanhedrin 이스라엘 최고 종교재판소 / evidence 증거 〔숙어〕 look for…을 찾다 / put a person to death 아무를 처형하다, 죽이다

해설 may 대신에 can이 쓰였는데 동사의 시제가 과거이므로 can의 과거형 could가 쓰였다

의역 대제사장들과 온 공회가 예수를 죽이려고 그를 칠 증거를 찾되 얻지 못하니

성경해설 Sanhedrin은 대제사장들, 장로들, 서기관들, 공회원들로 구성되었다. 예수님을 십자가에 못 박는데 앞장선 이스라엘 최고의 평의회 겸 최고의 종교법정이다. 영어로는 a sitting together로 '둘러앉음'이라는 뜻이다

---

⑩ it ⌒that… 강조구문이 쓰인 문장

강조하는 부분을 it과 that 사이에 둔다. 강조된 부분이 사람일 경우 that 대신 who를 쓸 수 있다. that이 생략될 수도 있고 that 다음의 주어가 생략될 때도 있다.

It + 강조할 부분 + that + (S) + V

예문1 It is through Jesus that we may live.
(우리가 살 수 있는 것은 예수님을 통해서이다)
[Jesus를 강조함]

예문2 It was at Hanyoung Theological University that I met Chanmi.
(내가 찬미를 만난 곳은 한영신학대학교였다)
[Hanyoung Theological University를 강조함]

예문3 It was yesterday that he met her.

(그가 그녀를 만난 것은 어제였다)
[yesterday를 강조함]

예문4 It is the Lord Jesus Christ (that) you are serving. (Col.3:23-24)
(너희가 섬기는 자는 바로 주님 예수 그리스도이다)
[that을 생략할 수도 있다] [the Lord Jesus Christ를 강조함]

예문5 Of all the women in Israel's history, it is Mary that has been chosen by God to bear this Child.
(이스라엘 역사상 모든 여인 중에서, 이 아이를 낳을 수 있도록 하나님께로부터 선택받았던 사람은 바로 마리아다) [Mary를 강조함]

1 "It was because your hearts were hard that Moses wrote you this law," Jesus replied. (막10:5)

직역 "모세가 너희에게 이 법률을 써주었던 것은 너희의 마음이 혹독했기 때문이었다"고 예수님은 대답하셨다

핵심구조 It was + 강조부분 because your hearts were hard + that + 주어 Moses + 동사 wrote

단어 및 숙어의 확장 **동사** write 쓰다 (write-wrote-written) / reply 대답하다
형용사 hard (기질, 성격, 행위 등)엄한, 무정한, 혹독한

해설 it~that—강조구문으로서 because your hearts were hard가 강조되었다

의역 예수께서 저희에게 이르시되 너희 마음의 완악함을 인하여 이 명령을 기록하였거니와

2 "Do you want me to release to you the king of the Jews?" asked Pilate, knowing it was out of envy that the chief priests had handed Jesus over to him. (막15:9-10)

직역 "너희는 내가 유대인의 왕을 너희에게 놓아주기를 원하느냐?" 빌라도가 물었고, 대제사장들이 예수님을 그에게 넘겨준 것은 시기심에서였다는 것을 알았다.

핵심구조 it was + 강조부분 out of envy + that + 주어 the chief priests + 동사 had handed

단어 및 숙어의 확장 【명사】 Jews 유대인 / envy 시기심 【동사】 release 이완시키다, 느슨하게 하다 【숙어】 hand over 넘겨주다

해설 ① it～that—강조구문으로서 out of envy가 강조돼 있다 ② want + O + to R: …가—하기를 원하다 ③ ,knowing은 분사구문의 동시상황으로서 and knew로 바꿀 수 있다

의역 빌라도가 대답하여 가로되 너희는 내가 유대인의 왕을 너희에게 놓아주기를 원하느냐 하니 이는 저가 대제사장들이 시기로 예수를 넘긴 준 줄 앎이러라

---

⑪ that의 관용구

11-1. see (to it) that~: ~하도록 조처하다, ~하도록 돌보다

예문 See (to it) that he does the job properly.
(그가 일을 틀림없이 하도록 조처하라)

---

1 "See that you don't tell this to anyone. But go, show yourself to the priest and offer the sacrifices that Moses commanded for your cleansing, as a testimony to them"   (막1:44)

직역 "이것을 누구에게라도 말하지 않도록 조처하라. 그러나, 가라, 너 자신을 제사장에게 보여주고 모세가 너의 깨끗함을 위하여 명령했던 제사를 제공해라, 그들에게 주는 간증으로서"

핵심구조 See (to it) that + 주어 you + 동사 don't tell

단어 및 숙어의 확장 【명사】 priest 제사장 / sacrifice 희생 / testimony 증명, 간증 / cleansing 사함, 깨끗함 【동사】 command 명령하다 / offer 제공하다, 주다

해설 See to it that 은 '…하도록 조처하다'의 뜻으로 to it은 생략할 수 있다. 이 문장에서도 to it은 생략돼 있다

의역 삼가 아무에게 아무 말도 하지 말고 가서 네 몸을 제사장에게 보이고 네 깨끗케 됨을 인하여 모세의 명한 것을 드려 저희에게 증거하라 하셨더니

성경해설 문둥병자를 고쳐주신 후에 예수님이 하신 말씀이다

11-2. How is it (that)…: 어째서…인가(한가)?

예문 How is it that you are always late for classes?
(항상 수업에 늦는 것은 무슨 이유요?)(어째서 항상 수업에 늦나요?)

1 While Jesus was teaching in the temple courts, he asked, "How is it that the teachers of the law say that the Christ is the son of David?"　(막12:35)

직역 성전뜰에서 가르치시는 동안, 예수님은 물었다, "어째서 서기관들은 그리스도가 다윗의 아들이라고 말하는가?"

핵심구조 How is it + that + 주어 the teachers of the law + 동사 say

단어 및 숙어의 확장 [명사] temple 성전 / court 뜰 / teacher of the law 서기관

해설 ① How is it that…무슨 이유로…하는가? 어째서…하는가?
② say 다음의 that은 종속접속사이다

의역 예수께서 성전에서 가르치실새 대답하여 가라사대 어찌하여 서기관들이 그리스도를 다윗의 자손이라 하느뇨

2 Now John's disciples and the Pharisees were fasting. Some people came and asked Jesus, "How is it that John's disciples and the disciples of the Pharisees are fasting, but yours are not?" (막2:18)

직역 바야흐로 요한의 제자들과 바리새인들이 단식하는 중이었다. 어떤 사람들이 와서 예수님께 물었다, "요한의 제자들과 바리새인들의 제자들이 단식하고 있는데 당신의 제자들은 어째서 안합니까?"

핵심구조 How is it + that + 주어 John's disciples and the disciples of the Pharisees + 동사 are fasting

단어 및 숙어의 확장 **명사** disciple 제자 / Pharisee 바리새인 **동사** fast 단식하다 / come 오다 (come-came-come)

의역 요한의 제자들과 바리새인들이 금식하고 있는지라 혹이 예수께 와서 말하되 요한의 제자들과 바리새인의 제자들은 금식하는데 어찌하여 당신의 제자들은 금식하지 아니하나이까

02

분사의 정체를 파악하자

동사의 원형(R)에 ~ing를 덧붙인 것을 현재분사라고 한다.

1) 제한적 용법(또는 한정적)의 현재분사: 현재분사(…ing)는 명사의 앞뒤에 와서 그 명사를 꾸며주는 역할을 한다.

예1 a <u>sleeping</u> baby (잠자는 아기) (sleeping은 baby라는 명사를 꾸민다)

예2 a <u>running</u> boy (달리는 소년) (running은 boy라는 명사를 꾸민다)

예3 He pointed the beautiful flowers <u>growing</u> nearby.
(그는 근처에서 자라고 있는 아름다운 꽃들을 가리켰다)
(growing은 flowers를 꾸민다)

예4 Essential protection throughout the night helps minimize <u>existing</u> wrinkles and prevent the formation of new wrinkles.
(자기 전에 Essential protection을 사용하면 얼굴에 원래 있던 주름을 줄이고 새로운 주름이 생기는 것을 막아주는 데에 도움을 준다)
(existing은 wrinkles를 꾸민다)

2) 서술적 용법의 현재분사: 현재분사…ing는 주어나 목적어를 설명해주는 역할을 한다.

예문1 The movie looks <u>exciting</u>.

(그 영화는 흥미롭게 보인다)

(the movie가 exciting한다. exciting은 주격보어로서 주어 the movie를 설명해준다)

예문2 I saw my dad <u>cooking</u> in the kitchen.

(나는 아빠가 부엌에서 요리하는 것을 보았다)

(dad가 cooking을 한다. cooking은 목적보어로서 목적어 dad를 설명해준다)

예문3 I saw God <u>breaking</u> down cultural barriers.

(나는 하나님께서 문화적 장벽을 무너뜨리는 것을 보았다)

(God이 breaking down한다. breaking은 목적보어로서 목적어 God을 설명해준다)

예문4 He saw her <u>playing</u> the piano.

(그는 그녀가 피아노 치는 것을 보았다)

(her가 playing한다. playing은 목적보어로서 her를 설명해준다)

예문5 They found roaches and other bugs <u>living</u> in the food.

(그들은 바퀴벌레와 다른 벌레들이 음식 속에서 사는 것을 발견했다)

(roaches and other bugs가 living한다. living은 목적보어로서 roaches and other bugs를 설명해준다)

① 현재분사를 사용한 문장

1-1. 제한적 용법의 현재분사

제한적 용법이란 명사의 앞뒤에서 그 명사를 꾸며주는 현재분사를 의미한다.

1 As they untied it, some people <u>standing</u> there asked, "What are you doing, untying that colt?"

(막11:5)

> **직역** 그것을 풀어주었을 때, 거기에 서 있는 어떤 사람들은 물었다, "당신은 무엇하고 있습니까, 저 망아지를 풀러주면서?"

> **핵심구조** 명사 people + 현재분사 standing

> **단어 및 숙어의 확장** **명사** colt 망아지 **동사** untie 풀다 (tie 묶다)

> **해설** ① standing은 현재분사의 제한적 용법으로서 people을 꾸민다 ② colt 앞에 있는 that은 colt를 꾸며주는 지시형용사이다

> **의역** 거기 섰는 사람 중 어떤 이들이 가로되 나귀 새끼를 풀어 무엇 하려느냐 하매

2 When some of those <u>standing</u> near heard this, they said, "Listen, he's calling Elijah." (막15:35)

> **직역** 근처에 서 있는 사람 중 몇 명이 이것을 들었을 때, 그들은 말했다, "이봐요, 그가 엘리야를 부르고 있소."

> **핵심구조** 명사 some of those + 현재분사 standing

> **단어 및 숙어의 확장** **동사** hear 듣다 (hear-heard-heard) / say 말하다 (say-said-said)

> **해설** standing은 some of those를 꾸미는 제한적용법의 현재분사이다

> **의역** 곁에 섰던 자 중 어떤 이들이 듣고 가로되 보라 엘리야를 부른다 하고

3 So he sent two of his disciples, telling them, "Go into the city, and a man <u>carrying</u> a jar of water will meet you. Follow him. (막14:13)

> **직역** 그래서 그는 그의 제자들 중에서 두 명을 보냈다, 그들에게 말하면서, "도시로 가라, 그러면 물단지를 메고 가는 어떤 사람이 너희를 만날 것이다. 그를 따라가라

> **핵심구조** 명사 a man + 현재분사 carrying

> **단어 및 숙어의 확장** **명사** disciple 제자 / jar 단지 **동사** follow 따르다 / carry 가지고 있다, 들다, 메다 / send 보내다 (send-sent-sent)

> **해설** carrying은 a man을 꾸미는 제한적용법의 현재분사이다

의역 예수께서 제자 중에 둘을 보내시며 가라사대 성내로 들어가라 그리하면 물 한 동이를 가지고 가는 사람을 만나리니 그를 따라가서

4 Then one of those <u>standing</u> near drew his sword and struck the servant of the high priest, cutting off his ear. (막14:47)

직역 그때 근처에 서 있던 사람 중 한 명이 그의 칼을 빼내어 대제사장의 하인을 내리쳤다, 그의 귀를 잘라내면서.

핵심구조 명사 one of those + 현재분사 standing

단어 및 숙어의 확장 〔명사〕 sword 검, 칼 / servant 하인 / high priest 대제사장 〔동사〕 draw 빼내다 (draw-drew-drawn) / strike 치다 (strike-struck-struck)

해설 ① standing은 one of those를 꾸미는 제한적용법의 현재분사이다 ② ,cutting은 분사구문의 동시상황으로서 and cut으로 바꿀 수 있다

의역 곁에 섰는 자 중에 한 사람이 검을 빼어 대제사장의 종을 쳐 그 귀를 떨어뜨리니라

5 When the servant girl saw him there, she said again to those <u>standing</u> around, "This fellow is one of them." (막14:69)

직역 하녀가 그가 거기에 있는 것을 보았을 때, 그녀는 주변에 서 있는 사람들에게 또다시 말했다, "이 사람이 그들 중의 한 명입니다."

핵심구조 명사 those + 현재분사 standing

단어 및 숙어의 확장 〔명사〕 servant girl 하녀 〔동사〕 see 보다 (see-saw-seen) / say 말하다 (say-said-said) 〔숙어〕 one of + 복수명사: …중의 하나

해설 standing은 those를 꾸미는 제한적용법의 현재분사이다

의역 비자가 그를 보고 곁에 서 있는 자들에게 다시 이르되 이 사람은 그 당(黨)이라 하되

6 Again he denied it. After a little while, those <u>standing</u> near said to Peter, "Surely you are one of them, for you are a Galilean."

(막14:70)

> **직역** 또다시 그는 그것을 부인하였다. 잠시 후에, 근처에 서 있는 사람들이 베드로에게 말했다, "틀림없이 당신은 저들 중의 한 명이오, 왜냐하면 당신은 갈릴리 사람이기 때문이오"

> **핵심구조** 명사 those + 현재분사 standing

> **단어 및 숙어의 확장** [명사] Galilean 갈릴리 사람 [동사] deny 부인하다 [숙어] one of + 복수명사: …중의 하나 / after a little while 잠시 후에

> **해설** ① standing은 those를 꾸며주는 제한적용법의 현재분사이다 ② for는 because의 뜻이다

> **의역** 또 부인하더라 조금 후에 곁에 서 있는 사람들이 다시 베드로에게 말하되 너는 갈릴리 사람이니 참으로 그 당이니라

7 A young man, <u>wearing</u> nothing but a linen garment, was following Jesus. When they seized him, he fled naked, leaving his garment behind.

(막14:51-52)

> **직역** 린넨옷만을 입고 있는 어느 젊은이가 예수님을 따라가고 있었다. 그들이 그를 잡았을 때, 그는 옷을 벗은 채 도망갔다, 그의 옷을 뒤로 남겨둔 채.

> **핵심구조** 명사 a young man + 현재분사 wearing

> **단어 및 숙어의 확장** [명사] garment 의복(특히 긴 웃옷, 외투 등) [동사] wear 입다 / seize (갑자기)붙잡다, 붙들다, 꽉(움켜)쥐다 / flee 도망가다, 달아나다 (flee-fled-fled) / leave 남겨두다, 떠나다 [숙어] nothing but 오로지(=only)

> **해설** ① wearing은 a young man을 꾸며주는 제한적용법의 현재분사이다 ② ,leaving은 분사구문의 동시상황으로서 and left로 바꿀 수 있다

> **의역** 한 청년이 벗은 몸에 베 홑이불을 두르고 예수를 따라오다가 무리에게 잡히매 베 홑이불을 버리고 벗은 몸으로 도망하니라

8 It's like a man <u>going</u> away: He leaves his house in charge of his servants, each with his assigned task, and tells the one at the door to keep watch.

(막13:34)

> **직역** 그것은 마치 멀리 가버리는 어떤 사람과 같다. 즉 그는 하인들에게 관리하게 하고 집을 떠난다, 각 하인에게 할당된 임무를 주면서, 그리고 문을 지키는 하인 에게 망을 잘 보라고 말한다
>
> **핵심구조** 명사 a man + 현재분사 going
>
> **단어 및 숙어의 확장** 【명사】 task 임무, 일 【동사】 assign 할당하다, 배당하다 (assigned 할당된) 【숙어】 in charge of …의 지배하에 있는, 책임하에 있는, 관리하고 있는
>
> **해설** going은 명사 a man을 꾸며주는 제한적용법의 현재분사이다
>
> **의역** 가령 사람이 집을 떠나 타국으로 갈 때에 그 종들에게 권한을 주어 각각 사무를 맡기면 문지기에게 깨어 있으라 명함과 같으니

9 He overturned the tables of the money-changers and the benches of those <u>selling</u> doves, and would not allow anyone to carry merchandise through the temple courts.

(막11:16)

> **직역** 그는 환전상들의 테이블과 비둘기를 판매하는 사람들의 의자들을 전복시켰다, 그리고 그 누구도 성전뜰을 통해서 상품을 가져가는 것을 허용하지 않으려 하였다
>
> **핵심구조** 명사 those + 현재분사 selling
>
> **단어 및 숙어의 확장** 【명사】 money-changer 환전상인 / merchandise 상품 / temple 성전 / court 뜰 【동사】 overturn 전복시키다, 뒤집다
>
> **해설** ① selling은 those를 꾸며주는 제한적용법의 현재분사이다 ② allow + 목적어 (anyone) + to R (to carry): …로 하여금--하도록 허용하다
>
> **의역** 돈 바꾸는 자들의 상과 비둘기 파는 자들의 의자를 둘러엎으시며 아무나 기구 를 가지고 성전 안으로 지나다님을 허치 아니하시고

1-2. 서술적 용법의 현재분사

서술적 용법이란 제한적 용법처럼 명사를 앞뒤에서 꾸며주는 것이 아니라 주어나 목적어를 풀어서 설명하거나 보충해주는 현재분사를 의미한다.

1 If he comes suddenly, don't let him find you <u>sleeping.</u> (막13:36)

> **직역** 그가 갑자기 오더라도, 그로 하여금 너희가 잠자는 것을 발견하게 하지 마라
>
> **핵심구조** find + 목적어 you + 현재분사 sleeping
>
> **단어 및 숙어의 확장** [부사] suddenly 갑자기
>
> **해설** ① sleeping은 목적어 you를 설명해주는 서술적용법의 현재분사이다 ② if는 '만약'에'의 뜻이 아니라 '비록…하더라도'의 뜻이다 ③ let은 사역동사이므로 목적어 him 다음에 동사원형 find가 왔다
>
> **의역** 그가 홀연히 와서 너희의 자는 것을 보지 않도록 하라

2 She went home and found her child <u>lying</u> on the bed, and the demon gone. (막7:30)

> **직역** 그녀는 집에 가서 그녀의 아이가 침대 위에 누워있는 것과 악마가 사라진 것을 알았다
>
> **핵심구조** found + 목적어 her + 현재분사 lying
>
> **단어 및 숙어의 확장** [명사] demon 악마 [동사] go 가다 (go-went-gone) / find 찾다, 알다 (find-found-found) / lie 눕다 (lie-lay-lain-lying)
>
> **해설** lying은 목적어 her를 설명해주는 서술적용법의 현재분사이다
>
> **의역** 여자가 집에 돌아가 본즉 아이가 침상에 누웠고 귀신이 나갔더라

3 Even so, when you see these things <u>happening</u>, you know that it is near, right at the door. (막13:29)

> **직역** 그렇다하더라도, 너희가 이러한 일들이 일어나는 것을 보면, 너희는 그것이 가까이, 곧 문 앞에 온 것을 안다
>
> **핵심구조** see + 목적어 these things + 현재분사 happening
>
> **단어 및 숙어의 확장** [동사] happen 일어나다, 발생하다 [숙어] even so 비록 그렇다(고) 하더라도, 정확히 그리하여
>
> **해설** ① happening은 목적어 these things를 설명해주는 서술적용법의 현재분사이다
> ② that은 종속접속사이다
>
> **의역** 이와 같이 너희가 이런 일이 나는 것을 보거든 인자가 가까이 곧 문 앞에 이른 줄을 알라

4 "You see the people <u>crowding</u> against you," his disciples answered, "and yet you can ask, 'Who touched me?'" (막5:31)

> **직역** "당신은 사람들이 당신에 기대어 무리지어 오는 것을 보십니다," 그의 제자들이 대답하였다, "그런데 당신은 물어보실 수 있습니다, '누가 나를 만졌느냐?'"
>
> **핵심구조** see + 목적어 the people + 현재분사 crowding
>
> **단어 및 숙어의 확장** [명사] disciple 제자 [동사] crowd 무리를 짓다
>
> **해설** crowding은 목적어 people을 설명해주는 서술적용법의 현재분사이다
>
> **의역** 제자들이 여짜오되 무리가 에워싸 미는 것을 보시며 누가 내게 손을 대었느냐 물으시나이까 하되

5 As Jesus walked beside the Sea of Galilee, he saw Simon and his brother Andrew <u>casting</u> a net into the lake, for they were fishermen. (막1:16)

> **직역** 갈릴리바다 옆으로 걸어가실 때, 예수님은 시몬과 그의 동생 안드레가 호수에

그물 던지는 것을 보셨다, 왜냐하면 그들은 어부였으므로.

핵심구조 saw + 목적어 Simon and his brother Andrew + 현재분사 casting

단어 및 숙어의 확장 [동사] cast 던지다. cast-cast-cast / see 보다 (see-saw-seen)

해설 casting은 목적어 Simon and his brother Andrew를 설명해주는 서술적용법의 현재분사이다

의역 갈릴리 해변으로 지나가시다가 시몬과 그 형제 안드레가 바다에 그물 던지는 것을 보시니 저희는 어부라

〈갈릴리바다〉

6 When he had gone a little farther, he saw James son of Zebedee and his brother John in a boat <u>preparing</u> their nets.   (막1:19)

직역 조금 더 멀리 가셨을 때 그는(예수님) 배에 있는 세베대의 아들 야고보와 그의 동생 요한이 그들의 그물을 준비하는 것을 보셨다.

핵심구조 saw + 목적어 James son of Zebedee and his brother John in a boat + 현재분사 preparing

단어 및 숙어의 확장 [부사] far 멀리 far-farther(더 멀리)-the farthest (가장 멀리)

해설 ① preparing은 목적어 James son of Zebedee and his brother John를 설명해주는 서술적용법의 현재분사이다 ② in a boat는 James son of Zebedee and his brother John를 꾸며주는 형용사구이다

> **의역** 조금 더 가시다가 세베대의 아들 야고보와 그 형제 요한을 보시니 저희도 배에 있어 그물을 깁는데

7 When she saw Peter <u>warming</u> himself, she looked closely at him. "You also were with that Nazarene, Jesus," she said.　　(막14:67)

> **직역** 베드로가 몸을 녹이는 것을 보았을 때, 그녀는 그를 자세히 쳐다보았다. "당신 도 저 나사렛 사람 예수와 함께 있었죠," 그녀가 말했다
>
> **핵심구조** saw + 목적어 Peter + 현재분사 warming
>
> **단어 및 숙어의 확장** **동사** see 보다 (see-saw-seen) / say 말하다 (say-said-said) **부사** closely 자세하게 **숙어** look at 쳐다보다 / warm oneself 몸을 녹이다 (warm oneself at the stove 난로에 몸을 녹이다)
>
> **해설** warming은 목적어 Peter를 설명해주는 서술적용법의 현재분사이다
>
> **의역** 베드로의 불 쬠을 보고 주목하여 가로되 너도 나사렛 예수와 함께 있었도다 하거늘

8 As Jesus was coming up out of the water, he saw heaven <u>being</u> torn open and the Spirit <u>descending</u> on him like a dove.　　(막1:10)

> **직역** 예수님이 물 밖으로 나오셨을 때 그는 하늘이 찢겨져 열리는 것을 보았고 성령 이 비둘기처럼 그의 위에 내려오시는 것을 보았다
>
> **핵심구조** ① saw + 목적어 heaven + 현재분사 being ② saw + 목적어 the Spirit + 현재분사 descending
>
> **단어 및 숙어의 확장** **명사** dove 비둘기(특히, 산비둘기)(집비둘기: pigeon) **동사** descend 내려오다 / tear 찢다 (tear-tore-torn)
>
> **해설** being은 heaven을, descending은 the Spirit을 설명해주는 서술적용법의 현재분 사이다
>
> **의역** 곧 물에서 올라오실쌔 하늘이 갈라짐과 성령이 비둘기같이 자기에게 내려오심 을 보시더니

9 Every day I was with you, <u>teaching</u> in the temple courts, and you did not arrest me. But the Scriptures must be fulfilled." (막14:49)

> **직역** 날마다 나는 너희와 함께 있었다, 성전뜰에서 가르치면서, 그런데도 너희는 나를 체포하지 않았다. 그러나 성경은 이행되어야만 한다
>
> **핵심구조** was + 현재분사 teaching
>
> **단어 및 숙어의 확장** 〔명사〕 temple 성전 / court 뜰 / Scripture 성경 〔동사〕 fulfill (약속, 의무를)이행하다, 다하다, 완수하다, (일을)성취하다 / arrest 체포하다
>
> **해설** teaching은 주어 I를 설명해주는 서술적용법의 현재분사이다
>
> **의역** 내가 날마다 너희와 함께 성전에 있어서 가르쳤으되 너희가 나를 잡지 아니하였도다 그러나 이는 성경을 이루려 함이니라 하시더라

10 And he was amazed at their lack of faith. Then Jesus went around <u>teaching</u> from village to village. (막6:6)

> **직역** 그리고 그는 그들의 믿음이 부족한 것에 대하여 깜짝 놀랐다. 그래서 예수님은 마을에서 마을로 가르치시면서 돌아다니셨다.
>
> **핵심구조** went around + 현재분사 teaching
>
> **단어 및 숙어의 확장** 〔명사〕 faith 믿음 / lack 결핍, 부족 〔숙어〕 be amazed at …에 깜짝 놀라다 / go around 돌아다니다
>
> **해설** teaching은 Jesus를 설명해주는 서술적용법의 현재분사이다
>
> **의역** 저희의 믿지 않음을 이상히 여기셨더라 이에 모든 촌에 두루 다니시며 가르치시더라

11 But many who saw them <u>leaving</u> recognized them and ran on foot from all the towns and got there ahead of them. (막6:33)

> **직역** 그러나 그들이 떠나는 것을 보았던 많은 사람들은 그들을 각성시켰으며 걸어서 모든 마을을 뛰어다녔으며 그들보다 먼저 거기에 도착하였다

핵심구조 saw + 목적어 them + 현재분사 leaving

단어 및 숙어의 확장 [동사] leave 떠나다 (leave-left-left) / run 달리다, 뛰다 (run-ran-run) / get 얻다, 도착하다 (get-got-got) [숙어] on foot 도보로, 걸어서 / ahead of…보다 먼저…의 앞에

해설 leaving은 them을 설명해주는 서술적용법의 현재분사이다

의역 그 가는 것을 보고 많은 사람이 저희인줄 안지라 모든 고을로부터 도보로 그곳에 달려와 저희보다 먼저 갔더라

---

12 He was about to pass by them, but when they saw him <u>walking</u> on the lake, they thought he was a ghost.   (막6:49)

직역 그는 막 그들을 지나가려고 하였다. 그러나 그들이 그가 호수 위를 걷는 것을 보았을 때 그들은 그가 유령이라고 생각했다.

핵심구조 saw + 목적어 him + 현재분사 walking

단어 및 숙어의 확장 [명사] ghost 유령, 망령 [동사] think 생각하다 (think-thought-thought) [숙어] be about to + R: 막…하려고 하다 / pass by 지나가다

해설 ① walking은 목적어 him을 설명해주는 서술적용법의 현재분사이다 ② thought 다음에는 종속접속사 that이 생략됐다

의역 제자들이 그의 바다 위로 걸어오심을 보고 유령인가 하여 소리 지르니

---

13 When they came to the other disciples, they saw a large crowd around them and the teachers of the law <u>arguing</u> with them.

(막9:14)

직역 그들이 다른 제자들에게 갔을 때, 그들은 많은 군중이 그들 주변에 모인 것을 보았고 서기관들이 그들과 말다툼하는 것을 보았다

핵심구조 saw + 목적어 the teachers of the law + 현재분사 arguing

단어 및 숙어의 확장 [명사] crowd 군중, 무리 / disciple 제자 / teacher of the law 서기관 [동사] come 오다(come-came-come) / see 보다 (see-saw-seen) / argue 논쟁하다

> **해설** arguing은 목적어 teachers of the law를 설명해주는 서술적용법의 현재분사이다
>
> **의역** 저희가 이에 제자들에게 와서 보니 큰 무리가 둘렀고 서기관들이 더불어 변론하더니

---

14 When he came back, he again found them <u>sleeping</u>, because their eyes were heavy. They did not know what to say to him. (막14:40)

> **직역** 그가 돌아왔을 때, 그는 또다시 그들이 잠을 자는 것을 발견했다, 왜냐하면 그들의 눈이 무거웠기 때문이었다. 그들은 그에게 무슨 말을 해야할지 몰랐다
>
> **핵심구조** found + 목적어 them + 현재분사 sleeping
>
> **단어 및 숙어의 확장** [동사] come 오다 (come-came-come) / find 발견하다, 알다 (find-found-found)
>
> **해설** ① sleeping은 목적어 them을 설명해주는 서술적용법의 현재분사이다 ② what to say는 '의문사+부정사'로서 '무슨 말을 해야할지'의 뜻이다
>
> **의역** 다시 오사 보신즉 저희가 자니 이는 저희 눈이 심히 피곤함이라 저희가 예수께 무엇으로 대답할 줄을 알지 못하더라

---

15 While they were reclining at the table <u>eating</u>, he said, "I tell you the truth, one of you will betray me—one who is eating with me."

(막14:18)

> **직역** 그들이 식탁에 몸을 기울면서 먹고 있는 동안, 그가 말했다, "너희에게 진실을 말하노니, 너희 중에 한 명이 나를 배반할 것이다—나와 함께 지금 먹고 있는 자이다
>
> **핵심구조** 주어 they + 현재분사 eating
>
> **단어 및 숙어의 확장** [동사] recline 기대게 하다, 의지하다, 몸을 눕히다 / betray 배신하다, 배반하다
>
> **해설** ① eating은 주어 they를 설명해주는 서술적용법의 현재분사이다
>
> **의역** 다 앉아 먹을 때에 예수께서 가라사대 내가 진실로 너희에게 이르노니 너희

16 "Teacher," said John, "we saw a man <u>driving</u> out demons in your name and we told him to stop, because he was not one of us."

(막9:38)

> 직역 "선생님," 요한이 말했다, "우리는 어떤 사람이 당신의 이름으로 악마를 쫓아내는 것을 보았습니다. 우리는 그에게 멈추라고 말했죠, 왜냐하면 그는 우리 중의 한 명이 아니었기 때문입니다"
>
> 핵심구조 saw + 목적어 a man + 현재분사 driving
>
> 단어 및 숙어의 확장 [명사] demon 악마 [동사] tell 말하다 (tell-told-told) / say 말하다 (say-said-said) [숙어] drive out 몰아내다, 쫓아내다 / one of …중의 하나
>
> 해설 driving은 목적어 a man을 설명해주는 서술적용법의 현재분사이다
>
> 의역 요한이 예수께 여짜오되 선생님 우리를 따르지 않는 어떤 자가 주의 이름으로 귀신을 내어 쫓는 것을 우리가 보고 우리를 따르지 아니하므로 금하였나이다

17 As they entered the tomb, they saw a young man dressed in a white robe <u>sitting</u> on the right side, and they were alarmed.

(막16:5)

> 직역 무덤으로 들어갔을 때, 그들은 하얀 의복을 입은 어떤 젊은이가 오른편에 앉아 있는 것을 보았고, 그들은 깜짝 놀랐다
>
> 핵심구조 saw + 목적어 a young man + 현재분사 sitting
>
> 단어 및 숙어의 확장 [명사] robe (남녀가 같이 쓰는)길고 품이 넓은 겉옷 / tomb 무덤 [동사] alarm 놀래다, 오싹하게 하다, 불안하게 하다
>
> 해설 ① sitting은 목적어 a young man dressed in a white robe를 설명해주는 서술적용법의 현재분사이다 ② a young man과 dressed 사이에는 주격관계대명사 that과 was가 생략돼 있다
>
> 의역 무덤에 들어가서 흰 옷을 입은 한 청년이 우편에 앉은 것을 보고 놀라매

18 And when you stand praying, if you hold anything against anyone, forgive him, so that your Father in heaven may forgive you your sins."

(막11:25)

> 직역 너희가 기도하면서 서 있을 때, 너희가 누군가를 원망한다면, 그를 용서해라, 하늘에 계신 너희 아버지가 너희 죄를 용서하실 수 있도록
>
> 핵심구조 stand + 현재분사 praying
>
> 단어 및 숙어의 확장 동사 forgive 용서하다 숙어 hold against a person: ⋯을 거론하여 아무를 비난하다, ⋯의 이유로 아무를 원망하다
>
> 해설 ① praying은 주어 you를 설명해주는 서술적용법의 현재분사이다 ② so that + 주어 your Father in heaven + may + 동사원형 forgive: ⋯할 수 있도록
>
> 의역 서서 기도할 때에 아무에게나 혐의가 있거든 용서하라 그리하여야 하늘에 계신 너희 아버지도 너희 허물을 사하여 주시리라 하셨더라

19 Then he returned to his disciples and found them sleeping. "Simon," he said to Peter, "are you asleep? Could you not keep watch for one hour?"

(막14:37)

> 직역 그때 그는 그의 제자들에게 돌아와서 그들이 자고 있는 것을 발견하였다. "시몬아," 그가 베드로에게 말했다. "자고 있느냐? 한 시간 동안도 깨어 있을 수 없었느냐?"
>
> 핵심구조 found + 목적어 them + 현재분사 sleeping
>
> 단어 및 숙어의 확장 동사 find 발견하다, 알다 (find-found-found) 형용사 asleep 잠들어 숙어 keep (a good) watch 망을 (잘)보다
>
> 해설 sleeping은 목적어 them을 설명해주는 서술적용법의 현재분사이다
>
> 의역 돌아오사 제자들의 자는 것을 보시고 베드로에게 말씀하시되 시몬아 자느냐 네가 한시 동안도 깨어 있을 수 없더냐

20 "I am," said Jesus. "And you will see the Son of Man <u>sitting</u> at the right hand of the Mighty One and <u>coming</u> on the clouds of heaven." (막14:62)

> **직역** "그렇다" 예수님께서 말씀하셨다. "그리고 너희는 인자가 위대한 자의 오른손에 앉아서 하늘의 구름 위에서 오는 것을 보게 될 것이다"
>
> **핵심구조** see + 목적어 the Son of Man + 현재분사 sitting
> 현재분사 coming
>
> **단어 및 숙어의 확장** 〔명사〕 the Son of Man 인자 / the Mighty One 위대한 자 / cloud 구름 /heaven 천국, 하늘
>
> **해설** sitting과 coming은 목적어 the Son of Man을 설명해주는 서술적 용법의 현재분사이다
>
> **의역** 예수께서 이르시되 내가 그니라 인자가 권능자의 우편에 앉은 것과 하늘 구름을 타고 오는 것을 너희가 보리라 하시니

21 He saw the disciples <u>straining</u> at the oars, because the wind was against them. About the fourth watch of the night he went out to them, walking on the lake. (막6:48)

> **직역** 그는 제자들이 노를 열심히 젓는 것을 보았다, 왜냐하면 바람이 그들을 거슬러 불고 있었기 때문이었다. 밤 4시경에 그는 밖으로 나가서 그들에게 갔다, 호수 위를 걸어서.
>
> **핵심구조** saw + 목적어 disciples + 현재분사 straining
>
> **단어 및 숙어의 확장** 〔명사〕 watch 파수꾼, 야경꾼, 조심 경계, 감시/ oar 노, 노 젓는 사람 〔동사〕 strain / go 가다 (go-went-gone) / see 보다 (see-saw-seen)
>
> **해설** straining은 목적어 disciples를 설명해주는 서술적용법의 현재분사이다
>
> **의역** 바람이 거스리므로 제자들의 괴로이 노젓는 것을 보시고 밤 사경 즈음에 바다 위로 걸어서 저희에게 오사 지나가려고 하시매

22 When they came to Jesus, they saw the man who had been possessed by the legion of demons, <u>sitting</u> there, dressed and in his right mind; and they were afraid. (막5:15)

> **직역** 그들이 예수님께 왔을 때, 그들은 많은 악마에 의해서 사로잡혀 있는 사람이 옷을 입은 채로 그의 온전한 정신으로 거기에 앉아 있는 것을 보았다. 그래서 그들은 두려웠다
>
> **핵심구조** saw + 목적어 the man + 현재분사 sitting
>
> **단어 및 숙어의 확장** 명사 legion 군단, 군대, 다수, 많은 (a legion of people 많은 군중) 숙어 be possessed by…에 의해서 사로잡혀 있다 / be afraid …을 두려워하다
>
> **해설** sitting은 목적어 the man을 설명해주는 서술적용법의 현재분사이다
>
> **의역** 예수께 이르러 그 귀신 들렸던 자 곧 군대 지폈던 자가 옷을 입고 정신이 온전하여 앉은 것을 보고 두려워하더라

23 When you see 'the abomination that causes desolation' <u>standing</u> where it does not belong—let the reader understand—then let those who are in Judea flee to the mountains. (막13:14)

> **직역** 너희가 '황량함을 초래하는 혐오'가 그것이 속하지 않은 곳에 서 있는 것을 볼 때—독자로 하여금 이해하게 하라—유대에 있는 사람들을 산으로 달아나게 하라
>
> **핵심구조** see + 목적어 'the abomination that causes desolation' + 현재분사 standing
>
> **단어 및 숙어의 확장** 명사 abomination 혐오, 증오, 싫음 / desolation 황폐시킴, 황폐, 황량, 폐허 동사 flee 달아나다, 도망하다, 피하다 / cause 초래하다, 야기시키다
>
> **해설** ① standing은 목적어 'the abomination that causes desolation' 을 설명해주는 서술적용법의 현재분사이다 ② causes 앞에 있는 that은 주격관계대명사이다 ③ let은 사역동사이므로 목적어 다음에 동사원형 understand와 flee가 왔다
>
> **의역** 멸망의 가증(可憎)한 것이 서지 못할 곳에 선 것을 보거든 (읽는 자는 깨달을찐저) 그때에 유대에 있는 자들은 산으로 도망할찌어다

24 When the teachers of the law who were Pharisees saw him <u>eating</u> with the 'sinners' and tax collectors, they asked his disciples: "Why does he eat with tax collectors and sinners"? (막2:16)

> **직역** 바리새인들이었던 서기관들이 그가 죄인들과 세리들과 함께 먹는 것을 보았을 때, 그들은 그의 제자들에게 물었다. "왜 그는 세리들과 죄인들과 함께 먹느냐?"
>
> **핵심구조** saw + 목적어 him + 현재분사 eating
>
> **단어 및 숙어의 확장** [명사] sinner 죄인 / tax collector 세리 / teacher of the law 서기관
>
> **해설** eating은 목적어 him을 설명해주는 서술적용법의 현재분사이다
>
> **의역** 바리새인의 서기관들이 예수께서 죄인과 세리들과 함께 잡수시는 것을 보고 그 제자들에게 이르되 어찌하여 세리와 죄인들과 함께 먹는가

25 Jesus sat down opposite the place where the offerings were put and watched the crowd <u>putting</u> their money into the temple treasury. Many rich people threw in large amounts. (막12:41)

> **직역** 예수님은 봉헌물이 놓여진 장소의 반대편에 앉아서 군중이 그들의 돈을 성전금고에 넣는 것을 바라보셨다. 부유한 많은 사람들이 많은 액수의 돈을 던졌다
>
> **핵심구조** watched + 목적어 the crowd + 현재분사 putting
>
> **단어 및 숙어의 확장** [명사] offering 공물, 제물, 헌금 / temple treasury 성전금고 / amount 양, 총계 [동사] sit 앉다 (sit-sat-sat) / put 넣다, 두다 (put-put-put) / throw 던지다 (throw-threw-thrown)
>
> **해설** putting은 목적어 the crowd를 설명해주는 서술적용법의 현재분사이다
>
> **의역** 예수께서 연보궤를 대하여 앉으사 무리의 연보궤에 돈 넣는 것을 보실째 여러 부자는 많이 넣는데

26 The Pharisees and some of the teachers of the law who had come from Jerusalem gathered around Jesus and saw some of his disciples eating food with hands that were unclean, that is, unwashed.

(막7:1-2)

> 직역 예루살렘에서 온 바리새인들과 몇몇 서기관들은 예수님 주변으로 모여서 그의 제자 몇 명이 깨끗하지 않은, 즉 씻지 않은 손으로 음식을 먹는 것을 보았다
>
> 핵심구조 saw + 목적어 some of his disciples + 현재분사 eating
>
> 단어 및 숙어의 확장 [명사] pharisee 바리새인 / teacher of the law 서기관 / [동사] gather 모으다 / see 보다 (see-saw-seen) [형용사] unclean 깨끗하지 않은 / unwashed 씻지 않은 [숙어] that is 즉
>
> 해설 ① eating은 목적어 some of his disciples를 설명해주는 서술적용법의 현재분사이다 ② that은 주격관계대명사이다. 주격관계대명사 that과 were는 생략되지 않고 그대로 쓰였다
>
> 의역 바리새인들과 또 서기관 중 몇이 예루살렘에서 와서 예수께 모였다가 그의 제자 중 몇 사람의 부정한 손 곧 씻지 아니한 손으로 떡 먹는 것을 보았더라

27 One of the teachers of the law came and heard them debating. Noticing that Jesus had given them a good answer, he asked him, "Of all the commandments, which is the most important?"

(막12:28)

> 직역 서기관 중의 한 명이 와서 그들이 토론하는 것을 들었다. 예수님이 그들에게 잘 답변하신 것을 목격한 후, 그는 예수님께 물었다, "모든 계명 중에서, 어느 것이 가장 중요합니까?"
>
> 핵심구조 heard + 목적어 them + 현재분사 debating
>
> 단어 및 숙어의 확장 [명사] commandment 계명 [동사] debate 토론하다 / notice 목격하다, 보다 [숙어] one of + 복수명사: …중의 하나 / Of all +복수명사:…중에서
>
> 해설 ① debating은 목적어 them을 설명해주는 서술적용법의 현재분사이다 ② that은 종속접속사이다

의역 서기관 중 한 사람이 저희의 변론하는 것을 듣고 예수께서 대답 잘하신 줄을 알고 나아와 묻되 모든 계명 중에 첫째가 무엇이니이까

28 Then they came to Jericho. As Jesus and his disciples, together with a large crowd, were leaving the city, a blind man, Bartimaeus (that is, the Son of Timaeus), was sitting by the roadside <u>begging</u>.

(막10:46)

직역 그때 그들은 여리고로 갔다. 예수님과 그의 제자들이 큰 무리들과 함께 그 도시를 떠날 때, 눈이 먼 사람 발티메우스 (즉 티메우스의 아들)가 구걸하면서 길가에 앉아 있었다

핵심구조 주어 a blind man + 현재분사 begging

단어 및 숙어의 확장 동사 leave 떠나다 (leave-left-left) / beg 구걸하다 형용사 blind 눈이 먼 숙어 that is 즉

해설 begging은 주어 a blind man, Bartimaeus를 설명해주는 서술적용법의 현재분사이다

의역 저희가 여리고에 이르렀더니 예수께서 제자들과 허다한 무리와 함께 여리고에서 나가실 때에 다매오의 아들인 소경 거지 바디매오가 길가에 앉았다가

② 과거분사(p.p.)를 사용한 문장

과거분사의 제한적 용법

과거분사의 제한적용법에서는 과거분사가 명사의 앞뒤에서 그 명사를 꾸며준다.

예1 fallen leaves: 떨어진 나뭇잎(낙엽) <fallen은 leaves를 꾸며준다>

예2 broken window: 깨진 창문 <broken은 window를 꾸며준다>

♠※ 주격관계대명사+be동사가 생략된 채 과거분사만 남아있는 문장: 이때 과거분사는 선행사인 명사를 뒤에서 꾸며준다.

예문1 They have a pretty daughter (who is) called Serin.

(그들에게는 세린이라고 불리는 예쁜 딸이 있다)

(주격관계대명사 who와 is가 생략되어 과거분사 called만 남았다. 이때 called 이하는 뒤에서 daughter를 꾸며준다)

예문2 She is a painter (who is) returned from Paris.

(그녀는 파리에서 돌아온 화가이다)

(주격관계대명사 who와 is가 생략되어 과거분사 returned만 남았다. 이때 returned이하는 뒤에서 painter를 꾸며준다)

(pp. 70~81 '주격관계대명사+be동사의 생략'을 참고할 것)

2-1. 과거분사의 제한적용법

1 The <u>written</u> notice of the charge against him read: THE KING OF THE JEWS. (막15:26)

직역 그에 대한 비난에 대한 문자로 된 공문에는 이렇게 쓰여있다: 유대인의 왕

핵심구조 과거분사 written + 명사 notice

단어 및 숙어의 확장 명사 notice 통지, 공고, 벽보, 게시 / Jews 유대인 / charge 비난, 고소, 고발 동사 write 쓰다 (write-wrote-written) (written 문자로 된, 쓰여진)

해설 written은 명사 notice 앞에서 notice를 꾸며준다

의역 그 위에 있는 죄패에 유대인의 왕이라 썼고

2 Without delay he called them, and they left their father Zebedee in the boat with the <u>hired</u> men and followed him. (막1:20)

직역 지체 없이 그는 그들을 불렀고, 그들은 배 안에서 고용된 사람들과 함께 있는

그들의 아버지 세배대를 떠나서 그를 따라갔다.

핵심구조 과거분사 hired + 명사 men

단어 및 숙어의 확장 동사 hire 고용하다, 채용하다 숙어 without delay 지체 없이, 즉시

해설 hired는 명사 men의 앞에서 men을 수식하는 제한적 용법이다

의역 곧 부르시니 그 아비 세베대를 삯군들과 함께 배에 버려두고 예수를 따라가니라.

3 It's like a man going away: He leaves his house in charge of his servants, each with his <u>assigned</u> task, and tells the one at the door to keep watch. (막13:34)

직역 그것은 떠나는 사람과 같다. 즉 그는 각 하인들에게 부과된 업무를 떠맡긴 채, 하인들에게 집을 맡기고 떠난다. 그리고 문지기에게는 망을 잘 보라고 말한다

핵심구조 과거분사 assigned + 명사 task

단어 및 숙어의 확장 명사 task 임무, 일 동사 assign 일을 할당하다 숙어 in charge of …의 책임(지배, 관리)하에 있는 (예문: He is the patient in charge of the nurse. 그는 그 간호사에게 맡겨져 있는 환자이다) / keep watch 망을 보다 (keep a good watch 망을 잘 보다)

해설 assigned는 task를 앞에서 꾸며주는 제한적용법의 과거분사이다

의역 가령 사람이 집을 떠나 타국으로 갈 때에 그 종들에게 권한을 주어 각각 사무를 맡기면 문지기에게 깨어 있으라 명함과 같으니

4 To love him with all your heart, with all your understanding and with all your strength, and to love your neighbor as yourself is more important than all <u>burnt</u> offerings and sacrifices." (막12:33)

직역 너희 온 마음을 다하고 온 이해를 다하며 온 힘을 다하여 그를 사랑하는 것과 너희 이웃을 네 자신처럼 사랑하는 것은 모든 태워진 제물과 희생물보다 더

중요하다

핵심구조 과거분사 burnt + 명사 offerings and sacrifices

단어 및 숙어의 확장 **명사** understanding 이해 / strength 힘(strong 힘센) / neighbor 이웃 / offering 제물, 봉헌물 / sacrifice 희생 **형용사** important 중요한

해설 ① burnt는 명사 offerings and sacrifices를 앞에서 꾸며주는 제한적용법의 과거분사이다 ② with + 추상명사=부사(구) with all your heart 너의 온 마음을 다하여 / with all your understanding 너희 이해심 있는 마음으로 / with all your strength 너희 온 힘을 다하여

의역 또 마음을 다하고 지혜를 다하고 힘을 다하여 하나님을 사랑하는 것고 또 이웃을 제 몸과 같이 사랑하는 것이 전체로 드리는 모든 번제물과 기타 제물보다 나으니이다

주격관계대명사+be동사의 생략

주격관계대명사가 생략됨으로써 과거분사만 남게 되어 제한적용법이 된다.

1 They worship me in vain; their teachings are but rules ✓ taught by men."

(막7:7)

직역 그들은 나를 숭배하지만 소용이 없다. 왜냐하면 그들의 가르침은 인간에 의하여 가르쳐진 법에 불과하기 때문이다

핵심구조 명사 rules + (that are) + 과거분사 taught

단어 및 숙어의 확장 **동사** worship 숭배하다 / teach 가르치다 (teach-taught-taught) **숙어** in vain 헛되이, 소용없는

해설 rules와 taught 사이에 주격관계대명사 that과 are가 생략돼 있다. 과거분사 taught이하는 rules를 꾸며준다

의역 사람의 계명으로 교훈을 삼아 가르치니 나를 헛되이 경배하는도다 하였느니라

2 Then they offered him wine ✓ mixed with myrrh, but he did not take it. (막15:23)

> 직역 그때 그들은 그에게 몰약이 섞인 포도주를 제공하였다, 그러나 그는 그것을 받지 않았다
>
> 핵심구조 명사 wine + (that was) + 과거분사 mixed
>
> 단어 및 숙어의 확장 명사 myrrh 몰약 동사 offer 제공하다, 주다 / mix 섞다
>
> 해설 wine과 mixed 사이에 주격관계대명사 that과 was가 생략돼 있다. 과거분사 mixed with myrrh는 wine을 꾸며준다
>
> 의역 몰약을 탄 포도주를 주었으나 예수께서 받지 아니하시니라

3 They brought Jesus to the place ✓ called Golgotha (which means, The Place of the Skull). (막15:22)

> 직역 그들은 골고다(그것은 해골의 장소라는 뜻이다) 라고 불리는 장소로 예수님을 모시고 갔다.
>
> 핵심구조 명사 the place + (that was) + 과거분사 called
>
> 단어 및 숙어의 확장 명사 skull 해골 동사 bring 데리고 오다 (bring-brought-brought)
>
> 해설 place와 called 사이에 주격관계대명사 that과 was가 생략돼 있다. 과거분사 called 이하는 place를 뒤에서 꾸며준다
>
> 의역 예수를 끌고 골고다라 하는 곳(번역하면 해골의 곳)에 이르러

〈갈보리산 위에 있는 성전교회〉

4 They went to a place ✓ called Gethsemane, and Jesus said to his disciples, "Sit here while I pray." (막14:32)

> **직역** 그들은 겟세마네라고 불리는 장소로 갔다, 그리고 예수님은 그의 제자들에게 말씀하셨다, "내가 기도하는 동안 이곳에 앉아라"
>
> **핵심구조** 명사 a place + (that was) + 과거분사 called
>
> **단어 및 숙어의 확장** 동사 pray 기도하다 / go 가다 (go-went-gone) / say 말하다 (say-said-said)
>
> **해설** a place와 called 사이에는 주격관계대명사 that과 was가 생략돼 있다. 과거분사 called 이하는 place를 뒤에서 꾸며준다
>
> **의역** 저희가 겟세마네라 하는 곳에 이르매 예수께서 제자들에게 이르시되 나의 기도할 동안에 너희는 여기 앉았으라 하시고
>
> **성경해설** Gethsemane는 '기름짜는 틀'이라는 뜻이다

5 John wore clothing ✓ made of camel's hair, with a leather belt around his waist, and he ate locusts and wild honey. (막1:6)

> **직역** 요한은 낙타털로 만든 옷을 입었다, 허리둘레에는 가죽벨트를 매고 있었고 메뚜기와 석청을 먹었다.
>
> **핵심구조** 명사 clothing + (that was) + 과거분사 made

명사 camel 낙타 / leather 가죽 / waist 허리 / locust 메뚜기 / honey 꿀 동사 wear 입다 (wear-wore-worn) / eat 먹다(eat-ate-eaten)

해설 ① made 앞에는 주격관계대명사 that과 was가 생략돼 있다 ② made of camels's hair는 뒤에서 clothing을 꾸며준다 ③ with a leather belt around his waist 허리에 가죽밸트를 매고

의역 요한은 약대털을 입고 허리에 가죽띠를 띠고 메뚜기와 석청을 먹더라

6 Then they looked at those ✓ seated in a circle around him and said, "Here are my mother and my brothers!" (막3:34)

직역 그때 그들은 그의 주변에 둥글게 앉아 있는 사람들을 쳐다보고 말했다, "나의 어머니와 나의 형제들이다!"

핵심구조 명사 those + (that were) + 과거분사 seated

단어 및 숙어의 확장 명사 circle 원 / seat 좌석 동사 be seated 앉다 숙어 look at …을 보다

해설 ① seated 앞에는 주격관계대명사 that과 were가 생략돼 있다 ② seated in a circle around him은 뒤에서 those를 꾸며준다

의역 둘러앉은 자들을 둘러보시며 가라사대 내 모친과 내 동생들을 보라

7 In the morning, as they went along, they saw the fig tree ✓ withered from the roots. (막11:20)

직역 아침에, 걸어가면서 그들은 뿌리부터 시들어버린 무화과나무를 보았다

핵심구조 명사 the fig tree + (that was) + 과거분사 withered

단어 및 숙어의 확장 명사 fig tree 무화과나무 / root 뿌리 동사 wither 시들다

해설 ① withered 앞에는 주격관계대명사 that과 was가 생략돼 있다 ② withered from the roots는 뒤에서 fig tree를 꾸며준다

의역 저희가 아침에 지나갈 때에 무화과나무가 뿌리로부터 마른 것을 보고

8 He had one ✓ left to send, a son, whom he loved. He sent him last of all, saying, "They will respect my son." (막12:6)

> **직역** 그는 보내기 위해 남겨진 한 사람을 갖고 있었는데, 즉 그가 사랑한 아들이었다. 그는 그를 모든 이 중에서 마지막으로 보냈다, "그들은 나의 아들을 존경할거야"라고 말하면서.
>
> **핵심구조** 명사 one + (that was) + 과거분사 left
>
> **단어 및 숙어의 확장** **동사** respect 존경하다 / send 보내다 (send-sent-sent)
>
> **해설** ① left 앞에는 주격관계대명사 that과 was가 생략돼 있다 ② left to send는 뒤에서 one을 꾸며준다 ③ ,saying은 분사구문의 동시상황으로서 and said로 바꿀 수 있다
>
> **의역** 오히려 한 사람이 있으니 곧 그의 사랑하는 아들이라 최후로 이를 보내며 가로되 내 아들은 공경하리라 하였더니

9 He will show you a large upper room, ✓ furnished and ready. Make preparations for us there." (막14:15)

> **직역** 그는 너희에게 가구가 준비된 커다란 이층방을 보여줄 것이다. 거기에서 우리를 위해 준비하라
>
> **핵심구조** 명사 upper room + (that is) + 과거분사 furnished
>
> **단어 및 숙어의 확장** **명사** upper room 위쪽의 방, 2층방 **동사** furnish (필요한 물건을)공급하다, 제공하다, (가구를)비치하다 **숙어** make preparations for…의 준비를 하다
>
> **해설** ① furnished 앞에는 주격관계대명사 that과 is가 생략돼 있다 ② furnished and ready는 뒤에서 upper room을 꾸며준다
>
> **의역** 그리하면 자리를 베풀고 예비된 큰 다락방을 보이리니 거기서 우리를 위하여 예비하라 하신대

10 A man ✓ called Barabbas was in prison with insurrectionists who had committed murder in the uprising. (막15:7)

> **직역** 바라바라고 불리는 한 남자가 폭동에서 살해했던 반란자들과 함께 투옥되었다
>
> **핵심구조** 명사 man + (that was) + 과거분사 called
>
> **단어 및 숙어의 확장** 명사 prison 감옥 / insurrection 폭동, 반란 / insurrectionist 반란자, 폭도 / uprising 반란, 폭동 / murder 살인 동사 commit (죄, 과실을)범하다
>
> **해설** ① called 앞에는 주격관계대명사 that과 was가 생략돼 있다 ② called Barabbas는 뒤에서 man을 꾸며준다
>
> **의역** 민란을 꾸미고 이 민란에 살인하고 포박된 자 중에 바라바라 하는 자가 있는지라
>
> **성경해설** Barabbas는 '아버지의 아들'이라는 뜻이다

11 As they entered the tomb, they saw a young man ✓ dressed in a white robe sitting on the right side, and they were alarmed. (막16:5)

> **직역** 무덤으로 들어갔을 때, 그들은 하얀 옷을 입은 한 젊은이가 오른편에 앉아 있는 것을 보았고, 그들은 깜짝 놀랐다
>
> **핵심구조** 명사 a young man + (that was) + 과거분사 dressed
>
> **단어 및 숙어의 확장** 명사 tomb 무덤 / robe 길고 품이 넓은 겉옷 동사 alarm 놀래다, 오싹하게 하다
>
> **해설** ① dressed 앞에는 주격관계대명사 that과 was가 생략돼 있다 ② dressed in a white robe는 뒤에서 man을 꾸며준다 ③ sitting은 서술적용법의 현재분사이다
>
> **의역** 무덤에 들어가서 흰 옷을 입은 한 청년이 우편에 앉은 것을 보고 놀라매

12 Others, like seed ✓ sown on good soil, hear the word, accept it, and produce a crop, thirty, sixty, or even a hundred times what was sown." (막4:20)

직역 좋은 땅에 뿌려진 씨앗처럼, 다른 사람들은 말씀을 듣고, 그것을 받아들이고 뿌려진 것의 30배, 60배, 심지어 100배까지 곡물을 생산한다

핵심구조 명사 seed + (that is) + 과거분사 sown

단어 및 숙어의 확장 　명사　 seed 씨앗 / soil 흙, 토양 / crop 수확(곡물, 과실, 채소), 농작물, 곡물 　동사　 sow 뿌리다(sow-sowed-sown)

해설 ① sown 앞에는 주격관계대명사 that과 is가 생략돼 있다 ② sown on good soil은 뒤에서 seed를 꾸며준다 ③ what은 관계대명사이다

의역 좋은 땅에 뿌리웠다는 것은 곧 말씀을 듣고 받아 삼십 배와 육십 배와 백 배의 결실을 하는 자니라

---

13 The woman was a Greek, ✓ born in Syrian Phoenicia. She begged Jesus to drive the demon out of her daughter. (막7:26)

직역 그 여자는 시리아 페니키아에서 태어난 헬라인이었다. 그녀는 예수님께 자기의 딸에게서 귀신을 몰아내주실 것을 간청하였다

핵심구조 명사 Greek + (that was) + 과거분사 born

단어 및 숙어의 확장 　명사　 demon 귀신 　동사　 drive 내몰다, 내쫓다 　숙어　 beg + 목적어(사람) + to R=…에게 -해달라고 간청하다

해설 ① born 앞에는 주격관계대명사 that과 was가 생략돼 있다 ② born in Syrian Phoenicia은 뒤에서 Greek을 꾸며준다

의역 그 여자는 헬라인이요 수로보니게 족속이라 자기 딸에게서 귀신 쫓아 주시기를 간구하거늘

---

14 Let this Christ, this King of Israel, come down now from the cross, that we may see and believe." Those ✓ crucified with him also heaped insults on him. (막15:32)

직역 이스라엘의 이 왕, 이 그리스도로 하여금 지금 십자가에서 내려오게 하라, 우리가 보고 믿을 수 있도록." 그와 함께 십자가에 못박혔던 사람들도 그에게 욕설

을 많이 하였다

핵심구조 명사 Those + (that were) + 과거분사 crucified

단어 및 숙어의 확장 명사 cross 십자가 / insult 욕설, 모욕 동사 heap 쌓아올리다, 축적하다, 듬뿍 주다, 수북이 담다 / crucify 십자가에 못박히다 숙어 (so) that + S + may + R: …하기 위해서

해설 ① crucified 앞에는 주격관계대명사 that과 were가 생략돼 있다 ② crucified with him은 뒤에서 Those를 꾸며준다 ③ that 앞에는 so가 생략돼 있다

의역 이스라엘의 왕 그리스도가 지금 십자가에서 내려와 우리로 보고 믿게 할찌어다 하며 함께 십자가에 못 박힌 자들도 예수를 모욕하더라

---

15 "And if anyone causes one of these little ones who believe in me to sin, it would be better for him to be thrown into the sea with a large millstone ✓ tied around his neck.   (막9:42)

직역 "만약 누군가가 나를 믿는 이 어린 자들 중 하나에게 죄 짓게 한다면, 그는 그의 목 주변에 커다란 연자맷돌을 묶은 채로 바다 속으로 던져지는 것이 더 나을 것이다

핵심구조 명사 millstone + (that is) + 과거분사 tied

단어 및 숙어의 확장 명사 millstone 연자맷돌 / neck 목 / 동사 cause…을 초래하다 / sin 죄를 짓다/ throw 던지다(throw-threw-thrown) /tie 묶다 숙어 believe in… 의 존재를 믿다

해설 ① tied 앞에는 주격관계대명사 that과 was가 생략돼 있다 ② tied around his neck 은 뒤에서 millstone을 꾸며준다 ③ it은 가주어, for him은 의미상의 주어, to be thrown은 진주어이다

의역 또 누구든지 나를 믿는 이 소자 중 하나를 실족케 하면 차라리 연자맷돌을 그 목에 달리우고 바다에 던지움이 나으리라

16 Just as he was speaking, Judas, one of the Twelve, appeared. With him was a crowd ✓ armed with swords and clubs, ✓ sent from the chief priest, the teachers of the law, and the elders. (막14:43)

직역 그가 말하고 있던 바로 그때, 열두 명 중의 한 명인 유다가 나타났다. 그와 함께 칼과 곤봉으로 무장한 군중이 있었는데, 대제사장, 서기관, 그리고 장로들이 보낸 자들이었다

핵심구조 명사 crowd + (that was) + 과거분사 armed
명사 crowd + (that was) + 과거분사 sent

단어 및 숙어의 확장 명사 crowd 군중, 무리 / sword 칼 / club 곤봉 / chief priest 대제사장 / teacher of the law 서기관 / elder 장로 동사 appear 나타나다, 등장하다 / arm 무장하다 / send 보내다 (send-sent-sent)

해설 ① armed와 sent 앞에는 각각 주격관계대명사 that과 was가 생략돼 있다 ② armed with sword and clubs와 sent from the chief priest, the teachers of the law, and the elders는 각각 뒤에서 crowd를 꾸며준다 ③ Judas와 one of the Twelve는 동격이다

의역 말씀하실 때에 곧 열둘 중의 하나인 유다가 왔는데 대제사장들과 서기관들과 장로들에게서 파송된 무리가 검과 몽치를 가지고 그와 함께 하였더라

---

17 Pray that this will not take place in winter, because those will be days of distress ✓ unequaled from the beginning, when God created the world, until now—and never to be equaled again. (막13:18-19)

직역 기도하라 이것이 겨울에 발생하지 않도록, 왜냐하면 그것들이 하나님이 세상을 창조하셨던 처음부터 지금까지—그리고 다시는 결코 견줄 것이 없는 고난의 날들이 될 것이기 때문이다

핵심구조 명사 days of distress + (that were) + 과거분사 unequaled

단어 및 숙어의 확장 명사 distress 고통, 고난, 가난, 비탄 동사 equal…와 같다…에 필적하다..에 못지않은 / unequal 고르지 않은, 불공평한, 충분한 형용사 unequaled 필적하는(견줄 것이 없는), 무적의, 동등하게 좋은 숙어 take place

일어나다, 발생하다

해설 ① unequaled 앞에는 각각 주격관계대명사 that과 was가 생략돼 있다
② unequaled from the beginning은 뒤에서 days of distress를 꾸며준다

의역 이 일이 겨울에 나지 않도록 기도하라 이는 그 날들은 환난의 날이 되겠음이라
하나님의 창조하신 창초부터 지금까지 이런 환난이 없었고 후에도 없으리라

18 Still others, like seed ✓ sown among thorns, hear the word; but
the worries of this life, the deceitfulness of wealth and the desires
for other things come in and choke the word, making it unfruitful.

(막4:18-19)

직역 그러나 다른 사람들은, 가시밭 속에 뿌려진 씨앗과 같아서, 그 말씀을 듣지만
이 세상의 걱정과 재산의 속임수와 다른 것들에 대한 욕망이 들어와서 그 말씀
을 질식시킨다, 그것이 열매 맺지 못하게 하면서.

핵심구조 명사 seed + (that was) + 과거분사 sown

단어 및 숙어의 확장 명사 seed 씨 / thorn 가시 / worry 걱정, 근심 / deceitfulness 거짓,
속임수, 사기 동사 choke 질식시키다, 숨 막히게 하다 / sow 뿌리다 (sow-
sowed-sown) 형용사 unfruitful 열매 맺지 못하는 / deceitful 사람을 속이는 , 거짓
의, 사기적인 숙어 come in 들어오다

해설 ① sown앞에는 주격관계대명사 that과 was가 생략돼 있다 ② sown among thorns
는 뒤에서 seed를 꾸며준다 ③ making은 분사구문의 동시상황으로서 and make
로 바꿀 수 있다

의역 또 어떤 이는 가시떨기에 뿌리우는 자니 이들은 말씀을 듣되 세상의 염려와
재리의 유혹과 기타 욕심이 들어와 말씀을 막아 결실치 못하게 되는 자요

성경해설 말씀을 듣지만 세상의 염려와 재리의 유혹에 말씀이 막혀서 결실을 맺지
못하는 자이다.

19 But you say that if a man says to his father or mother: 'Whatever help you might otherwise have received from me is Corban' (that is, a gift ✓ devoted to God), then you no longer let him do anything for his father or mother.

(막7:11-12)

> **직역** 그러나 너희는 말한다 한 남자가 그의 아버지나 어머니에게 '사정이 달랐더라면 너희가 나로부터 받았을지도 모르는 도움이면 무엇이든지 코르반이다' (즉, 하나님께 바치는 선물)이라고 말한다면, 너희는 그가 그의 아버지나 어머니를 위해서 어떤 일도 더 이상 하지 못하게 할 거라고.
>
> **핵심구조** 명사 gift + (that is) + 과거분사 devoted
>
> **단어 및 숙어의 확장** [명사] gift 선물 [동사] devote 바치다 [숙어] no longer 더 이상… 하지 않다 / that is 즉
>
> **해설** ① devoted 앞에는 주격관계대명사 that과 is가 생략돼 있다 ② devoted to God 은 뒤에서 gift를 꾸며준다 ③ let + 목적어 him + R (do) ④ say 다음의 that은 종속접속사이다 ⑤ Whatever는 복합관계대명사이다
>
> **의역** 너희는 가로되 사람이 아비에게나 어미에게나 말하기를 내가 드려 유익하게 할 것 이 고르반 곧 하나님께 드림이 되었다고 하기만 하면 그만이라 하고 제 아비나 어미에게 다시 아무것이라도 하여 드리기를 허하지 아니하여

20 While he was in Bethany, reclining at the table in the home of a man ✓ known as Simon the Leper, a woman came with an alabaster jar of very expensive perfume, ✓ made of pure nard. She broke the jar and poured the perfume on his head.

(막14:3)

> **직역** 그가 베다니에서 문둥병자 시몬으로 알려진 사람의 집에서 식탁에 몸을 기대고 있는 동안, 어떤 여자가 순수한 나르로 만들어진 매우 비싼 향이 들어 있는 석화단지를 들고 왔다. 그녀는 그 단지를 깨고 향을 그의 머리에 부었다
>
> **핵심구조** 명사 a man + (that was) + 과거분사 known
> 명사 perfume + (that was) + 과거분사 made
>
> **단어 및 숙어의 확장** [명사] leper 문둥병자 / alabaster / perfume 향수, 향 / jar 단지 /

nard 감송향(甘松) 동사 recline 기대게 하다, 의지하다 / pour 퍼붓다, 쏟다 / break 부수다, 깨다(break-broke-broken) / know 알다 (know-knew-known) 형용사 expensive 비싼

해설 ① known 앞에는 주격관계대명사 that과 was가 생략돼 있다 ② made 앞에는 주격관계대명사 that과 was가 생략돼 있다 ③ known as Simon the Leper는 뒤에서 man을 꾸며준다 ④ made of pure nard는 뒤에서 perfume을 꾸며준다

의역 예수께서 베다니 문둥이 시몬의 집에서 식사하실 때에 한 여자가 매우 값진 향유 곧 순전한 나드 한 옥합을 가지고 와서 그 옥합을 깨뜨리고 예수의 머리에 부으니

2-2. 과거분사의 서술적 용법

명사의 앞뒤에서 꾸며주는 것이 아니라 그 문장의 주어나 목적어를 설명해준다. 따라서 이 과거분사는 주격보어나 목적격보어의 역할을 한다.

예문1 I saw people healed. (나는 사람들이 치료받는 것을 보았다)
[사람들이 치료를 받기 때문에 healed로 썼다. healed는 people을 설명함]

예문2 He saw a whale caught. (그는 고래가 잡히는 것을 보았다)
[고래가 사람에 의해서 잡히는 것이므로 caught로 썼다]
[caught는 whale을 설명함]

1 And if your foot causes you to sin, cut it off. It is better for you to enter life crippled, than to have two feet and be thrown into hell. (막9:45)

직역 너희의 발이 너희로 하여금 죄를 짓게 한다면, 그것을 잘라버려라. 너희가 두 발을 가지고 지옥으로 내던져지는 것보다 절름거린 채로 영생에 들어가는 것이 더 낫다

핵심구조 (의미상의)주어 you + 동사 enter + 목적어 life + 목적보어 crippled

단어 및 숙어의 확장 동사 cause 초래하다, 야기시키다 (cause + O + to R) / cripple

다리를 절다 [형용사] crippled 불구의, 불구가 된, 몸이 부자연스런

해설 ① 과거분사 crippled는 서술적용법으로서 목적어 life를 설명해준다 ② It은 가주어, for you는 의미상의 주어, to enter 이하는 진주어이다

의역 만일 네 발이 너를 범죄케 하거든 찍어버리라 절뚝발이로 영생에 들어가는 것이 두 발을 가지고 지옥에 던지우는 것보다 나으니라

---

2 If your hand causes you to sin, cut it off. It is better for you to enter life <u>maimed</u> than with two hands to go into hell, where the fire never goes out.　　　　　　　　　　　　　　　(막9:43)

직역 너희의 손이 너희로 하여금 죄 짓게 하거든, 그것을 잘라버려라. 너희가 두 손을 가지고 불이 결코 꺼지지 않는 지옥에 가는 것보다 절름거린 채 영생으로 들어가는 것이 더 낫다

핵심구조 (의미상의)주어 for you + 동사 to enter + 목적어 life + 목적보어 maimed

단어 및 숙어의 확장 [동사] cut + O + off 잘라내다 / maim (아무를)불구가 되게 하다, 망가뜨리다, 못 쓰게 만들다 / cause + O + to R ..하도록 초래하다 [형용사] maimed 절름거린 채

해설 ① 과거분사 maimed는 서술적용법으로서 목적어 life를 설명해준다 ② It은 가주어, for you는 의미상의 주어, to enter이하는 진주어이다 ③ ,where는 계속적용법이다

의역 만일 네 손이 너를 범죄케 하거든 찍어버리라 불구자로 영생에 들어가는 것이 두 손을 가지고 지옥 꺼지지 않는 불에 들어가는 것보다 나으니라

---

3 When they came to Jesus, they saw the man who had been possessed by the legion of demons, sitting there, <u>dressed</u> and in his right mind; and they were afraid.　　　　　　　　　　(막5:15)

직역 예수님께 왔을 때, 그들은 많은 악마에게 사로잡혔던 사람이 거기에 옷을 입은 채 그리고 올바른 정신으로 앉아 있는 것을 보았고 그들은 두려웠다

핵심구조 주어 they + 동사 saw + 목적어 the man + 목적보어 sitting, dressed

단어 및 숙어의 확장 [명사] legion (고대로마의)군단, 군대, 다수 / demon 귀신, 마귀, 악마 [동사] possess 소유하다 / be possessed by…에 사로잡히다 [숙어] be afraid…을 두려워하다

해설 ① 과거분사 dressed는 서술적용법으로서 목적어 the man을 설명해준다 ② sitting은 서술적용법의 현재분사이다

의역 예수께 이르러 그 귀신 들렸던 자 곧 군대 지폈던 자가 옷을 입고 정신이 온전하여 앉은 것을 보고 두려워하더라

---

4 As they approached Jerusalem and came to Bethphage and Bethany at the Mound of Olives, Jesus sent two of his disciples, saying to them, "Go to the village ahead of you and just as you enter it, you will find a colt <u>tied</u> there, which no one has ever ridden. Untie it and bring it here.

(막11:1-2)

직역 그들이 예루살렘에 이르러 감람산상에 있는 벳바게와 베다니에 왔을 때, 예수님은 제자들 중 두 명을 보냈다, 그들에게 이렇게 말씀하시면서, "너희 앞에 있는 마을로 가라. 그 집에 막 들어가면, 너희는 거기에 일찍이 아무도 그것을 탄 적이 없는 조랑말 하나가 묶여 있는 것을 발견하게 될 것인데, 그것을 풀어서 이리로 데리고 오라

핵심구조 주어 you + 동사 will find + 목적어 a colt + 목적보어 tied

단어 및 숙어의 확장 [명사] colt 조랑말 [동사] tie 묶다 / ride 타다 (ride-rode-ridden) / approach 다가가다 [숙어] ahead of …의 앞에

해설 ① 과거분사 tied는 서술적용법으로서 목적어 a colt를 설명해준다 ② ,saying은 분사구문의 동시상황으로서 ,and said로 바꿀 수 있다 ③ ,which는 계속적용법의 관계대명사로서 ,and it으로 바꿀 수 있다

의역 저희가 예루살렘에 가까이 와서 감람산 벳바게와 베다니에 이르렀을 때에 예수께서 제자 중 둘을 보내시며 이르시되 너희 맞은편 마을로 가라 그리고 들어가면 곧 아직 아무 사람도 타보지 않은 나귀 새끼의 매여 있는 것을 보리니 풀어 끌고 오너라

③ 분사구문이 쓰인 문장

부사절(=종속절)이 들어 있는 복문을 현재분사(~ing)나 과거분사(p.p.)를 사용해서 간단한 부사구로 된 단문으로 만든 것을 분사구문이라고 한다.

---

① …ing, 주어 + 동사 〈분사구문〉

② (Being) + p.p., S + V 〈수동(태)분사구문〉

③ Having + p.p., S + V 〈완료분사구문〉

④ (Having + been) + p.p., S + V 〈완료수동분사구문〉

⑤ ~ing, S + V 〈부대상황-동시상황〉

♣ 부사절을 분사구문으로 고치는 공식
① 종속절 안의 접속사를 생략한다.
② 중심되는 주절의 주어와 종속절의 주어가 같을 경우, 종속절의 주어를 생략한다.
③ 종속절의 동사의 원형에 ~ing를 붙인다.

예문 If you turn to the left, you will find Hanyoung Theological University.
(왼편으로 돌면, 한영신학대학교를 발견할 것이다)
→Turning to the left, you will find HYTU.

♣ 분사구문을 다시 부사절로 바꾸는 공식
① 분사구문과 주절의 앞뒤 문맥을 살핀 후, 생략했던 접속사를 다시 사용한다. 이때 대부분의 접속사는 If, When, After, As, Because, Since, Though 등이다.
② 생략했던 종속절의 주어를 다시 살려준다.
③ ~ing를 삭제하고 주절의 동사와 시제를 일치시켜서 종속절의 동사를 다시 사용한다.

예문 Turning to the left, you will find HYTU.
→ If you turn to the left, you will find Hanyoung Theological University.

1 Confessing their sins, they were baptized by him in the Jordan River.

(막1:5)

> 직역 죄를 고백한 후 그들은 요단강에서 그에게 세례를 받았다.
>
> 핵심구조 Confessing…
>
> 단어 및 숙어의 확장 동사 confess 고백하다, 실토하다 / be baptized 세례를 받다
>
> 해설 ① Confessing their sins, 를 부사절로 바꾸면, After they confessed their sins,가
> 된다 ② 여기에서 'him'은 세례요한(John, the Baptist)을 의미한다
>
> 의역 자기 죄를 자복하고 요단강에서 그에게 세례를 받더라

2 Throwing his cloak aside, he jumped to his feet and came to Jesus.

(막10:50)

> 직역 그의 망토를 옆으로 내던진 후, 그는 벌떡 뛰어서 예수님께로 갔다.
>
> 핵심구조 Throwing,…
>
> 단어 및 숙어의 확장 명사 cloak 망토 동사 throw 던지다 숙어 jump (spring) to
> one's feet 펄쩍 뛰다, 뛰어오르다
>
> 해설 Throwing his cloak aside를 부사절로 바꾸면, After he threw his cloak aside가
> 된다
>
> 의역 소경이 겉옷을 내어 버리고 뛰어 일어나 예수께 나아오거늘

3 Going at once to Jesus, Judas said, "Rabbi!" and kissed him.

(막14:45)

> 직역 즉시 예수님께로 간 후, 유다는 "선생님!"이라고 말하고 그에게 입맞추었다
>
> 핵심구조 Going….
>
> 단어 및 숙어의 확장 명사 Rabbi (유대교) 선생(존칭), 랍비, 유대교의 율법박사
> 숙어 at once 즉시, 곧
>
> 해설 Going at once to Jesus를 부사절로 바꾸면, After he went at once to Jesus,가

된다

의역 이에 와서 곧 예수께 나아와 랍비여 하고 입을 맞추니

---

4 Then Jesus' mother and brothers arrived. <u>Standing</u> outside, they sent someone in to call him.　　　　　　　　　　　(막3:31)

직역 그때 예수님의 어머니와 형제들이 도착하였다. 밖에 서 있는 동안, 그들은 그를 부르러 누군가를 보냈다

핵심구조 Standing…

단어 및 숙어의 확장 **동사** arrive 도착하다 / send 보내다 (send-sent-sent)

해설 Standing outside를 부사절로 바꾸면, When they stood outside, 가 된다

의역 때에 예수의 모친과 동생들이 와서 밖에 서서 사람을 보내어 예수를 부르니

---

5 And they crucified him. <u>Dividing</u> up his clothes, they cast lots to see what each would get.　　　　　　　　　　　(막15:24)

직역 그리고 그들은 그를 십자가에 못박았다. 그의 옷을 나누면서, 그들은 어떤 옷을 가질 것인지를 알아보려고 제비를 뽑았다

핵심구조 Dividing…

단어 및 숙어의 확장 **동사** cast 던지다 / divide 나누다 / crucify 십자가에 못박다
숙어 cast (draw) lots 제비를 뽑아서 결정하다

해설 ① Dividing up his clothes를 부사절로 바꾸면, While they divided up his clothes, 가 된다 ② what은 의문대명사이다 (의문대명사와 관계대명사의 구별법은 『술술풀어가는 영어성경영문법-마태복음-』p. 406.을 참고)

의역 십자가에 못 박고 그 옷을 나눌쌔 누가 어느 것을 얻을까 하여 제비를 뽑더라

---

6 <u>Leaving</u> the crowd behind, they took him along, just as he was, in the boat. There were also other boats with him.　　　　　　　　　　　(막4:36)

| 직역 | 군중을 뒤로 남겨둔 후, 그들은 그를 따라갔다, 그가 배 안에 있었을 때처럼. 그와 함께 다른 배들도 있었다. |

군중을 뒤로 남겨둔 후, 그들은 그를 따라갔다, 그가 배 안에 있었을 때처럼. 그와 함께 다른 배들도 있었다.

핵심구조 Leaving…

단어 및 숙어의 확장 명사 crowd 군중 동사 leave 떠나다, 남겨두다 (leave-left-left) / take-took-taken

해설 Leaving the crowd behind,를 부사절로 바꾸면, After they left the crowd behind, 가 된다

의역 저희가 무리를 떠나 예수를 배에 계신 그대로 모시고 가매 다른 배들도 함께 하더니

---

7 Going a little farther, he fell to the ground and prayed that if possible the hour might pass from him. (막14:35)

직역 약간 더 멀리 간 후에, 그는 땅에 쓰러져서 가능하다면 그 시간이 그로부터 지나가도록 기도하였다

핵심구조 Going…

단어 및 숙어의 확장 동사 might (may의 과거형) / pass 지나가다, 통과하다 / pray 기도하다 / fall 떨어지다 (fall-fell-fallen) 부사 far 먼, 멀리 (far-farther-farthest) 숙어 fall to the ground 땅에 쓰러지다, (계획 따위가) 실패로 끝나다 / if (it is) possible 가능하다면

해설 ① Going a little farther,를 부사절로 바꾸면, After he went a little farther,가 된다 ② that은 종속접속사이다

의역 조금 나아가사 땅에 엎드리어 될 수 있는 대로 이때가 자기에게서 지나가기를 구하여

---

8 Ignoring what they said, Jesus told the synagogue ruler, "Don't be afraid; just believe." (막5:36)

직역 그들이 말한 것을 무시한 후에, 예수님은 회당 지도자에게 말씀하셨다, "두려워 말고 그냥 믿어라"

핵심구조 Ignoring…

단어 및 숙어의 확장 명사 synagogue 유대교의 회당 / ruler 지도자 동사 ignore 무시하다, 모르다 / say 말하다 (say-said-said) / tell 말하다 (tell-told-told) 숙어 be afraid 두려워하다

해설 ① Ignoring what they said,를 부사절로 바꾸면, After he ignored what they said,가 된다 ② what은 관계대명사이다

의역 예수께서 그 하는 말을 곁에서 들으시고 회당장에게 이르시되 두려워 말고 믿기만 하라 하시고

9 Calling the Twelve to him, he sent them out two by two and gave them authority over evil spirits. (막6:7)

직역 열두 명을 그에게 부르신 후, 그는 두 명씩 그들을 보내시고 그들에게 악령을 이겨낼 권위를 주셨다

핵심구조 Calling…

단어 및 숙어의 확장 명사 authority 권위 / evil spirit 악령 동사 send 보내다 (send-sent-sent) / give 주다 (give-gave-given) 숙어 two by two 두 명씩

해설 Calling the Twelve to him,을 부사절로 바꾸면, After he called the Twelve to him,이 된다

의역 열두 제자를 부르사 둘씩 둘씩 보내시며 더러운 귀신을 제어하는 권세를 주시고

10 He took a little child and had him stand among them. Taking him in his arms, he said to them, (막9:36)

직역 그는 한 어린아이를 데리고 가서 그들 가운데 서게 하셨다. 그의 팔에 그 아이를 안으신 후에, 그는 그들에게 말씀하셨다,

핵심구조 Taking…

단어 및 숙어의 확장 명사 arm 팔 동사 take 데리고 가다 (take-took-taken) / stand 일

어서다 (stand-stood-stood) / say 말하다 (say-said-said) / have 가지다 (have-had-had)

해설 ① Taking him in his arms,를 부사절로 바꾸면, After he took him in his arms,가 된다 ② had는 사역동사로서 목적어(him) 다음에 동사원형(stand)이 왔다

의역 어린아이 하나를 데려다가 그들 가운데 세우시고 안으시며 제자들에게 이르시되

---

11 <u>Wanting</u> to satisfy the crowd, Pilate released Barabbas to them. He had Jesus flogged, and handed him over to be crucified. (막15:15)

직역 군중을 만족시키기를 원했으므로, 빌라도는 바라바를 그들에게 풀어주었다. 그는 예수님을 매질하도록 시켰고 십자가에 못박히도록 그를 넘겨주었다

핵심구조 Wanting…

단어 및 숙어의 확장 [동사] satisfy 만족시키다 / release 풀어주다 / flog 매질하다 / crucify 십자가에 못박다 / be crucified 십자가에 못박히다 [숙어] hand over 넘겨주다, 건네주다, 양도하다

해설 ① Wanting to satisfy the crowd,를 부사절로 바꾸면, Because he wanted to satisfy the crowd,가 된다 ② He had Jesus flogged는 원래 have + O(사람) + R (동사원형)이 되어야 하지만, 이 문장에서 매를 맞는 자가 예수님이므로 원형 flog가 아니라 과거분사 flogged가 된다

의역 빌라도가 무리에게 만족을 주고자 하여 바라바는 놓아 주고 예수는 채찍질하고 십자가에 못 박히게 넘겨 주니라

---

12 Then the woman, <u>knowing</u> what had happened to her, came and fell at his feet and, trembling with fear, told him the whole truth.

(막5:33)

직역 그때 그녀에게 무슨 일이 일어났는지 알았기 때문에, 그 여자는 와서 그의 발아래에서, 두려움에 떨면서, 그에게 모든 진실을 말했다.

핵심구조 knowing…

단어 및 숙어의 확장 [명사] fear 두려움, 공포 / truth 진실 [동사] tremble 떨다 / fall 떨

지다 (fall-fell-fallen) / tell 말하다 (tell-told-told) 숙어 happen to…우연히 일어나다

해설 ① ,knowing what had happened to her를 부사절로 바꾸면, because she knew what had happened to her가 된다 ② what은 관계대명사이다 ③ ,trembling은 동시상황으로서 and trembled로 바꿀 수 있다

의역 여자가 제게 이루어진 일을 알고 두려워하여 떨며 와서 그 앞에 엎드려 모든 사실을 여짜온대

13 Sitting down, Jesus called the Twelve and said, "If anyone wants to be first, he must be the very last, and the servant of all."

(막9:35)

직역 앉으신 후, 예수님은 열 두 명을 불러서 말씀하셨다, "첫째가 되고자 하는 자는 누구나, 맨 나중된 자가 되어야 하고 모든 이의 하인이 되어야한다"

핵심구조 Sitting…

단어 및 숙어의 확장 명사 servant 하인 동사 say 말하다 (say-said-said) / sit 앉다 (sit-sat-sat)

해설 Sitting down,을 부사절로 바꾸면, After he sat down,이 된다

의역 예수께서 앉으사 열두 제자를 불러서 이르시되 아무든지 첫째가 되고자 하면 뭇사람의 끝이 되며 뭇사람을 섬기는 자가 되어야 하리라 하시고

14 Again and again they struck him on the head with a staff and spit on him. Falling on their knees, they worshiped him. (막15:19)

직역 몇 번이고 그들은 그의 머리를 막대기로 때리고 그에게 침을 뱉았다. 무릎을 꿇은 다음, 그들은 그를 경배하였다

핵심구조 Falling…

단어 및 숙어의 확장 명사 staff 막대기 동사 strike 치다, 내리치다, 때리다 (strike-stroke-stroke) / spit 침을 뱉다 / worship 숭배하다, 경배하다 숙어 again and again 몇 번이고, 되풀이해 / fall on one's knees 무릎을 꿇다, 무릎 꿇고 탄원하다

| 해설 | Falling on their knees,를 부사절로 바꾸면, After they fell on their knees,가 된다 |

| 의역 | 갈대로 그의 머리를 치며 침을 뱉으며 꿇어 절하더라 |

15 <u>Calling</u> his disciples to him, Jesus said, "I tell you the truth, this poor widow has put more into the treasury than all the others.

(막12:43)

| 직역 | 그의 제자들을 그에게 부른 후, 예수님은 말씀하셨다, "내가 진실로 너희에게 말하노니, 이 가난한 과부는 다른 모든 사람들보다도 더 많은 것을 금고에 넣었다

| 핵심구조 | Calling…

| 단어 및 숙어의 확장 | 명사 treasury 보고, 금고, 기금 / widow 과부, 미망인 / disciple 제자 동사 put 넣다 (put-put-put)

| 해설 | Calling his disciples to him,을 부사절로 바꾸면, After he called his disciples to him이 된다

| 의역 | 예수께서 제자들을 불러다가 이르시되 내가 진실로 너희에게 이르노니 이 가난한 과부는 연보궤에 넣는 모든 사람보다 많이 넣었도다

16 Pilate was surprised to hear that he was already dead. <u>Summoning</u> the centurion, he asked him if Jesus had already died. (막15:44)

| 직역 | 빌라도는 그가 이미 죽었다는 것을 듣고 놀랐다. 백부장을 소환한 후, 그는 그에게 물었다 예수님이 벌써 돌아가셨는지 아닌지를

| 핵심구조 | Summoning…

| 단어 및 숙어의 확장 | 명사 centurion 백부장 형용사 dead 죽은 (die 죽다 / death 죽음) 숙어 be surprised to 놀라다

| 해설 | ① Summoning the centurion,을 부사절로 바꾸면 After he summoned the centurion,이 된다 ② if는 조건의 뜻이 아니라 '…인지 아닌지'의 뜻이다

| 의역 | 빌라도는 예수께서 벌써 죽었을까 하고 이상히 여겨 백부장을 불러 죽은 지 오래냐 묻고

17 Trembling and bewildered, the women went out and fled from the tomb. They said nothing to anyone, because they were afraid.

(막16:8)

> **직역** 당황하고 전율하면서, 그 여자들은 밖으로 나가서 무덤으로부터 도망갔다. 두려웠기 때문에 그들은 누구에게도 아무 말도 하지 않았다
>
> **핵심구조** Trembling and bewildered,
>
> **단어 및 숙어의 확장** **명사** tomb 무덤 / women: woman의 복수형 **동사** flee 도망하다, 피하다(from) (flee-fled-fled) / tremble 와들와들 떨다, 전율하다 / bewilder 어리둥절케(당황케)하다(=confuse), 현혹시키다 **숙어** be afraid 두려워하다
>
> **해설** Trembling and bewildered,를 부사절로 바꾸면, Because they were trembled and bewildered,가 된다
>
> **의역** 여자들이 심히 놀라 떨며 나와 무덤에서 도망하고 무서워하여 아무에게 아무 말도 하지 못하더라

18 Returning the third time, he said to them, "Are you still sleeping and resting? Enough! The hour has come. Look, the Son of Man is betrayed into the hands of sinners.

(막14:41)

> **직역** 세 번 째 돌아오신 후, 그는 그들에게 말씀하셨다, "너희는 아직도 자면서 쉬고 있느냐? 충분하다! 시간이 다가왔다. 보라, 인자가 배신당하여 죄인들의 수중에 들어간다
>
> **핵심구조** Returning…
>
> **단어 및 숙어의 확장** **명사** sinner 죄인 / the Son of Man 인자 **동사** betray 배신하다, 배반하다 / rest 휴식을 취하다, 쉬다 / return 돌아오다
>
> **해설** Returning the third time,을 부사절로 바꾸면, After he returned,가 된다
>
> **의역** 세 번째 오사 저희에게 이르시되 이제는 자고 쉬라 그만이다 때가 왔도다 보라 인자가 죄인의 손에 팔리우느니라

19 One man ran, <u>filled</u> a sponge with wine vinegar, put it on a stick, and offered it to Jesus to drink. "Leave him alone now. Let's see if Elijah comes to take him down," he said. (막15:36)

> 직역 스폰지를 신포도주로 가득 채운 채 한 사람이 뛰어서 막대기 위에 그것을 두었다, 그리고 그것을 예수님께 마시라고 제공하였다. "그를 지금 혼자 있게 내버려둬라. 엘리아가 와서 그를 내려주는지 어쩌는지를 보자"라고 그는 말했다
>
> 핵심구조 filled a sponge with wine vinegar,
>
> 단어 및 숙어의 확장 명사 sponge 스폰지 / vinegar 식초 / stick 막대기 동사 run 뛰다 (run-ran-run) / drink 마시다 (drink-drank-drunk) / offer 제공하다 / leave 남겨두다, 내버려두다 (leave-left-left) / fill 가득 채우다
>
> 해설 ① filled a sponge with wine vinegar,를 부사절로 바꾸면, after he filled a sponge with wine vinegar가 된다 ② if는 '…인지 아닌지'의 뜻이다
>
> 의역 한 사람이 달려가서 해융(海絨)에 신 포도주를 머금게 하여 갈대에 꿰어 마시우고 가로되 가만두어라 엘리야가 와서 저를 내려 주나 보자 하더라

20 <u>Seeing</u> Jesus, he fell at his feet and pleaded earnestly with him "My little daughter is dying. Please come and put your hands on her so that she will be healed and live." (막5:22-23)

> 직역 예수님을 보았을 때, 그는 그의 발치에 와서 그에게 진심으로 간청하였다 "저의 어린 딸이 죽어가고 있습니다. 제발 오셔서 그 아이가 치료되어 살 수 있도록 당신의 손을 그 아이에게 얹어주십시오."
>
> 핵심구조 Seeing Jesus,
>
> 단어 및 숙어의 확장 동사 fall 떨어지다 (fall-fell-fallen) / plead 간청하다 / die 죽다 / heal 치료하다 (be healed 치료되다) 부사 earnestly 열심히, 진심으로
>
> 해설 ① Seeing Jesus,를 부사절로 바꾸면, When he saw Jesus,가 된다 ② so that + S (she) + will + R (be healed and live):…하기 위하여
>
> 의역 예수를 보고 발아래 엎드리어 많이 간구하여 가로되 내 어린 딸이 죽게 되었사오니 오셔서 그 위에 손을 얹으사 그로 구원을 얻어 살게 하소서 하거늘

21 <u>Seeing</u> in the distance a fig tree in leaf, he went to find out if it had any fruit. When he reached it, however, he found nothing but leaves, because it was not the season for figs. (막11:13)

> 직역 멀리서 무화과나무가 잎이 무성한 것을 보신 후, 그는 가서서 열매가 있는지 없는지를 알아보셨다. 그러나, 그것에 도착하시자, 그는 잎을 제외하고는 아무 것도 발견하지 못하셨다, 무화과철이 아니었기 때문이었다
>
> 핵심구조 Seeing in the distance a fig tree in leaf,
>
> 단어 및 숙어의 확장 [명사] fig tree 무화과나무 / fruit 열매 / leave 잎 [동사] go 가다 (go-went-gone) / find 발견하다, 알다 (find-found-found) / [숙어] in the distance 멀리서
>
> 해설 ① Seeing in the distance a fig tree in leaf,를 부사절로 바꾸면, When he saw in the distance a fig tree in leaf,가 된다 ② if는 '…인지 아닌지'의 뜻이다 ③ but은 except (…을 제외하고)의 뜻이다 ④ because 다음에 오는 it은 계절을 나타내는 비인칭주어이다
>
> 의역 멀리서 잎사귀 있는 한 무화과나무를 보시고 혹 그 나무에 무엇이 있을까 하여 가셨더니 가서 보신즉 잎사귀 외에 아무것도 없더라 이는 무화과의 때가 아님이라

22 But she was not able to, because Herod feared John and protected him, <u>knowing</u> him to be righteous and holy man. When Herod heard John, he was greatly puzzled; yet he liked to listen to him.

(막6:20)

> 직역 그러나 그녀는 할 수 없었다, 헤롯이 요한을 두려워하여 그를 보호하였는데, 그가 정의롭고 거룩한 사람이라는 것을 알았기 때문이었다. 헤롯이 요한에 대해 들었을 때, 그는 매우 당황하였다. 그러나 그는 그에게 경청하는 것을 좋아했다
>
> 핵심구조 knowing…
>
> 단어 및 숙어의 확장 [동사] fear 두려워하다 / protect 보호하다, 방어하다 / be puzzled

당황하다 형용사 righteous 정의로운 / holy 거룩한 부사 greatly 대단히, 매우
접속사 yet 하지만, 그러나, 그래도 숙어 listen to…에 귀를 기울이다

해설 ① knowing him to be righteous and holy man을 부사절로 바꾸면, because he knew him to be righteous and holy man이 된다 ② she was able to 다음에는 'kill him'이 생략돼 있다. him은 세례요한을 의미한다 (막6:19 참고)

의역 헤롯이 요한을 의롭고 거룩한 사람으로 알고 두려워하여 보호하며 또 그의 말을 들을 때에 크게 번민을 느끼면서도 달게 들음이러라

23 Taking the five loaves and the two fish and looking up to heaven, he gave thanks and broke the loaves. Then he gave them to his disciples to set before the people. He also divided the two fish among them all. (막6:41)

직역 빵 다섯 개와 두 마리의 물고기를 가지시고 하늘을 쳐다보신 후, 그는 감사하시고 빵을 떼었다. 그런 다음 그는 그것들을 제자들에게 주신 후 사람들 앞에 두게 하셨다. 그는 또한 그들 모두에게 물고기 두 마리를 나눠주셨다

핵심구조 Taking…and looking~,

단어 및 숙어의 확장 명사 loaf 빵 한 덩어리 (loaves: loaf의 복수형) 동사 break 부수다, 깨뜨리다 (break-broke-broken) /give 주다(give-gave-given) / set 설치하다, 두다 (set-set-set) / divide 나누다 숙어 look up 쳐다보다

해설 ① Taking the five loaves and the two fish and looking up to heaven, 을 부사절로 바꾸면, After he took the five loaves and the two fish and looked up to heaven이 된다 ② fish는 단수와 복수형이 똑같다. 그래서 two fishes가 아니고 two fish이다

의역 예수께서 떡 다섯 개와 물고기 두 마리를 가지사 하늘을 우러러 축사하시고 떡을 떼어 제자들에게 주어 사람들 앞에 놓게 하시고 또 물고기 두 마리도 모든 사람에게 나누어 주시매

〈오병이어〉

④ 수동(태)분사구문

Being + p.p.를 수동(태)분사구문이라고 한다. 이 때 Being을 생략할 수 있다.

예문1 Because he was tired, he went to bed early. 이 문장에서 Because he was tired 라는 부사절을 분사구문으로 고치면,

1) 접속사 Because를 생략한다.

2) 부사절 안의 주어 he와 주절의 주어 he가 같으므로 부사절의 주어 he를 생략한다.

3) 부사절 안의 동사, 즉 was의 원형 be에 …ing를 붙인다.

4) Being tired, ….가 되는데 Being+ p.p.에서 Being은 생략할 수 있으므로 Tired만 남는다. Tired, he went to bed early. (피곤했으므로 그는 일찍 잠자리에 들었다)

예문2 Used regularly, this Night Cream can also help to prevent the formation of new wrinkles.

위 문장에서 Used 앞에 Being이 생략돼 있다. (Being)Used regularly, ….

이 분사구문을 원래의 부사절로 바꾸면, If it is used regularly,…가 된다. (만약 정기적으로 그것이 사용된다면, 이 나이트크림은 또한 새로운 주름의 형성을 막는 데에 도움을 줄 수 있다)

다시 이 부사절을 간단하게 분사구문으로 바꾸면,

1) 접속사 If를 생략한다.
2) 부사절 안의 주어(it)와 주절의 주어(Night Cream)이 같으므로 it을 생략한다.
3) 부사절 안의 동사, 즉 is의 원형 be에 …ing를 붙인다.
4) Being used regularly, ….가 되는데 Being+ p.p.에서 Being은 생략할 수 있으므로 Used만 남는다.

1 Filled with compassion, Jesus reached out his hand and touched the man.
(막1:41)

> 직역 연민으로 가득차서 예수님은 그의 손을 내밀어 그 사람을 만지셨다
>
> 핵심구조 (Being) Filled with…
>
> 단어 및 숙어의 확장 명사 compassion 연민, 동정심 숙어 reach out (손을)내뻗다, 내밀다
>
> 해설 Filled 앞에는 Being이 생략돼 있다. 이것을 부사절로 바꾸면, As he was filled with compassion,이 된다
>
> 의역 예수께서 민망히 여기사 손을 내밀어 저에게 대시며 가라사대

2 Jesus left there and went to his hometown, accompanied by his disciples.
(막6:1)

> 직역 예수님은 거기를 떠나 그의 고향으로 가셨다, 그의 제자들을 동반하신 후에.
>
> 핵심구조 (being) accompanied by his disciples
>
> 단어 및 숙어의 확장 명사 hometown 고향 / disciple 제자 동사 accompany …에 동반하다, …와 함께 따라가다 / leave 떠나다 (leave-left-left)
>
> 해설 (being) accompanied by his disciples를 부사절로 바꾸면, after he was accompanied by his disciples가 된다
>
> 의역 예수께서 거기를 떠나사 고향으로 가시니 제자들도 좇으니라

being이 생략된 분사구문

3 Aware of their discussion, Jesus asked them: "Why are you talking about having no bread? Do you still not see or understand? Are your hearts hardened? (막8:17)

> **직역** 그들의 토론에 대해 의식하신 후 예수님은 그들에게 물었다. "왜 너희는 빵이 없는 것에 대하여 말하느냐? 너희는 아직도 알지 못하고 이해하지 못하느냐? 너희의 마음은 굳었느냐?
>
> **핵심구조** (Being) Aware of…
>
> **단어 및 숙어의 확장** 명사 discussion 토론 (discuss 토론하다) 동사 be hardened 굳어버리다, 딱딱해지다, 무감각해지다 형용사 aware 알고 있는, 의식하고, 깨닫고
>
> **해설** (Being) Aware of their discussion,을 부사절로 바꾸면 After he was aware of their discussion,이 된다
>
> **의역** 예수께서 아시고 이르시되 너희가 어지 떡이 없음으로 의논하느냐 아직도 알지 못하며 깨닫지 못하느냐 너희 마음이 둔하냐

---

5 완료분사구문 (Having + p.p.)

> **중요포인트**
>
>
>
> 부사절의 시제가 주절의 시제보다 앞선 시제일 경우에는 Having+p.p.를 사용한다.
>
> **예문1** As I had received no answer from her, I wrote her an email again.
> (그녀에게서 답장을 받지 않았기 때문에 나는 다시 그녀에게 이메일을 썼다)
> (답장을 받지 않은 것이 이메일을 쓴 것보다 더 먼저 일어난 시제이다. 따라서 As이하의 부사절을 분사구문으로 바꾸면 다음과 같다)
> ① 접속사 As를 생략한다 ② 부사절의 주어 I와 주절의 주어 I가 동일하므로

부사절의 주어 I를 생략한다 ③ 부사절 안의 had의 원형에 …ing를 붙인다
→Having received no answer from her, I wrote her an email again.

예문2 Because I had read the book, I sent it to my friend.
(그 책을 다 읽었기 때문에 나는 그것을 나의 친구에게 보냈다)
→Having read the book, I sent it to my friend.

---

1 About four thousand men were present. And having sent them away, he got into the boat with his disciples and went to the region of Dalmanutha. (막8:9-10)

> 직역 약 4천 명의 남자들이 참석하였다. 그들을 보낸 후, 그는 그의 제자들과 함께 배에 오르시고 달마누타 지역으로 가셨다
>
> 핵심구조 having sent~,
>
> 단어 및 숙어의 확장 명사 region 지역, 지방 동사 send 보내다 (send-sent-sent) / get-got-got (gotten) / go 가다 (go-went-gone) 형용사 present 참석한 (be present 참석하다) / thousand 천(1,000)의
>
> 해설 having sent them away,를 부사절로 바꾸면 after he had sent them away,가 된다
>
> 의역 사람은 약 사천 명이었더라 예수께서 저희를 흩어 보내시고 곧 제자들과 함께 배에 오르사 달마누다 지방으로 가시니라

---

6 분사구문의 부대상황(동시상황)이 쓰인 문장

중요포인트

■ 분사구문의 동시상황

```
① 현재분사(~ing), S + V
② S + V, 현재분사(~ing)
```

원래 주격보어로서 주절의 동작이 일어날 때의 주어의 상황을 나타내준다.
현재분사를 동사로 바꾸고 접속사 and로 연결할 수 있다. 부대상황은 독립분사구문에
속한다.

예문1 Walking on tiptoe, I approached the riverside.
=I walked on tiptoe and approached the riverside.
(발끝으로 걸어서 나는 강가에 다가갔다)
(Walking은 분사구문의 동시상황으로서 walked and로 바꿀 수 있다)

예문2 Singing gospel songs together, we had a good time.
=We sang gospel songs together and had a good time.
(함께 복음성가를 부르면서 우리는 즐겁게 보냈다)
(Singing은 분사구문의 동시상황으로서 sang and로 바꿀 수 있다)

예문3 Wicked people managed to take away his family's house and land, leaving them
with nothing. =Wicked people managed to take away his family's house and
land, and left them with nothing.
(사악한 사람들이 그의 가족의 집과 땅을 빼앗아가고, 그들에게 아무것도 남
겨주지 않았다)
(leaving은 분사구문의 동시상황으로서 ,and left로 바꿀 수 있다)

예문4 Liftan INTENSIVE invigorates and firms skin, helping to prevent new wrinkles
from forming.
(립탠 인텐시브는 피부를 활기 있게 하고 탄탄하게 해주며, 새로이 주름이
생기는 것을 막는 데 도움을 준다)
(helping은 분사구문의 동시상황으로서 ,and helps로 바꿀 수 있다)

1 Jesus sent him home, saying, "Don't go into the village." (막8:26)

직역 예수님은 그를 집으로 보내셨다, "마을로 들어가지 마라"고 말씀하시면서.

핵심구조 주어 Jesus + 동사 sent + ,saying

> **단어 및 숙어의 확장** 〔명사〕 village 마을, 촌락(hamlet보다 크고 town보다 작음)
> 〔동사〕 send 보내다 (send-sent-sent)
>
> **해설** ,saying은 분사구문의 동시상황으로서 ,and said로 바꿀 수 있다
>
> **의역** 예수께서 그 사람을 집으로 보내시며 가라사대 마을에도 들어가지 말라 하시니라

---

2 Now some teachers of the law were sitting there, <u>thinking</u> to themselves. (막2:6)

> **직역** 몇 명의 서기관들이 거기에 앉아 있었다, 마음속으로 중얼거리면서.
>
> **핵심구조** 주어 some teachers of the law + 동사 were sitting + ,thinking
>
> **단어 및 숙어의 확장** 〔명사〕 teacher of the law 서기관 〔숙어〕 think to oneself 마음속으로 생각하다, 마음속으로 중얼거리다, 혼잣말하다
>
> **해설** ,thinking은 분사구문의 동시상황으로서 and were thinking로 바꿀 수 있다
>
> **의역** 어떤 서기관들이 거기 앉아서 마음에 의논하기를

---

3 Some men came, <u>bringing</u> to him a paralytic, carried by four of them. (막2:3)

> **직역** 어떤 사람들이 왔다, 그에게 중풍병자 한 사람을 데리고, 4명이 매고서.
>
> **핵심구조** 주어 Some men + 동사 came + ,bringing
>
> **단어 및 숙어의 확장** 〔명사〕 paralytic 중풍병자 〔동사〕 bring 데리고 오다 / carry 운반하다, 나르다
>
> **해설** ,bringing은 분사구문의 동시상황으로서 and brought로 바꿀 수 있다
>
> **의역** 사람들이 한 중풍병자를 네 사람에게 메워 가지고 예수께로 올쎄

---

4 Many will come in my name, <u>claiming</u>, 'I am he,' and will deceive many. (막13:6)

직역 수많은 사람들이 나의 이름으로 올 것이다, '내가 그 사람이다'고 주장하면서 그리고 많은 이들을 속일 것이다

핵심구조 주어 Many + 동사 will come + ,claiming

단어 및 숙어의 확장 **동사** claim 주장하다 / deceive 속이다 **숙어** in my name 내 이름으로

해설 claiming은 분사구문의 동시상황으로서 and will claim으로 바꿀 수 있다

의역 많은 사람이 내 이름으로 와서 이르되 내가 그로라 하여 많은 사람을 미혹케 하리라

---

5 They kept the matter to themselves, <u>discussing</u> what "rising from the dead" meant.　　　　　　　　　　　　　　　　(막9:10)

직역 그들은 그 문제를 자신들에게 간직하였다, "죽은 자들로부터 부활하는 것"이 무슨 뜻인가를 토론하면서.

핵심구조 주어 They + 동사 kept + , discussing

단어 및 숙어의 확장 **명사** matter 문제, 제재 **동사** keep 간직하다, 지키다 (keep-kept-kept) / discuss 토론하다 / rise 부활하다(rise-rose-risen) / mean 의미하다 (mean-meant-meant) **숙어** the dead=dead people= 죽은 사람들

해설 discussing은 분사구문의 동시상황으로서 ,and discussed로 바꿀 수 있다

의역 저희가 이 말씀을 마음에 두며 서로 문의하되 죽은 자 가운데서 살아나는 것이 무엇일까 하고

---

6 At once the Spirit sent him out into the desert, and he was in the desert forty days, <u>being tempted</u> by Satan.　　　　　　(막1:12-13)

직역 곧 성령이 그를 사막으로 보내셨고, 그는 사막에서 40일 계셨다, 사탄에 의해서 유혹을 받으시면서.

핵심구조 주어 he + 동사 was + ,being tempted

명사 desert 사막, 광야 동사 send 보내다 (send-sent-sent) / tempt 유혹하다, 시험하다 (be tempted 유혹을 받다, 시험받다) 숙어 at once (=soon) 곧, 이윽고, 즉시

해설 being tempted by Satan은 분사구문의 동시상황으로서 ,and was tempted by Satan으로 바꿀 수 있다

의역 광야에서 사십 일을 계셔서 사단에게 시험을 받으시며

---

7 So he traveled throughout Galilee, <u>preaching</u> in their synagogues and <u>driving</u> out demons. (막1:39)

직역 그렇게 그는 갈릴리 전 지역을 여행하였다, 그들의 회당에서 가르치시고 귀신을 쫓아내시면서.

핵심구조 주어 he + 동사 traveled + ,preaching / driving

단어 및 숙어의 확장 명사 synagogue 회당(유대인의) / demon 마귀, 악마 동사 travel 여행하다 / preach 가르치다 숙어 drive out 축출하다, 내몰다, 쫓아내다

해설 ,preaching은 분사구문의 동시상황으로서 and preached로 바꿀 수 있다 driving 도 분사구문의 동시상황으로서 drove로 바꿀 수 있다

의역 이에 온 갈릴리에 다니시며 저희 여러 회당에서 전도하시고 또 귀신들을 내어 쫓으시더라

---

8 And so John came, <u>baptizing</u> in the desert region and <u>preaching</u> a baptism of repentance for the forgiveness of sins. (막1:4)

직역 요한이 그렇게 왔다, 사막지역에서 세례를 주면서 그리고 죄의 용서를 위하여 회개의 세례를 가르치면서.

핵심구조 주어 John + 동사 came + ,baptizing and preaching

단어 및 숙어의 확장 명사 region 지역, 지방 / baptism 세례 / repentance 회개 / forgiveness 용서 동사 baptize 세례를 주다 (be baptized 세례를 받다) / preach 가르치다, 설교하다 / repent 회개하다 / forgive 용서하다 (be forgiven 용서받다)

| 해설 | baptizing과 preaching은 분사구문의 동시상황으로서 ,and baptized and preached 로 바꿀 수 있다 |

| 의역 | 세례 요한이 이르러 광야에서 죄사함을 받게 하는 회개의 세례를 전파하니 |

9 After John was put in prison, Jesus went into Galilee, <u>proclaiming</u> the good news of God. (막1:14)

| 직역 | 요한이 투옥된 후에, 예수님은 갈릴리로 들어가셨다, 하나님의 복음을 선포하면서. |

| 핵심구조 | 주어 Jesus + 동사 went + ,proclaiming |

| 단어 및 숙어의 확장 | 명사 prison 감옥 동사 proclaim 선포하다, 선언하다, 발표하다 숙어 be put in prison 투옥되다 |

| 해설 | ,proclaiming은 분사구문의 동시상황으로서 ,and proclaimed로 바꿀 수 있다 |

| 의역 | 요한이 잡힌 후 예수께서 갈릴리에 오셔서 하나님의 복음을 전파하여 |

10 The second one married the widow, but he also died, <u>leaving</u> no child. It was the same with the third. (막12:21)

| 직역 | 둘째가 그 미망인과 결혼했지만 그도 사망하였다, 자녀를 남기지 않은 채. 세 번 째도 똑같았다 |

| 핵심구조 | 주어 the second one + 동사 married + ,leaving
동사 died |

| 단어 및 숙어의 확장 | 명사 widow 미망인, 과부 동사 marry 결혼하다 / leave 남기다 (leave-left-left) / die 죽다 |

| 해설 | ,leaving은 분사구문의 동시상황으로서 ,and left로 바꿀 수 있다 |

| 의역 | 둘째도 그 여자를 취하였다가 후사가 없이 죽고 셋째도 그렇게 하여 |

11 Then one of those standing near drew his sword and struck the

servant of the high priest, <u>cutting</u> off his ear.　　　　　　(막14:47)

> **직역** 그때 가까이 서 있던 사람 중의 한 명이 그의 칼을 빼더니 대제사장의 하인을 내리쳤다, 그의 귀를 자르면서
>
> **핵심구조** 주어 one + 동사 drew　+ ,cutting
> 　　　　　　　　　동사 struck
>
> **단어 및 숙어의 확장** 　[명사] sword 검, 칼 / servant 하인 / high priest 대제사장　[동사]
> draw 빼다, 뽑아내다 (draw-drew-drawn) / strike 내리치다 (strike-stroke-stroke)
> / cut 자르다 (cut-cut-cut)
>
> **해설** ,cutting off his ear는 분사구문의 동시상황으로서 ,and cut off his ear로 바꿀
> 수 있다
>
> **의역** 곁에 섰는 자 중에 한 사람이 검을 빼어 대제사장의 종을 쳐 그 귀를 떨어뜨리
> 니라

12 Still other seed fell on good soil. It came up, grew and produced
a crop, <u>multiplying</u> thirty, sixty, or even a hundred times." (막4:8)

> **직역** 그러나 다른 씨앗은 좋은 땅에 떨어졌다. 그것은 싹을 내고, 자라서 곡식을 만들
> 어냈다, 30배, 60배, 혹은 심지어 100배로 증가시키면서."
>
> **핵심구조** 주어 It + 동사 came　　　+ ,multiplying
> 　　　　　　　　동사 grew
> 　　　　　　　　동사 produced
>
> **단어 및 숙어의 확장** 　[명사] seed 씨앗 / soil 흙 / crop 수확, 농작물, 곡물　[동사]
> come-came-come / grow-grew-grown / fall 떨어지다 (fall-fell-fallen) / multiply
> 늘리다, 증가시키다　[숙어] come up (씨, 풀 따위가) 지상으로 머리를 내밀다,
> 싹을 내다
>
> **해설** ,multiplying은 분사구문의 동시상황으로서 ,and multiplied로 바꿀 수 있다
>
> **의역** 더러는 좋은 땅에 떨어지매 자라 무성하여 결실하였으니 삼십 배와 육십 배와
> 백 배가 되었느니라 하시고
>
> **성경해설** 하나님의 복음을 듣고 받아들이되 끝까지 받아들여 의와 생명의 열매를
> 맺는 신실한 마음을 가진 자이다.

13 Jesus was in the stern, <u>sleeping</u> on a cushion. The disciples woke him and said to him, "Teacher, don't you care if we drown?"

(막4:38)

> **직역** 예수님은 고물 안에 계셨다, 쿠션 위에서 주무시면서. 제자들은 그를 깨우고 그에게 말했다, "선생님, 우리가 익사할지도 모르는데 당신은 걱정 안 됩니까?"

> **핵심구조** 주어 Jesus + 동사 was + ,sleeping

> **단어 및 숙어의 확장** 명사 stern 고물, 선미(船尾) / cushion 쿠션, 방석 동사 wake 깨우다 (wake-woke-woken) / drown 익사하다 / care 돌보다 / sleep 자다 (sleep-slept-slept)

> **해설** ① ,sleeping은 분사구문의 동시상황으로서 ,and slept로 바꿀 수 있다 ② if는 '…인지 아닌지'의 뜻이다

> **의역** 예수께서는 고물에서 베개를 베시고 주무시더니 제자들이 깨우며 가로되 선생님이여 우리의 죽게 된 것을 돌아보지 아니하시나이까 하니

14 He had one left to send, a son, whom he loved. He sent him last of all, <u>saying</u>, "They will respect my son."

(막12:6)

> **직역** 그는 보내야 할 남은 한 사람, 즉 그가 사랑하는 아들이 있었다. 그는 모든 자들 중의 마지막으로 그를 보냈다, "그들은 나의 아들을 존경할거야"라고 말하면서.

> **핵심구조** 주어 He + 동사 sent + ,saying

> **단어 및 숙어의 확장** 동사 leave 남겨두다, 남기다 (leave-left-left) / send 보내다 (send-sent-sent) / respect 존경하다

> **해설** ① ,saying은 분사구문의 동시상황으로서 ,and said로 바꿀 수 있다 ② left는 제한 적용법의 과거분사로서 one을 뒤에서 꾸며준다 ③ ,whom은 관계대명사 목적 격이다

> **의역** 오히려 한 사람이 있으니 곧 그의 사랑하는 아들이라 최후로 이를 보내며 가로되 내 아들은 공경하리라 하였더니

15 So he sent two of his disciples, <u>telling</u> them, "Go into the city, and a man carrying a jar of water will meet you. Follow him. (막14:13)

> **직역** 그래서 그는 그의 제자들 중에서 두 명을 보냈다, 그들에게 말하면서, "도시로 들어가라, 그러면 물항아리를 나르는 한 남자가 너희를 맞이할 것이다. 그를 따라가라"
>
> **핵심구조** 주어 he + 동사 sent + ,telling
>
> **단어 및 숙어의 확장** 〔명사〕 jar 단지, 항아리 〔동사〕 send 보내다 (send-sent-sent) / carry 운반하다, 나르다 / follow 따라가다
>
> **해설** ① ,telling은 분사구문의 동시상황으로서 ,and told로 바꿀 수 있다 ② carrying은 a man을 꾸며주는 제한적용법의 현재분사이다
>
> **의역** 예수께서 제자 중에 둘을 보내시며 가라사대 성내로 들어가라 그리하면 물 한 동이를 가지고 가는 사람을 만나리니 그를 따라가서

16 "No one sews a patch of unshrunk cloth on an old garment. If he does, the new piece will pull away from the old, <u>making</u> the tear worse. (막2:21)

> **직역** "낡은 옷 위에 주름 없는 천 조각을 꿰매는 자는 아무도 없다. 그렇게 한다면 새 조각이 낡은 조각에서 떨어질 것이다, 찢겨진 조각을 더 나쁘게 하면서.
>
> **핵심구조** 주어 the new piece + 동사 will pull + ,making
>
> **단어 및 숙어의 확장** 〔명사〕 patch 헝겊조각, 천 조각/ garment 의복(특히 긴 웃옷) / tear 해진 데, 찢어진 곳 〔동사〕 sew 꿰매다 / shrink 오그라들다, 줄다 〔형용사〕 shrunken 쪼그라든, 주름이 잡힌, 시든 (unshrunken 펴진, 주름없는) / worse: bad 의 비교급 (더 나쁜) 〔숙어〕 pull away (…에서)몸을 떼어놓다(from), (..에서)떨어지다, 빠지다, 벗어나다..을 떼어놓다
>
> **해설** ① ,making은 분사구문의 동시상황으로서 ,and make로 바꿀 수 있다 ② does는 sews를 대신하는 대동사이다
>
> **의역** 생베조각을 낡은 옷에 붙이는 자가 없나니 만일 그렇게 하면 기운 새 것이 낡은 그것을 당기어 헤어짐이 더하게 되느니라

17 (The Pharisees and all the Jews do not eat unless they give their hands a ceremonial washing, <u>holding</u> to the tradition of the elders.

(막7:3)

> **직역** 바리새인들과 모든 유대인들은 먹지 않는다 그들이 그들의 손을 전례상의 세탁물에 씻지 않고서는, 장로들의 전통을 고수하면서.
>
> **핵심구조** 주어 they + 동사 give + ,holding
>
> **단어 및 숙어의 확장** 명사 pharisee 바리새인 / jew 유대인 / washing 세탁물, 세척액 / tradition 전통 / elder 장로 형용사 ceremonial 의식의 의례상의 전례상의 접속사 unless=if…not=…가 아니면
>
> **해설** ,holding은 분사구문의 동시상황으로서 ,and hold로 바꿀 수 있다
>
> **의역** (바리새인들과 모든 유대인들이 장로들의 유전을 지키어 손을 부지런히 씻지 않으면 먹지 아니하며

18 While they were eating, Jesus took bread, gave thanks and broke it, and gave it to his disciples, <u>saying</u>, "Take it; this is my body."

(막14:22)

> **직역** 그들이 먹는 동안, 예수님은 빵을 들어서, 감사하시고 그것을 떼어서 그의 제자들에게 주셨다, "그것을 받아라; 이것은 나의 몸이다"라고 말씀하시면서.
>
> **핵심구조** 주어 Jesus + 동사 took + ,saying
> gave
> broke
> gave
>
> **단어 및 숙어의 확장** 동사 take-took-taken / give-gave-given / break-broke-broken / eat-ate-eaten
>
> **해설** ,saying은 분사구문의 동시상황으로서 ,and said로 바꿀 수 있다
>
> **의역** 저희가 먹을 때에 예수께서 떡을 가지사 축복하시고 떼어 제자들에게 주시며 가라사대 받으라 이것이 내 몸이니라 하시고

19 A young man, wearing nothing but a linen garment, was following Jesus. When they seized him, he fled naked, <u>leaving</u> his garment behind.

(막14:51-52)

> **직역** 오직 린넨으로 된 긴 웃옷을 입은 어느 젊은이가 예수님을 따라가는 중이었다. 그들이 그를 잡았을 때, 그는 벌거벗은 채 도망갔다, 그의 옷을 뒤에 남겨둔 채.
>
> **핵심구조** 주어 he + 동사 fled + ,leaving
>
> **단어 및 숙어의 확장** 〔명사〕 garment 긴 웃옷 〔동사〕 seize 잡다 / flee 도망가다 (flee-fled-fled) / wear 입다 (wear-wore-worn) / follow 따라가다 / leave 남겨두다 (leave-left-left) 〔형용사〕 naked 벌거벗은 〔숙어〕 nothing but=only=오직, 오로지, 단지
>
> **해설** ,leaving은 분사구문의 동시상황으로서 ,and left로 바꿀 수 있다
>
> **의역** 한 청년이 벗은 몸에 베 홑이불을 두르고 예수를 따라오다가 무리에게 잡히매 베 홑이불을 버리고 벗은 몸으로 도망하니라

20 He saw the disciples straining at the oars, because the wind was against them. About the fourth watch of the night he went out to them, <u>walking</u> on the lake.

(막6:48)

> **직역** 그는 제자들이 노를 열심히 젓는 것을 보았다, 바람이 그들에게 반대방향으로 불고 있었기 때문이었다. 약 밤 4시경에 그는 밖으로 나가서 그들에게 가셨다, 호수 위를 걸으시면서.
>
> **핵심구조** 주어 he + 동사 went + ,walking
>
> **단어 및 숙어의 확장** 〔명사〕 oar 노 / watch 손목시계, 회중시계, 파수꾼, 야경꾼 〔동사〕 strain 잡아당기다, 열심히 노력하다, 온힘을 발휘하다 / go 가다 (go-went-gone) / see 보다 (see-saw-seen)
>
> **해설** ① ,walking은 분사구문의 동시상황으로서 ,and walked로 바꿀 수 있다
> ② straining은 서술적용법의 현재분사이다
>
> **의역** 바람이 거스리므로 제자들의 괴로이 노젓는 것을 보시고 밤 사경 즈음에 바다 위로 걸어서 저희에게 오사 지나가려고 하시매

21 So they brought him. When the spirit saw Jesus, it immediately threw the boy into a convulsion. He fell to the ground and rolled around, <u>foaming</u> at the mouth. (막9:20)

> **직역** 그래서 그들은 그를 데리고 왔다. 그 악령이 예수님을 보더니, 즉시 그 소년이 경련을 일으키게 하였다. 그는 땅에 떨어져서 굴렀다, 입에 거품을 물면서.

> **핵심구조** 주어 He + 동사 fell   + ,foaming
> 　　　　　　 동사 rolled

> **단어 및 숙어의 확장** 　명사　 spirit 영(靈), 악령, 유령 / convulsion 경련, (특히 소아의) 경기(驚氣) 　동사　 bring 가지고가다 (bring-brought-brought) / throw 던지다 (throw-threw-thrown) / fall 떨어지다 (fall-fell-fallen) / foam 거품을 뿜다, 거품이 일다 　부사　 immediately 곧, 즉시 　숙어　 fall to the ground ① 땅에 쓰러지다 ② (계획 따위가) 실패로 끝나다

> **해설** ,foaming은 분사구문의 동시상황으로서 ,and foamed로 바꿀 수 있다

> **의역** 이에 데리고 오니 귀신이 예수를 보고 곧 그 아이로 심히 경련을 일으키게 하는지라 저가 땅에 엎드러져 굴며 거품을 흘리더라

22 "Do you want me to release to you the king of the Jews?" asked Pilate, <u>knowing</u> it was out of envy that the chief priests had handed Jesus over to him. (막15:9-10)

> **직역** "너희는 내가 유대인의 왕을 너희에게 풀어주기를 원하느냐?" 빌라도가 물었고, 대제사장들이 예수님을 그에게 넘겨준 것은 시기심 때문이라는 것을 알았다.

> **핵심구조** 주어 Pilate + 동사 asked + ,knowing

> **단어 및 숙어의 확장** 　명사　 envy 시기심 / chief priest 대제사장 　동사　 release 놓아주다, 풀어주다 　숙어　 hand over 넘겨주다, 건네주다, 양도하다

> **해설** ① ,knowing은 분사구문의 동시상황으로서 ,and knew로 바꿀 수 있다 ② knowing과 it 사이에는 종속접속사 that이 생략돼 있다 ③ it was out of envy that…은 it….that 강조구문이다 ④ want + O (me) + to R (release)

23 He got up, took his mat and walked out in full view of them all. This amazed everyone and they praised God, <u>saying</u>, "We have never seen anything like this!"

(막2:12)

직역 그는 일어나서, 그의 매트를 가지고 그들 모두가 잘 보이는 곳으로 걸어나갔다. 이것은 모든 이를 깜짝 놀라게 하였고 그들은 하나님을 찬양하였다, "우리들은 이와 같은 그 어떤 일도 결코 본 적이 없습니다"고 말하면서.

핵심구조 주어 they + 동사 praised + ,saying

단어 및 숙어의 확장 [동사] get-got-got / take-took-taken / see-saw-seen / amaze 깜짝 놀라게 하다 / praise 찬양하다, 찬미하다 [숙어] get up 일어나다

해설 ,saying은 분사구문의 동시상황으로서 ,and said로 바꿀 수 있다

의역 그가 일어나 곧 상을 가지고 모든 사람 앞에서 나가거늘 저희가 다 놀라 영광을 하나님께 돌리며 가로되 우리가 이런 일을 도무지 보지 못하였다 하더라

24 Still others, like seed sown among thorns, hear the word; but the worries of this life, the deceitfulness of wealth and the desires for other things come in and choke the word, <u>making</u> it unfruitful.

(막4:18-19)

직역 그러나 가시밭 속에 뿌려진 씨앗처럼, 다른 이들은 말씀을 듣는다. 하지만 이 세상에 대한 걱정, 재산의 속임수 그리고 다른 것들에 대한 욕망이 들어와서 그 말씀을 질식시킨다, 그것이 열매 맺지 못하게 하면서.

핵심구조 주어 the worries of this life, the deceitfulness of wealth and the desires for other things + 동사 come + ,making

단어 및 숙어의 확장 [명사] seed 씨앗 / worry 걱정, 근심 / deceitfulness 사기, 속임수 / wealth 재산, 부, 재물 / thorn 가시 [동사] sow 뿌리다 (sow-sowed-sown) / deceit 속이다 / choke 질식시키다 [형용사] unfruitful 열매를 맺지 않는, 효과가

없는, 보람 없는

<blockquote>

해설 ,making은 분사구문의 동시상황으로서 ,and make로 바꿀 수 있다

의역 또 어떤 이는 가시떨기에 뿌리우는 자니 이들은 말씀을 듣되 세상의 염려와 재리의 유혹과 기타 욕심이 들어와 말씀을 막아 결실치 못하게 되는 자요

</blockquote>

25 Those who passed by hurled insults at him, <u>shaking</u> their heads and <u>saying</u>, "So! You who are going to destroy the temple and build it in three days, come down from the cross and save yourself!"

(막15:29-30)

<blockquote>

직역 지나가는 사람들은 그에게 욕설을 퍼부었다, 그들의 머리를 흔들면서 말하기를, "그래! 성전을 파괴하고 3일 만에 짓겠다고 하는 당신은 십자가에서 내려와서 당신자신을 구하시오!"

핵심구조 주어 Those + 동사 hurled + ,shaking and saying

단어 및 숙어의 확장 명사 insult 욕설, 모욕 / temple 성전 / cross 십자가 동사 hurl (at) (욕설 등을)퍼붓다 / shake 흔들다 / destroy 파괴하다 / save 구하다 숙어 pass by 통과하다, 지나가다 / be going to + R…할 예정이다

해설 ,shaking and saying은 분사구문의 동시상황으로서 ,and shook and said로 바꿀 수 있다

의역 지나가는 자들은 자기 머리를 흔들며 예수를 모욕하여 가로되 아하 성전을 헐고 사흘에 짓는 자여 네가 너를 구원하여 십자가에서 내려오라 하고

</blockquote>

26 Instead he went out and began to talk freely, <u>spreading</u> the news. As a result, Jesus could no longer enter a town openly but stayed outside in lonely places. Yet the people still came to him from everywhere.

(막1:45)

<blockquote>

직역 그 대신 그는 밖으로 나가서 자유롭게 말하기 시작하였다, 그 소식을 퍼뜨리면서. 그 결과 예수님은 더 이상 마을에 공공연히 들어가실 수 없어서 오로지 외로운 장소에서 밖에 머무르셨다. 그러나 사람들은 아직도 도처에서 그에게 왔다.

</blockquote>

핵심구조 주어 he + 동사 went / began + ,spreading

단어 및 숙어의 확장 [동사] spread 퍼뜨리다, 확산시키다 [부사] openly 공공연히, 드러내놓고, 숨김없이, 솔직하게 [숙어] no longer 더 이상…하지 않다 / as a result 그 결과로서

해설 spreading은 분사구문의 동시상황으로서 and spread로 바꿀 수 있다

의역 그러나 그 사람이 나가서 이 일을 많이 전파하여 널리 퍼지게 하니 그러므로 예수께서 다시는 드러나게 동네에 들어가지 못하시고 오직 바깥 한적한 곳에 계셨으나 사방에서 그에게로 나아오더라

---

27 As they approached Jerusalem and came to Bethphage and Bethany at the Mount of Olives, Jesus sent two of his disciples, <u>saying</u> to them, "Go to the village ahead of you and just as you enter it, you will find a colt tied there, which no one has ever ridden. Untie it and bring it here.

(막11:1-2)

직역 그들이 예루살렘에 다가와서 올리브 산에 있는 벳바게와 베다니로 왔을 때, 예수님은 그의 제자들 중 두 명을 보냈다, 그들에게 이렇게 말씀하시면서, "미리 마을로 가서 그 마을로 막 들어가면, 너희는 그곳에 묶여 있는 망아지 한 마리를 발견하게 될 것인데, 그 말은 일찍이 그 누구도 탄 적이 없는 말이다. 그 말을 풀어서 그것을 이곳으로 가져와라

핵심구조 주어 Jesus + 동사 sent + ,saying

단어 및 숙어의 확장 [명사] mount 산, 언덕 / village 마을 / colt 망아지 [동사] approach …에 가까이 가다, …에 접근하다 / come 오다 (come-came-come) / send 보내다 (send-sent-sent) / tie 묶다 (untie 풀다) / ride 타다 (ride-rode-ridden) [숙어] ahead of…의 앞에

해설 ,saying은 분사구문의 동시상황으로서 ,and said로 바꿀 수 있다

의역 저희가 예루살렘에 가까이 와서 감람산 벳바게와 베다니에 이르렀을 때에 예수께서 제자 중 둘을 보내시며 이르시되 너희 맞은편 마을로 가라 그리고 들어가면 곧 아직 아무 사람도 타보지 않은 나귀 새끼의 매여 있는 것을 보리니 풀어 끌고 오너라

7 with + O + ~ing (또는 p.p.) [with + O + 부사구]

> 공식1: with + O + Adj
>
> 공식2: with + O + 현재분사(~ing) 또는 과거분사(p.p.)
>
> 공식3: with + O + 부사구
>
> 공식4: with + O + 전치사구

✎ 해석방법: ~한 상태로, ~하고, ~한 채, ~하면서

예문1 Chanmi left the kitchen with the kettle boiling.
(찬미는 물이 끓는 주전자를 그대로 놓아둔 채 부엌을 떠났다)

예문2 With night coming on, she closed her shop.
(밤이 다가와서 그 여자는 가게를 닫았다)

예문3 He sat with his eyes closed on the chair.
(그는 눈을 감은 채 의자 위에 앉았다)

예문4 They began to work with their sleeves rolled up.
(그들은 소매를 걷어붙이고 일하기 시작했다)

예문5 He stood with his back against the wall.
(그는 등을 벽에 기댄 채 서 있었다)

예문6 He spoke with a pipe in his mouth.
(그는 파이프를 입에 문 채로 말했다)

예문7 The woman came in with a bag under her arm.
(그 여자는 가방을 옆구리에 낀 채로 들어왔다)

(김복희. "술술풀어가는 영어성경영문법-요한복음-"
서울:한국문화사, 2011. pp. 207-210 참고)

7-1. with + O + 부사구

1
John wore clothing made of camel's hair, <u>with a leather belt around his waist</u>, and he ate locusts and wild honey. (막1:6)

> **직역** 요한은 낙타털로 만든 옷을 입었다, 그의 허리둘레에는 가죽밸트를 매고 있었고 메뚜기와 석청을 먹었다.
>
> **핵심구조** with + 목적어 (a leather belt) + 부사구(around his waist)
>
> **단어 및 숙어의 확장** [명사] camel 낙타 / leather 가죽 / waist 허리 / locust 메뚜기 / honey 꿀 [동사] wear 입다 (wear-wore-worn) / eat 먹다(eat-ate-eaten)
>
> **해설** with + a leather belt (목적어) + around his waist (부사구)=허리에 가죽밸트를 매고
>
> **의역** 요한은 약대털을 입고 허리에 가죽띠를 띠고 메뚜기와 석청을 먹더라

7-2. with + O + …ing

1
When they came to the home of the synagogue ruler, Jesus saw a commotion, <u>with people crying and wailing loudly</u>. (막5:38)

> **직역** 그들이 회당 지도자의 집에 이르렀을 때, 예수님은 소동을 보았다, 사람들이 소리 내어 울고 크게 비탄하면서
>
> **핵심구조** with + 목적어 (people) + 부사구 (crying and wailing loudly)
>
> **단어 및 숙어의 확장** [명사] commotion 동요, 흥분, 소동, 소요, 폭동 / synagogue (유대인의)회당 / ruler 지도자 [동사] wail 소리내어 울다, 울부짖다, 비탄하다 [부사] loudly 크게
>
> **해설** ,with + people (목적어) + crying and wailing (현재분사)=사람들은 소리내어 울부짖으며
>
> **의역** 회당장의 집에 함께 가사 훤화함과 사람들의 울며 심히 통곡함을 보시고

way, and the disciples were astonished, while those who followed
were afraid. Again he took the Twelve aside and told them what
was going to happen to him. (막10:32)

직역 그들은 예루살렘으로 향하였다, 예수님이 길을 인도하면서, 그리고 제자들은
깜짝 놀란 반면 따르던 사람들은 두려워하였다. 그는 또 다시 12명을 한 쪽으로
세우더니 자신에게 일어날 일에 대하여 그들에게 말씀하셨다

핵심구조 with + 목적어(Jesus) + 현재분사 (leading)

단어 및 숙어의 확장 동사 be astonished 놀라다 / be afraid 두려워하다 / lead 인도하
다, 이끌다 / follow 따르다 / tell 말하다 (tell-told-told) / take-took-taken / 숙어
be going to + R …할 예정이다 / happen to + R 우연히…하다 / be on one's
way…가는 중이다

해설 ① with Jesus leading=예수님이 인도하시면서 ② what은 의문대명사이다

의역 예루살렘으로 올라가는 길에 예수께서 제자들 앞에 서서 가시는데 저희가 놀라
고 좇는 자들은 두려워하더라 이에 다시 열두 제자를 데리시고 자기의 당할
일을 일러 가라사대

03

V + O + to R로 된 문장

want		원하다
cause		초래하다
beg	+ O + to R= ~가···.하도록	간청하다
allow		허락하다
ask		요청하다
force		강요하다
warn		경고하다
permit		허락하다
command		명령하다
encourage		격려하다
advise		충고하다
persuade		설득하다

예문1 God wants us to bless our enemies.
(하나님은 우리가 우리의 적을 축복하기를 원하신다)

예문2 God wants all His people to bless others.
(하나님은 그의 모든 백성들이 다른 사람들을 축복하기를 원하신다)

예문3 He wants us to love all of them.
(그는 우리가 그들 모두를 사랑하기를 원하신다)

예문4 God allowed him to see Joseph.
(하나님은 그가 요셉을 보는 것을 허락하셨다)

예문5 Allow the Holy Spirit to work in your life.
(네 인생에서 성령이 활동하도록 허락하라)

예문6 Don't allow Satan to discourage you.
(사단으로 하여금 너를 낙담시키는 것을 허락하지 마라)

예문7 You can always ask God to help you.
(너는 너를 도와달라고 하나님께 항상 요청할 수 있다)

예문8 He encouraged me to try harder.
(그는 나에게 더 열심히 노력하라고 격려했다)

예문9 The identification of Christ in your life will cause many people to react in a negative way.
(직역 네 인생에서 그리스도라는 신분은 수많은 사람들로 하여금 부정적인 방법으로 반응하도록 야기시킬 것이다)
(의역 네 인생에서 그리스도라는 신분 때문에 부정적인 방법으로 반응하는 사람들이 많을 것이다)

---

want + O + to R

1 "What do you want me to do for you?" he asked. (막10:36)

직역 "너희는 내가 너희를 위하여 무엇을 해주기를 원하느냐?" 그가 물었다

핵심구조 want + O (me) + to + R (do)

단어 및 숙어의 확장

해설 want 다음에는 목적어가 오고 목적어 다음에는 반드시 to + R가 와야한다

의역 이르시되 너희에게 무엇을 하여 주기를 원하느냐

2 "What do you <u>want me to do</u> for you?" Jesus asked him. The blind man said, "Rabbi, I <u>want to see</u>." (막10:51)

직역 "너는 내가 너를 위하여 무엇을 해주기를 원하느냐?" 예수님이 그에게 물었다. 그 눈먼 자는 말하였다, "선생님, 저는 보기를 원합니다."

핵심구조 want + O (me) + to + R (do)

단어 및 숙어의 확장 〔명사〕 rabbi 선생님 〔형용사〕 blind 눈이 먼, 안 보이는

해설 want 다음에는 목적어가 오고 목적어 다음에는 반드시 to + R가 와야한다. to do의 주체는 me이고 to see의 주체는 I다

의역 예수께서 일러 가라사대 네게 무엇을 하여 주기를 원하느냐 소경이 가로되 선생님이여 보기를 원하나이다

성경해설 소경의 이름은 바디매오(Bartimaeus)이다.

---

3 At once the girl hurried in to the king with the request: "I <u>want you to give</u> me right now the head of John the Baptist on a platter." (막6:25)

직역 곧 그 소녀는 질문을 가지고 왕에게 서둘러 갔다. "저는 당신이 당장 소반 위에 세례요한의 머리를 올려서 내게 가져오기를 원하나이다"

핵심구조 want + O (you) + to + R (give)

단어 및 숙어의 확장 〔명사〕 request 질문 / Baptist 세례자 (John the Baptist 세례요한) / platter 소반, 쟁반 〔동사〕 hurry 서두르다 〔숙어〕 at once 곧, 즉시 / right now 당장, 즉시

해설 want 다음에는 목적어가 오고 목적어 다음에는 반드시 to + R가 와야한다

의역 저가 곧 왕에게 급히 들어가 구하여 가로되 세례 요한의 머리를 소반에 담아 곧 내게 주기를 원하옵나이다 한대

---

4 Then James and John, the sons of Zebedee, came to him. "Teacher," they said, "we <u>want you to do</u> for us whatever we ask."

(막10:35)

직역 그때 제베대의 아들들인 야고보와 요한이 그에게 왔다. "선생님," 그들이 말하였다. "우리는 당신이 우리를 위해서 우리가 원하는 것이면 무엇이든지 해주기를 원하나이다"

핵심구조 want + O (you) + to R (do)

단어 및 숙어의 확장 동사 come-came-come / say-said-said

해설 ① want 다음에는 목적어가 오고 목적어 다음에는 반드시 to + R가 와야한다 ② James and John와 the sons of Zebedee는 동격이다 ③ whatever는 복합관계부사이다

의역 세베대의 아들 야고보와 요한이 주께 나아와 여짜오되 선생님이여 무엇이든지 우리의 구하는 바를 우리에게 하여 주시기를 원하옵나이다

---

5 "Do you <u>want me to release</u> to you the king of the Jews?" asked Pilate, knowing it was out of envy that the chief priests had handed Jesus over to him.

(막15:9-10)

직역 "너희는 내가 유대인의 왕을 너희에게 풀어주기를 원하느냐?" 빌라도가 물었고, 대제사장들이 예수님을 그에게 넘겨준 것은 시기심 때문이라는 것을 알았다.

핵심구조 want + O (me) + to + R (release)

단어 및 숙어의 확장 명사 envy 시기심 / chief priest 대제사장 동사 release 놓아주다, 풀어주다 숙어 hand over 넘겨주다, 건네주다, 양도하다

해설 ① want 다음에는 목적어가 오고 목적어 다음에는 반드시 to + R가 와야한다 ② knowing과 it 사이에는 종속접속사 that이 생략돼 있다 ③ it was out of envy that…은 it….that 강조구문이다 ④ ,knowing은 분사구문의 동시상황으로서 ,and knew로 바꿀 수 있다

의역 빌라도가 대답하여 가로되 너희는 내가 유대인의 왕을 너희에게 놓아주기를 원하느냐 하니 이는 저가 대제사장들이 시기로 예수를 넘겨 준 줄 앎이러라

6 On the first day of the Feast of Unleavened Bread, when it was customary to sacrifice the Passover lamb, Jesus' disciples asked him, "Where do you <u>want us to go and make</u> preparations for you to eat the Passover?"

(막14:12)

직역 무교절의 첫날, 그때에는 유월절 양을 희생시키는 것이 관습이었는데, 예수님의 제자들이 그에게 물었다, "당신은 우리가 어디로 가서 당신이 드실 유월절 음식을 준비하기를 원하십니까?"

핵심구조 want + O (us) + to + R (go and make)

단어 및 숙어의 확장 [명사] feast 축제 / lamb 양 / preparation 준비 / Passover 유월절 [동사] sacrifice 희생하다 [형용사] unleavened 이스트를 넣지 않은 (leaven [lévən] 효모, 발효소, 발효시키다, 부풀리다) / customary 습관적인, 관례의, 통례의, 관습상의 [숙어] make preparations for …의 준비를 하다

해설 ① want 다음에는 목적어가 오고 목적어 다음에는 반드시 to + R가 와야한다 ② it은 가주어, to sacrifice는 진주어이다

의역 무교절의 첫날 곧 유월절 양 잡는 날에 자자들이 예수께 여짜오되 우리가 어디로 가서 선생님으로 유월절을 잡수시게 예비하기를 원하시나이까 하매

성경해설 무교절(유월절=)(the Feast of Unleavened Bread)(=Passover): 출애굽의 해방을 기념하는 절기이다. 하나님께서 심판의 천사를 통해 애굽의 초태생들을 죽이시던 날, 문설주에 양이 피를 바른 이스라엘 가정은 "그냥 시나쳐갔다(passed over)" '유월절(Passover)'은 바로 그날 밤의 사건에서 붙여진 이름이다. 해마다 그날에는 특별한 음식, 즉 고난의 떡을 상징하는 누룩 없는 빵, 무교병과 쓴나물을 일주일 동안 먹는다. 집안의 가장들은 역사와 배경을 가르친다.

---

7 They left that place and passed through Galilee. Jesus did not <u>want anyone to know</u> where they were, because he was teaching his disciples. He said to them, "The Son of Man is going to be betrayed into the hands of men. They will kill him, and after three days he will rise."

(막9:30-31)

직역 그들은 그 장소를 떠나서 갈릴리를 통과하여 갔다. 예수님은 그 누구도 그들이 가는 장소를 알기 원하지 않으셨다, 그가 그의 제자들을 가르치는 중이었기 때문이었다. 그는 그들에게 말씀하셨다, "인자는 배신을 당하여 사람들의 손으로 넘겨질 것이다. 그들이 그를 죽일 것이며 삼일 후에 그는 부활할 것이다"

핵심구조 want + O (anyone) + to + R (know)

단어 및 숙어의 확장 동사 leave 떠나다 (leave-left-left) / betray 배반하다 / rise 부활하다 숙어 be going to + R…할 예정이다

해설 ① want 다음에는 목적어가 오고 목적어 다음에는 반드시 to+R가 와야 한다 ② place 앞의 that은 지시형용사이다 ③ where는 장소를 나타내는 관계부사이다

의역 그곳을 떠나 갈릴리 가운데로 지날새 예수께서 아무에게도 알리고자 아니하시니 이는 제자들을 가르치시며 또 인자가 사람들의 손에 넘기워 죽임을 당하고 죽은 지 삼 일 만에 살아나리라는 것을 말씀하시는 연고더라

---

cause + O + to R

1 And if your foot <u>causes you to sin</u>, cut it off. It is better for you to enter life crippled, than to have two feet and be thrown into hell.

(막9:45)

직역 네 발이 너로 하여금 죄를 짓게 한다면, 그것을 잘라버려라. 네가 두 발을 지니고 지옥으로 던져지는 것보다 절름거리면서 영생으로 들어가는 것이 더 낫다

핵심구조 cause + O (you) + to R (to sin)

단어 및 숙어의 확장 명사 hell 지옥 동사 cripple 절름거리다 / throw 던지다 (throw-threw-thrown) / cut off 자르다 / sin 죄를 짓게 하다

해설 ① cause 다음에는 목적어가 오고 목적어 다음에는 반드시 to + R가 와야한다 ② It은 가주어, for you는 의미상의 주어, to have와 be thrown은 진주어이다

의역 만일 네 발이 너를 범죄케 하거든 찍어버리라 절뚝발이로 영생에 들어가는 것이 두 발을 가지고 지옥에 던지우는 것보다 나으니라

2 If your hand <u>causes you to sin</u>, cut it off. It is better for you to enter life maimed than with two hands to go into hell, where the fire never goes out. (막9:43)

> 직역 네 손이 너로 하여금 죄를 짓게 하거든, 그것을 잘라버려라. 두 손을 지니고 불이 결코 꺼지지 않는 지옥으로 가는 것보다는 불구가 된 채 영생으로 들어가는 것이 더 낫다
>
> 핵심구조 cause + O (you) + to R (to sin)
>
> 단어 및 숙어의 확장 동사 maim (손발을 끊어)병신을 만들다, 상처 내다, 망쳐놓다 형용사 maimed 불구의, 상한
>
> 해설 ① cause 다음에는 목적어가 오고 목적어 다음에는 반드시 to + R가 와야한다 ② It은 가주어, for you는 의미상의 주어, to enter와 to go는 진주어이다
>
> 의역 만일 네 손이 너를 범죄케 하거든 찍어버리라 불구자로 영생에 들어가는 것이 두 손을 가지고 지옥 꺼지지 않는 불에 들어가는 것보다 나으니라

3 "And if anyone <u>causes one of these little ones who believe in me to sin</u>, it would be better for him to be thrown into the sea with a large millstone tied around his neck. (막9:42)

> 직역 누군가 나를 믿는 이 작은 자들 중의 한 명에게 죄를 짓게 한다면, 그는 목에 커다란 맷돌을 묶은 채 바다 속으로 던져지는 것이 더 나을 것이다
>
> 핵심구조 cause + O (one of these little ones who believe in me) + to R(to sin)
>
> 단어 및 숙어의 확장 명사 millstone 맷돌 / neck 목 동사 throw 던지다 (throw-threw-thrown) / tie 묶다 숙어 believe in…의 존재를 믿다
>
> 해설 ① cause 다음에는 목적어가 오고 목적어 다음에는 반드시 to + R가 와야한다 ② it은 가주어, for him은 의미상의 주어, to be thrown은 진주어이다 ③ millstone과 tied 사이에는 주격관계대명사 that과 is가 생략돼 있다
>
> 의역 또 누구든지 나를 믿는 이 소자 중 하나를 실족케 하면 차라리 연자맷돌을 그 목에 달리우고 바다에 던지움이 나으리라

4 And if your eye <u>causes you to sin</u>, pluck it out. It is better for you to enter the kingdom of God with one eye, than to have two eyes and be thrown into hell, where 'their worm does not die, and the fire is not put out.' (막9:47-48)

> **직역** 너의 눈이 너로 하여금 죄를 짓게 한다면, 그것을 뽑아버려라. 두 눈을 지닌 채 '그들의 벌레가 죽지 않고 불이 꺼지지 않는' 지옥으로 내던져지기보다는 한쪽 눈만을 지닌 채 하나님나라에 들어가는 것이 더 낫다
>
> **핵심구조** cause + O (you) + to R (to sin)
>
> **단어 및 숙어의 확장** 명사 kingdom of God 하나님나라 / worm 벌레 / hell 지옥 동사 throw 던지다 (throw-threw-thrown) / pluck 잡아뽑다…을 뜯다 숙어 put out 꺼지다
>
> **해설** ① cause 다음에는 목적어가 오고 목적어 다음에는 반드시 to + R가 와야한다 ② It은 가주어, for you는 의미상의 주어, to enter, to have, be thrown은 진주어이다 ③ ,where는 장소를 나타내는 관계부사이다
>
> **의역** 만일 네 눈이 너를 범죄케 하거든 빼어버리라 한 눈으로 하나님의 나라에 들어가는 것이 두 눈을 가지고 지옥에 던지우는 것보다 나으니라 거기는 구더기도 죽지 않고 불도 꺼지지 아니하느니라

---

beg + O + to R

1 The woman was a Greek, born in Syrian Phoenicia. She <u>begged Jesus to drive</u> the demon out of her daughter. (막7:26)

> **직역** 그 여자는 시리아 포에니샤에서 태어난 그리스인이었다. 그 여자는 예수님께 자신의 딸에게서 귀신을 쫓아내달라고 간청하였다
>
> **핵심구조** beg + O (Jesus) + to R (to drive)
>
> **단어 및 숙어의 확장** 명사 Greek 그리스인 / demon 악마, 악령, 귀신 / daughter 딸

동사 bear 태어나다 (bear-bore-born) / drive 축출하다, 몰아내다 **숙어** out of=from

해설 ① beg 다음에는 목적어가 오고 목적어 다음에는 반드시 to + R가 와야한다 ② born 앞에는 주격관계대명사 that과 was가 생략돼 있다

의역 그 여자는 헬라인이요 수로보니게 족속이라 자기 딸에게서 귀신 쫓아 주시기를 간구하거늘

2 They came to Bethsaida, and some people brought a blind man and begged Jesus to touch him. (막8:22)

직역 그들은 벳세이다로 왔고, 몇몇 사람들이 눈 먼 사람을 데리고 와서 예수님께 그를 만져달라고 간청하였다

핵심구조 beg + O (Jesus) + to R (to touch)

단어 및 숙어의 확장 **동사** come (come-came-come) / bring 데리고 오다 (bring-brought-brought) / beg 간청하다 **형용사** blind 눈이 먼

해설 beg 다음에는 목적어가 오고 목적어 다음에는 반드시 to + R가 와야한다

의역 벳새다에 이르매 사람들이 소경 하나를 데리고 예수께 나아와 손대시기를 구하거늘

3 There some people brought a man to him who was deaf and could hardly talk, and they begged him to place his hand on the man. (막7:32)

직역 몇 몇 사람들이 귀가 들리지 않고 거의 말할 수 없는 사람을 그에게 데리고 와서 그 사람 위에 그의 손을 얹어달라고 간청하였다

핵심구조 beg + O (him) + to R (to place)

단어 및 숙어의 확장 **동사** bring 데리고 오다 (bring-brought-brought) **형용사** deaf 귀가 안 들리는 **부사** hardly 거의…하지 않다, 전혀…아니다

해설 beg 다음에는 목적어가 오고 목적어 다음에는 반드시 to + R가 와야한다

사람들이 귀먹고 어눌한 자를 데리고 예수께 나아와 안수하여 주시기를 간구하
거늘

4 And wherever he went—into villages, towns or countryside—they
placed the sick in the marketplaces. They <u>begged him to let</u> them
touch even the edge of his cloak, and all who touched him were
healed.
(막6:56)

직역 그가 가는 곳마다—마을, 도시 혹은 시골로—그들은 아픈 사람들을 장터에 두
었다. 그들은 그에게 그들이 심지어 그의 옷자락 끝이라도 만지게 해달라고 간
청하였고, 그를 만진 사람은 모두 다 치료받았다

핵심구조 beg + O (him) + to R (to let)

단어 및 숙어의 확장 명사 village 마을 / edge 끝, 모서리 / cloak (보통 소매가 없는)
외투, 망토 / marketplace 시장, 장터 동사 go 가다 (go-went-gone) / heal 치료하
다 (be healed 치료받다)

해설 ① beg 다음에는 목적어가 오고 목적어 다음에는 반드시 to + R가 와야한다 ②
wherever는 장소를 나타내는 복합관계부사이다 ③ the + 형용사는 복수보통명
사가 된다. the sick=sick people=아픈 자들, 병든 자들 / the old=old people /
the young=young people / the kind=kind people ④ let은 사역동사이므로 목적어
(them) 다음에 to가 없는 원형부정사 touch가 왔다

의역 아무 데나 예수께서 들어가시는 마을이나 도시나 촌에서 병자를 시장에 두고
예수의 옷 가에라도 손을 대게 하시기를 간구하니 손을 대는 자는 다 성함을
얻으니라

---

allow + O + to R

1 The demons begged Jesus, "Send us among the pigs; <u>allow us to</u>
<u>go</u> into them."
(막5:12)

직역 그 귀신들은 예수님께 간청하였다, "우리를 돼지속으로 보내주소서; 우리로 하여금 그들 안으로 가도록 허락해주소서"

핵심구조 allow + O (us) + to R (to go)

단어 및 숙어의 확장 **명사** demon 귀신, 악령 / pig 돼지

해설 allow 다음에는 목적어가 오고 목적어 다음에는 반드시 to + R가 와야한다

의역 이에 간구하여 가로되 우리를 돼지에게로 보내어 들어가게 하소서 하니

ask + O + to R

1 Whenever it seizes him, it throws him to the ground. He foams at the mouth, grinds his teeth and becomes rigid. I asked your disciples to drive out the spirit, but they could not.　　　　　(막9:18)

직역 그것이 그를 잡을 때마다, 그것은 그를 땅으로 던진다. 그는 입에 거품을 물고 그의 이를 갈며 완고해진다. 나는 너희 제자들이 악령을 축출하기를 요청했지만 그들은 그렇게 할 수 없었다

핵심구조 ask + O (your disciples) + to R (to drive)

단어 및 숙어의 확장 **동사** seize 붙잡다, 붙들다, 갑자기 움켜쥐다 / foam 거품이 일다 / grind (맷돌로)갈다, 으깨다, 가루로 만들다 / throw 던지다 (throw-threw-thrown) **형용사** rigid 굳은, 단단한, 완고한, 엄격한 **숙어** drive out 추방하다, 몰아내다, 배격하다

해설 ① ask 다음에는 목적어가 오고 목적어 다음에는 반드시 to + R가 와야한다
② Whenever는 복합관계대명사이다. NIV에서는 영어원문에는 Whenever로 되어 있고 우리말 의역에는 '어디서든지'로 번역돼 있다. KJV에서는 Wheresoever로 되어 있다. Wheresoever는 Wherever의 강조어이다.

의역 귀신이 어디서든지 저를 잡으면 거꾸러져 거품을 흘리며 이를 갈며 그리고 파리하여 가는지라 내가 선생의 제자들에게 내어 쫓아 달라 하였으나 저희가 능히 하지 못하더이다

force + O + to R

1 A certain man from Cyrene, Simon, the father of Alexander and Rufus, was passing by on his way in from the country, and they forced him to carry the cross.　　　　　　　　　　(막15:21)

> **직역** 구레네에서 온 어떤 사람, 즉 시몬은, 알렉산터와 루푸스의 아버지인데, 그 나라에서 나와 자신의 길을 가는 중이었는데, 그들은 그에게 강제로 십자가를 지게 하였다
>
> **핵심구조** force + O (him) + to R (to carry)
>
> **단어 및 숙어의 확장** 　**동사** force 강요하다 　**숙어** on one's way…가는 중 / pass by 지나가다, 옆을 지니다
>
> **해설** force 다음에는 목적어가 오고 목적어 다음에는 반드시 to + R가 와야한다
>
> **의역** 마치 알렉산더와 루포의 아비인 구레네 사람 시몬이 시골로서 와서 지나가는데 저의가 그를 억지로 같이 가게 하여 예수의 십자가를 지우고

warn + O + to R

1 Jesus warned them not to tell anyone about him.　　　　(막8:30)

> **직역** 예수님은 자신에 대해서 그 누구에게도 말하지 말라고 그들에게 경고하셨다
>
> **핵심구조** warn + O (them) + to R (to tell)
>
> **단어 및 숙어의 확장** 　**동사** warn 경고하다
>
> **해설** warn 다음에는 목적어가 오고 목적어 다음에는 반드시 to + R가 와야한다
>
> **의역** 이에 자기의 일을 아무에게도 말하지 말라 경계하시고

permit + O + to R

1 They said, "Moses <u>permitted a man to write</u> a certificate of divorce and send her away." (막10:4)

> **직역** 그들은 말했다, "모세는 한 남자가 이혼증서를 쓰고 그 여자를 보내는 것을 허락하였다"
>
> **핵심구조** permit + O (a man) + to R (to write / to send)
>
> **단어 및 숙어의 확장** [명사] divorce 이혼 / certificate 증명서, 수료증 [동사] permit 허락하다 / say 말하다 (say-said-said) / send 보내다 (send-sent-sent) / write 쓰다 (write-wrote-written)
>
> **해설** permit 다음에는 목적어가 오고 목적어 다음에는 반드시 to + R가 와야한다
>
> **의역** 가로되 모세는 이혼 증서를 써 주어 내어 버리기를 허락하였나이다

command + O + to R

1 Jesus <u>commanded them not to tell</u> anyone. But the more he did so, the more they kept talking about it. (막7:36)

> **직역** 예수님은 그 누구에게도 말하지 말라고 그들에게 명령하셨다. 그러나 그가 그렇게 더 많이 하면 할수록, 그들은 그것에 대하여 더 많이 계속 말하였다
>
> **핵심구조** command + O (them) + to R (to tell)
>
> **단어 및 숙어의 확장** [동사] command …에게 명령하다 / do 하다 (do-did-done) / keep 유지하다 (keep-kept-kept) [숙어] keep…ing 계속해서…하다 / the more…. the more~ …하면 할수록 더욱 더~하다
>
> **해설** command 다음에는 목적어가 오고 목적어 다음에는 반드시 to + R가 와야한다
>
> **의역** 예수께서 저희에게 경계하사 아무에게라도 이르지 말라 하시되 경계하실수록

저희가 더욱 널리 전파하니

☞ 목적어가 없이 곧바로 to부정사가 올 수도 있다. 이때 to부정사의 의미상의 주어
는 전체 문장의 주어가 된다.

---

want + to R

1 So Herodias nursed a grudge against John and <u>wanted to kill</u> him.

(막6:19)

> **직역** 그리하여 헤로디아는 요한에게 원한을 품고 그를 죽이기를 원하였다
>
> **핵심구조** want + to + R (kill)
>
> **단어 및 숙어의 확장** 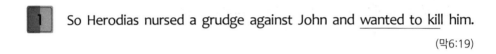 **동사** grudge 원한(악의, 불만)을 품다, 불평하다, 투덜대다, 원한,
> 악의, 적의 **숙어** nurse (have, hold) a grudge against a person⋯에게 원한을
> 품다
>
> **해설** want의 의미상의 주어인 목적어가 표시되지 않을 경우에는 to +R의 의미상의
> 주어는 문장전체의 주어가 된다. 따라서 want 다음에는 목적어(목적격)가 없이
> 곧바로 to + R가 온다
>
> **의역** 헤로디아가 요한을 원수로 여겨 죽이고자 하였으되 하지 못한 것은

---

promise + to R

1 They were delighted to hear this and <u>promised to give</u> him money.
So he watched for an opportunity to hand him over. (막14:11)

> **직역** 그들은 이 말을 듣고 기뻤고 그에게 돈을 주기로 약속하였다. 그래서 그는 그를

건네줄 기회를 찾았다

핵심구조 promise + to R (to give)

단어 및 숙어의 확장 〔명사〕 opportunity 기회 〔동사〕 watch 지켜보다, 주시하다 〔숙어〕 be delighted to R …해서 기쁘다 / hand over 건네주다

해설 promise 다음에는 반드시 to + R가 와야한다

의역 저희가 듣고 기뻐하여 돈을 주기로 약속하니 유다가 예수를 어떻게 넘겨 줄 기회를 찾더라

04

사역동사와 지각동사가 들어간 문장

사역동사(남에게…을 시키는 동사)와 지각동사(감각동사)가 오면 목적어 다음에는
반드시 동사의 원형(R)이 와야 한다.

let	+ O + R
have	+ O + R
make	+ O + R
hear	+ O + R
see	+ O + R
feel	+ O + R
smell	+ O + R

1 let + O + R

1 Then Jesus said, "He who has ears to hear, <u>let him hear</u>." (막4:9)

> **직역** 그때 예수님께서 말씀하셨다, "들을 귀가 있는 자, 그로 하여금 듣게 하라"
>
> **핵심구조** 사역동사 let + 목적어 him + 동사원형 hear
>
> **단어 및 숙어의 확장** **[동사]** say 말하다 (say-said-said)
>
> **의역** 또 이르시되 들을 귀 있는 자는 들으라 하시니라

2 If anyone has ears to hear, let him hear." (막4:23)

> **직역** 누군가 들을 귀가 있다면, 그로 하여금 듣게 하라
>
> **핵심구조** 사역동사 let + 목적어 him + 동사원형 hear
>
> **의역** 들을 귀 있는 자는 들으라

3 If he comes suddenly, don't let him find you sleeping. (막13:36)

> **직역** 그가 갑자기 온다면, 그로 하여금 너희가 잠자는 것을 발견하지 못하게 해라
>
> **핵심구조** 사역동사 let + 목적어 him + 동사원형 find
>
> **단어 및 숙어의 확장** **[부사]** suddenly 갑자기
>
> **해설** sleeping은 서술적용법의 현재분사로서 you의 목적보어이다
>
> **의역** 그가 홀연히 와서 너희의 자는 것을 보지 않도록 하라

4 They answered as Jesus had told them to, and the people let them go. (막11:6)

> **직역** 그들은 예수님이 그들에게 대답하라고 말씀하신 것처럼 대답하자 사람들은 그들을 가게 하였다
>
> **핵심구조** 사역동사 let + 목적어 them + 동사원형 go
>
> **단어 및 숙어의 확장** **[동사]** answer 대답하다 / tell 말하다 (tell-told-told) / let 허락하다 (let-let-let)

해설 to 다음에는 answer가 생략돼 있다. 이때 to를 대동사(代動詞)라고 한다

의역 제자들이 예수의 이르신 대로 말한대 이에 허락하는지라

---

5 Let no one in the field go back to get his cloak. (막13:16)

직역 들판에 있는 그 누구도 그의 옷을 얻기 위해서 돌아가게 하지 마라

핵심구조 사역동사 Let + 목적어 no one + 동사원형 go

단어 및 숙어의 확장 **명사** cloak (보통 소매가 없는) 외투, 망토 / field 들판, 벌판
숙어 go back 되돌아가다

의역 밭에 있는 자는 겉옷을 가지러 뒤로 돌이키지 말찌어다

---

6 Therefore what God has joined together, let man not separate." (막10:9)

직역 그러므로 하나님께서 함께 합쳐놓으신 것을, 인간이 따로 떼어놓지 못하게 하라

핵심구조 사역동사 let + 목적어 man + 동사원형 separate

단어 및 숙어의 확장 **동사** separate 잘라서 떼어놓다, 분리하다, 가르다

해설 what은 관계대명사이다. what이 이끄는 절은 separate의 목적어로서 문장의 맨 앞에 와서 강조되었다

의역 그러므로 하나님이 짝지어 주신 것을 사람이 나누지 못할찌니라 하시더라

---

7 They replied, "Let one of us sit at your right and the other at your left in your glory." (막10:37)

직역 그들은 대답하였다, "당신이 영광을 받을 때에 우리들 중 한 사람이 당신의 오른편에 앉고 또 한 사람은 당신의 왼편에 앉게 해주십시오"

핵심구조 사역동사 Let + 목적어 one / the other + 동사원형 sit

> **단어 및 숙어의 확장** [명사] glory 영광 / right 오른편 / left 왼편 [동사] reply 대답하다
>
> **의역** 여짜오되 주의 영광 중에서 우리를 하나는 주의 우편에, 하나는 좌편에 앉게
> 하여 주옵소서

---

8   He did not <u>let anyone follow</u> him except Peter, James and John,
the brother of James.   (막5:37)

> **직역** 그는 베드로, 야고보 그리고 야고보의 형제 요한을 제외하고는 그 누구도 그를
> 따라오지 못하게 하였다
>
> **핵심구조** 사역동사 let + 목적어 anyone + 동사원형 follow
>
> **단어 및 숙어의 확장** [동사] follow 따르다 [전치사] except …을 제외하고
>
> **의역** 베드로와 야고보와 야고보의 형제 요한 외에 아무도 따라옴을 허치 아니하시고

---

9   <u>Let no one</u> on the roof of his house <u>go down or enter</u> the house
to take anything out.   (막13:15)

> **직역** 어떤 것을 꺼내기 위해서 그의 집의 지붕 위에 있는 그 누구도 그 집으로 내려
> 가거나 들어가게 하지 마라
>
> **핵심구조** 사역동사 Let + 목적어 no one + 동사원형 go / enter
>
> **단어 및 숙어의 확장** [명사] roof 지붕 [동사] go down 내려가다 / enter 들어가다
> [숙어] take out 꺼내다
>
> **의역** 지붕 위에 있는 자는 내려가지도 말고 집에 있는 무엇을 가지러 들어가지도
> 말며

---

10   He gave strict orders not to <u>let anyone know</u> about this, and told
them to give her something to eat.   (막5:43)

> **직역** 그는 이것에 대하여 그 누구도 알게 하지 말라는 엄격한 명령을 하였고, 그들에
> 게 말하였다 그 여자에게 먹을 것을 주라고

핵심구조 사역동사 let + 목적어 anyone + 동사원형 know

단어 및 숙어의 확장 명사 order 명령 동사 give 주다 (give-gave-given) / tell 말하다 (tell-told-told) 형용사 strict 엄격한, 엄한

의역 예수께서 이 일을 아무도 알지 못하게 하라고 저희를 많이 경계하시고 이에 소녀에게 먹을 것을 주라 하시니라

---

11 He also drove out many demons, but he would not <u>let the demons speak</u> because they knew who he was. (막1:34)

직역 그는 또한 많은 귀신을 쫓아내셨다, 그러나 그는 그들이 그가 누군지 알고 있기 때문에 귀신들로 하여금 말하는 것을 허락하려고 하지 않으셨다.

핵심구조 사역동사 let + 목적어 the demons + 동사원형 speak

단어 및 숙어의 확장 명사 demon 귀신 동사 drive 쫓아내다, 내몰다. drive-drove-driven / know 알다 (know-knew-known)

해설 would는 고집을 나타낸다 [they knew who he was는 간접의문문이다. 두 개의 문장으로 나누면, They knew. / Who was he? 이다.

의역 예수께서 많은 귀신을 내어 쫓으시되 귀신이 자기를 알므로 그 말하는 것을 허락지 아니하시니라

---

12 Jesus replied, "<u>Let us go</u> somewhere else—to the nearby villages—so I can preach there also. That is why I have come." (막1:38)

직역 예수님은 대답하셨다, "우리로 하여금 어딘가 다른 곳으로 가게 해달라—근처 마을로—그러면 나는 거기에서도 가르칠 수 있다. 그것이 바로 내가 온 이유이다"

핵심구조 사역동사 let + 목적어 us + 동사원형 go

단어 및 숙어의 확장 명사 village 마을 동사 preach 가르치다 / reply 대답하다 형용사 nearby 근처의, 근방의

의역 이르시되 우리가 다른 가까운 마을들로 가자 거기서도 전도하리니 내가 이를 위하여 왔노라 하시고

13 "First let the children eat all they want," he told her, "for it is not right to take the children's bread and toss it to their dogs."

(막7:27)

> **직역** "먼저 아이들에게 그들이 원하는 모든 것을 먹게 해라," 그가 그 여자에게 말씀
> 하셨다, "아이들의 빵을 가져다가 그것을 그들의 개들에게 던지는 것은 옳지
> 않기 때문이다"
>
> **핵심구조** 사역동사 let + 목적어 children + 동사원형 eat
>
> **단어 및 숙어의 확장** 〔동사〕 tell 말하다 (tell-told-told) / toss 던지다 〔형용사〕 right 옳은,
> 정당한
>
> **해설** it은 가주어, to take와 to toss는 진주어이다
>
> **의역** 예수께서 이르시되 자녀로 먼저 배불리 먹게 할찌니 자녀의 떡을 취하여 개들
> 에게 던짐이 마땅치 아니하니라

14 Peter said to Jesus, "Rabbi, it is good for us to be here. Let us put up three shelters—one for you, one for Moses and one for Elijah."

(막9:5)

> **직역** 베드로는 예수님께 말하였다, "선생님, 우리가 여기에 있는 것이 좋습니다. 세
> 개의 은신처를 세우게 해주세요—하나는 당신을, 하나는 모세를 그리고 하나는
> 엘리야를 위해서"
>
> **핵심구조** 사역동사 Let + 목적어 us + 동사원형 put
>
> **단어 및 숙어의 확장** 〔명사〕 shelter 피난 장소, 은신처 〔숙어〕 put up 세우다, 설치하다
>
> **해설** it은 가주어, for us는 의미상의 주어, to be는 진주어이다
>
> **의역** 베드로가 예수께 고하되 랍비여 우리가 여기 있는 것이 좋사오니 우리가 초막
> 셋을 짓되 하나는 주를 위하여, 하나는 모세를 위하여, 하나는 엘리야를 위하여
> 하사이다 하니

15 Should we pay or shouldn't we?" But Jesus knew their hypocrisy. "Why are you trying to trap me?" he asked. "Bring me a denarius and let me look at it." (막12:15)

직역 우리가 지불해야 되나요 아니면 안 해야되나요?" 그러나 예수님은 그들의 위선을 아셨다. "왜 너희는 나를 함정에 빠뜨리려고 하느냐?" 그가 물었다. "나에게 한 데나리온을 가져와서 나로 하여금 그것을 보게 하라"

핵심구조 사역동사 let + 목적어 me + 동사원형 look

단어 및 숙어의 확장 [명사] hypocrisy 위선 / denarius 옛 로마의 은화 [동사] trap 함정(술책)에 빠지다, 덫을 놓다, 속이다 / know 알다 (know-knew-known) [숙어] look at …을 보다 / try to…하려고 시도하다

의역 우리가 바치리이까 말리이까 한 대 예수께서 그 외식함을 아시고 이르시되 어찌하여 나를 시험하느냐 데나리온 하나를 가져다가 내게 보이라 하시니

16 Let this Christ, this King of Israel, come down now from the cross, that we may see and believe." Those crucified with him also heaped insults on him. (막15:32)

직역 이 그리스도, 즉 이스라엘의 이 왕으로 하여금 지금 십자가에서 내려오게 하라, 우리가 보고 믿을 수 있도록" 그와 함께 십자가에 못박힌 자들도 그에게 욕설을 퍼부었다

핵심구조 사역동사 Let + 목적어 this Christ, this King of Israel + 동사원형 come

단어 및 숙어의 확장 [명사] insult 모욕, 무례 (모욕하다) [동사] heap 쌓아올리다, 축적하다

해설 ① that 앞에는 so가 생략돼 있다. (so) that we may…할 수 있도록 ② Those와 crucified 사이에는 주격관계대명사 that과 were가 생략돼 있다

의역 이스라엘의 왕 그리스도가 지금 십자가에서 내려와 우리로 보고 믿게 할찌어다 하며 함께 십자가에 못 박힌 자들도 예수를 모욕하더라

17 When you see 'the abomination that causes desolation' standing where it does not belong—let the reader understand—then let those who are in Judea flee to the mountains. (막13:14)

> **직역** 너희가 '황량함을 초래하는 혐오감'이 그것이 속하지 않은 곳에 서 있는 것을 보면—독자로 하여금 이해하게 하라—유대에 있는 사람들로 하여금 산으로 도망가게 하라
>
> **핵심구조** 사역동사 let + 목적어 reader + 동사원형 understand
> 사역동사 let + 목적어 those who are in Judea + 동사원형 flee
>
> **단어 및 숙어의 확장** [명사] abomination 혐오, 증오, 싫음 / desolation 황폐, 황량, 황무지, 폐허, 쓸쓸함 [동사] flee 도망가다 / cause 초래하다, 야기시키다
>
> **해설** ① see + 목적어 the abomination that causes desolation + 현재분사 standing
> ② that은 바로 뒤에 동사가 왔으므로 주격관계대명사이다
>
> **의역** 멸망의 가증(可憎)한 것이 서지 못할 곳에 선 것을 보거든 (읽는 자는 깨달을찐 저) 그때에 유대에 있는 자들은 산으로 도망할찌어다

18 When Jesus saw this, he was indignant. He said to them, "Let the little children come to me, and do not hinder them, for the kingdom of God belongs to such as these. (막10:14)

> **직역** 예수님이 이것을 보았을 때, 그는 분개하셨다. 그는 그들에게 말씀하셨다, "이 어린 아이들을 나에게 오게 하고 그들을 방해하지 마라, 하나님나라가 이와 같은 자들에게 속하기 때문이니라
>
> **핵심구조** 사역동사 Let + 목적어 the little children + 동사원형 come
>
> **단어 및 숙어의 확장** [동사] hinder 방해하다 / see 보다 (see-saw-seen) [형용사] indignant 분개한, 성난 [숙어] belong to…에 속하다
>
> **의역** 예수께서 보시고 분히 여겨 이르시되 어린아이들의 내게 오는 것을 용납하고 금하지 말라 하나님의 나라가 이런 자의 것이니라

19 And wherever he went—into villages, towns or countryside—they placed the sick in the marketplaces. They begged him to <u>let them touch</u> even the edge of his cloak, and all who touched him were healed.

(막6:56)

> **직역** 그가 가는 곳이면 어디든지—마을이나 도시나 시골—그들은 병자들을 장터로 옮겨두었다. 그들은 그에게 그의 옷자락 끝이라도 만지도록 해달라고 간청하였고 그를 만진 사람은 모두 치료받았다
>
> **핵심구조** 사역동사 let + 목적어 them + 동사원형 touch
>
> **단어 및 숙어의 확장** **명사** cloak 망토 / edge 모서리, 가장자리 **동사** heal 치료하다 (be healed 치료받다) / beg 간청하다
>
> **해설** ① beg + O + to R=…하도록 간청하다 ② wherever는 장소를 나타내는 복합관계부사 (어디든지) ③ the + 형용사=복수보통명사 (the sick=sick people)
>
> **의역** 아무 데나 예수께서 들어가시는 마을이나 도시나 촌에서 병자를 시장에 두고 예수의 옷 가에라도 손을 대게 하시기를 간구하니 손을 대는 자는 다 성함을 얻으니라

20 But you say that if a man says to his father or mother: 'Whatever help you might otherwise have received from me is Corban' (that is, a gift devoted to God), then you no longer <u>let him do</u> anything for his father or mother.

(막7:11-12)

> **직역** 그러나 너희는 말한다 한 남자가 그의 아버지나 어머니에게 '사정이 달랐더라면 너희가 나로부터 받았을지도 모르는 도움이면 무엇이든지 코르반이다' (즉, 하나님께 바치는 선물)이라고 말한다면, 너희는 그가 그의 아버지나 어머니를 위해서 어떤 일도 더 이상 하지 못하게 할 거라고.
>
> **핵심구조** 사역동사 let + 목적어 him + 동사원형 do
>
> **단어 및 숙어의 확장** **명사** gift 선물 **동사** devote 바치다 **숙어** be devoted to…에게 헌신하다 / no longer 더 이상…하지 않다 / that is 즉
>
> **해설** ① 사역동사 let + 목적어 him + 동사원형 do ② devoted 앞에는 주격관계대명사

that과 is가 생략돼 있다 ③ Whatever는 복합관계대명사이다 ④ that의 앞에 동사 say, 뒤에 주어+동사가 왔으므로 종속접속사이다

의역 너희는 가로되 사람이 아비에게나 어미에게나 말하기를 내가 드려 유익하게 할 것이 고르반 곧 하나님께 드림이 되었다고 하기만 하면 그만이라 하고 제 아비나 어미에게 다시 아무것이라도 하여 드리기를 허하지 아니하여

② make + O + R

1 A man with leprosy came to him and begged him on his knees. "If you are willing, you can make me clean." (막1:40)

직역 문둥병이 있는 한 사람이 그에게 와서 무릎을 꿇고 간청하였다. "만약 당신이 원하신다면, 당신은 저를 깨끗하게 하실 수 있습니다"

핵심구조 사역동사 make + 목적어 me + 동사원형 clean

단어 및 숙어의 확장 [명사] leprosy 나병, 한센병 / knee 무릎 [동사] beg 간청하다

의역 한 문둥병자가 예수께 와서 꿇어 엎드리어 간구하여 가로되 원하시면 저를 깨끗케 하실 수 있나이다

2 Immediately Jesus made his disciples get into the boat and go on ahead of him to Bethsaida, while he dismissed the crowd. (막6:45)

직역 즉시 예수님은 그의 제자들을 배에 타게 하시고 그보다 먼저 벳세다로 가게 하셨다, 한편 그는 군중을 해산시켰다

핵심구조 사역동사 made + 목적어 his disciples + 동사원형 get / go

단어 및 숙어의 확장 [명사] crowd 군중, 무리 [동사] dismiss 해산시키다 [부사] immediately 곧, 즉시 [숙어] ahead of…의 앞에, 먼저

해설 while은 '…하는 동안' 또는 '한편'으로 번역할 수 있다

의역 예수께서 즉시 제자들을 재촉하사 자기가 무리를 보내는 동안에 배 타고 앞서 건너편 벳새다로 가게 하시고

3 have + O + R

1 But the chief priests stirred up the crowd to <u>have Pilate release</u> Barabbas instead.　　　　　　　　　　　　　　　　　　　　　(막15:11)

직역 그러나 대제사장들은 군중을 선동케 해서 빌라도로 하여금 바라바를 대신 풀어 주게 하였다

핵심구조 사역동사 have + 목적어 Pilate + 동사원형 release

단어 및 숙어의 확장 **명사** crowd 군중, 무리 / chief priest 대제사장 **동사** release 풀어놓다, 해방하다, 석방하다 **부사** instead 그 대신에, 그보다도 **숙어** stir up 선동하다, 흔든다, 분발케 하다

의역 그러나 대제사장들이 무리를 충동하여 도리어 바라바를 놓아 달라 하게 하니

2 Then Jesus directed them to <u>have all the people sit</u> down in groups on the green grass.　　　　　　　　　　　　　　　　　　(막6:39)

직역 그때 예수님은 그들에게 모든 사람들이 풀밭 위에 무리를 지어 앉게 하라고 지시하셨다

핵심구조 사역동사 have + 목적어 all the people + 동사원형 sit

단어 및 숙어의 확장 **명사** grass 풀, 풀밭 **동사** direct 지시하다, 가리키다 **숙어** sit down 앉다

의역 제자들을 명하사 그 모든 사람으로 떼를 지어 푸른 잔디 위에 앉게 하시니

3 People were bringing little children to Jesus to <u>have him touch</u> them, but the disciples rebuked them. (막10:13)

> `직역` 사람들은 어린 아이들을 예수님께 데리고 오는 중이었다 그로 하여금 그들을 만지도록 하기 위해서, 그러나 제자들은 그들을 꾸짖었다
>
> `핵심구조` 사역동사 have + 목적어 him + 동사원형 touch
>
> `단어 및 숙어의 확장` `동사` rebuke 비난하다, 꾸짖다, 견책하다, 나무라다
>
> `의역` 사람들이 예수의 만져 주심을 바라고 어린아이들을 데리고 오매 제자들이 꾸짖거늘

4 He took a little child and <u>had him stand</u> among them. Taking him in his arms, he said to them, (막9:36)

> `직역` 그는 어린이를 데리고 와서 그들 사이에 서게 하였다. 그의 팔로 그를 잡은 후, 그는 그들에게 말했다,
>
> `핵심구조` 사역동사 had + 목적어 him + 동사원형 stand
>
> `단어 및 숙어의 확장` `명사` arm 팔 `동사` take 데리고 오다 (take-took-taken) / have-had-had / say-said-said
>
> `해설` Taking him in his arms,는 분사구문으로서 부사절로 바꾸면, After he took him in his arms,가 된다
>
> `의역` 어린아이 하나를 데려다가 그들 가운데 세우시고 안으시며 제자들에게 이르시되

5 "Brother will betray brother to death, and a father his child. Children will rebel against their parents and <u>have them put</u> to death. (막13:12)

> `직역` "형제는 형제를 배반하여 죽게 할 것이며, 아버지는 그의 자녀를 그렇게 할 것이다. 자녀들은 그들의 부모에게 반항해서 그들을 죽게 할 것이다

핵심구조 사역동사 have + 목적어 them + 동사원형 put

단어 및 숙어의 확장 **동사** betray 배신하다, 배반하다 / rebel 배반하다, 반항하다
숙어 put a person to death 아무를 처형하다, 죽이다

해설 father와 his child 사이에는 will betray가 생략돼 있고 his child 뒤에는 to death가 생략돼 있다

의역 형제가 형제를, 아비가 자식을 죽는 데 내어주며 자식들이 부모를 대적하여 죽게 하리라

4 hear + O + R

1 "We heard him say, 'I will destroy this man-made temple and in three days will build another, not made by man.'" (막14:58)

직역 "우리는 그가 말하는 것을 들었다, '나는 이 사람이 만든 성전을 파괴할 것이며 3일 후에 인간이 만든 것이 아닌, 또 다른 것을 지을 것이다'"

핵심구조 지각동사 heard + 목적어 him + 동사원형 say

단어 및 숙어의 확장 **명사** temple 성전 **동사** hear 듣다 (hear-heard-heard) / destroy 파괴하다 / make 만들다 (make-made-made)

의역 우리가 그의 말을 들으니 손으로 지은 이 성전을 내가 헐고 손으로 짓지 아니한 다른 성전을 사흘에 지으리라 하더라 하되

2 Then he said to the tree, "May no one ever eat fruit from you again." And his disciples heard him say it. (막11:14)

직역 그때 그는 그 나무에게 말씀하셨다. "그 누구도 다시는 너로부터 열매를 먹지 못하리라" 그러자 그의 제자들이 그가 그것을 말씀하시는 것을 들었다

핵심구조 지각동사 heard + 목적어 him + 동사원형 say

04_ 사역동사와 지각동사가 들어간 문장

[명사] fruit 열매

[해설] May no one ever eat fruit from you again은 기원문이다

[의역] 예수께서 나무에게 일러 가라사대 이제부터 영원토록 사람이 네게서 열매를 따 먹지 못하리라 하시니 제자들이 이를 듣더라

---

5 see + O + R

1 And he said to them, "I tell you the truth, some who are standing here will not taste death before they <u>see the kingdom of God come with power.</u>"

(막9:1)

[직역] 그는 그들에게 말씀하셨다, "내가 진실로 너희에게 말하노니, 이곳에 서 있는 어떤 이가 죽음을 맛볼 것이다 그들이 능력으로 하나님나라가 오는 것을 보기 전에

[핵심구조] 지각동사 see + 목적어 the kingdom of God + 동사원형 come

[단어 및 숙어의 확장] [동사] taste 맛보다

[해설] not…..before~는 뒤에서 해석하기보다는 앞에서부터 내리해석을 하는 것이 더 자연스럽다. "이곳에 서 있는 누군가가 죽고 나서야 하나님나라가 능력으로 오게 되는 것을 그들은 보게 될 것이다"

[의역] 또 저희에게 이르시되 내가 진실로 너희에게 이르노니 여기 섰는 사람 중에 죽기 전에 하나님의 나라가 권능으로 임하는 것을 볼 자들도 있느니라 하시니라

---

6 help + O + (to) R

1 Immediately the boy's father exclaimed, "I do believe; <u>help me overcome</u> my unbelief!"

(막9:24)

직역 즉시 그 아이의 아버지는 외쳤다, "나는 정말 믿습니다. 저의 불신앙을 극복하도록 저를 도와주십시오!"

핵심구조 help + 목적어 me + 동사원형 overcome

단어 및 숙어의 확장 명사 unbelief 불신앙 동사 exclaim 외치다, 큰소리로 말하다 / overcome 극복하다 부사 immediately 곧, 즉시

해설 ① help는 목적어 다음에 동사원형(R)이 올 수도 있고 to R가 올 수도 있다. to가 오는 것은 영국식 영어, to 없이 원형만 오는 것은 미국식 영어이다 ② do는 believe를 강조하는 조동사이다

의역 곧 그 아이의 아비가 소리를 질러 가로되 내가 믿나이다 나의 믿음 없는 것을 도와 주소서 하더라

---

7 have + O (사람) + p.p.

1 Wanting to satisfy the crowd, Pilate released Barabbas to them. He had Jesus flogged, and handed him over to be crucified. (막15:15)

직역 군중을 만족시키기를 원했으므로 빌라도는 바라바를 그들에게 풀어주었다. 그는 예수님을 매질하게 하고 그를 십자가에 못박도록 넘겨주었다

핵심구조 have + Jesus (사람) + flogged (p.p.)

단어 및 숙어의 확장 명사 crowd 군중, 무리 동사 satisfy 만족시키다 / release 풀어주다 / flog 매질하다 / crucify 십자가에 못박다 숙어 hand over 넘겨주다

해설 원래 목적어가 사물일 경우에는 바로 뒤에 과거분사(p.p.)가 와야 하고 목적어가 사람일 경우에는 동사원형(R)이 와야 한다.
① have + 목적어(사람) + 동사원형 (R)
  (예문: He had his son clean his car. 그는 그의 아들에게 세차를 시켰다)
② have + 목적어(사물) + 과거분사 (p.p.)
  (예문: I had my hair cut in a beauty shop. 나는 미용실에서 머리카락을 잘랐다)
목적어가 사람일 때 동사원형이 오는 경우에는 동사원형에 대하여 목적어가

주체가 될 경우에 해당된다. 그러나 위 문장에서는 had 다음에 사람이 왔는데도 불구하고 과거분사 flogged가 왔다. 그 이유는 목적어 him이 다른 사람에게 채찍질을 당하기 때문에 동사원형(R)이 아니라 과거분사(pp.)가 온 것이다.

의역 빌라도가 무리에게 만족을 주고자 하여 바라바는 놓아 주고 예수는 채찍질하고 십자가에 못 박히게 넘겨 주니라

---

2 For Herod himself had given orders to <u>have John arrested</u>, and he <u>had him bound and put</u> in prison. He did this because of Herodias, his brother Philip's wife, whom he had married.　　　　　(막6:17)

직역 왜냐하면 헤롯 자신이 요한을 체포하라고 명령을 했기 때문이었다, 그래서 그는 그를 묶게 하고 투옥하라고 하였다. 그는 헤로디아스, 즉 자신이 결혼했던, 그의 동생 필립의 아내 때문에 이렇게 했다.

핵심구조 사역동사 had + 목적어 John + 과거분사 arrested
　　　　　 사역동사 had + 목적어 him　 + 과거분사 bound / put

단어 및 숙어의 확장 　동사　 arrest 체포하다 / bind 묶다 (bind-bound-bound) / marry 결혼하다 　숙어　 put in prison 투옥하다 / because of… 때문에

해설 원래 have + O(사람)+ R 인데 여기에서는 수동의 뜻이므로(체포당했으므로)(묶였으므로)(투옥당했으므로) p.p. (arrested) (bound) (put)가 온다.

의역 전에 헤롯이 자기가 동생 빌립의 아내 헤로디아에게 장가든고로 이 여자를 위하여 사람을 보내어 요한을 잡아 옥에 가두었으니

05

도치와 생략을 파악하자

① 도치

> 뜻을 강조하기 위해 목적어, 보어, 부사(구)를 문장의 맨 앞에 놓는다.
>
> **예문1** That church we are going to serve.
> (저 교회가 바로 우리가 섬기려는 곳이다) [목적어 that church를 강조함]
>
> **예문2** Not a word did she say all day long.
> (한 마디도 그녀는 하루종일 말하지 않았다) [목적어 not a word를 강조함]
>
> **예문3** Happy is he who is contented with his lot.
> (행복하여라 자기 운명에 만족하는 사람은) [보어 happy를 강조함]

1 "Teacher," he declared, "all these I have kept since I was a boy."

(막10:20)

> **직역** "선생님," 그가 선언하였다, "제가 어릴 적부터 저는 이 모든 것을 지켜왔습니다."
>
> **핵심구조** 목적어 all these + 주어 I + 동사 have kept

단어 및 숙어의 확장 동사 declare 선언하다 / keep 지키다 (keep-kept-kept)

해설 목적어 all these가 문장의 앞에 왔다. 원래의 문장으로 고치면, I have kept all these since I was a boy.가 된다

의역 여짜오되 선생님이여 이것은 내가 어려서부터 다 지키었나이다

---

2 He sent still another, and <u>that one</u> they killed. He sent many others; <u>some of them</u> they beat, <u>others</u> they killed. (막12:5)

직역 그러나 그는 또 다른 자를 보냈고, 그들은 그 자를 죽였다. 그는 수많은 다른 이들을 보냈지만 그들 중 몇 명을 그들은 때렸고 다른 자들을 죽였다

핵심구조 목적어 some of them + 주어 they + 동사 beat
　　　　　　 목적어 others 　　　　　　+ 주어 they + 동사 killed

단어 및 숙어의 확장 동사 send 보내다 (send-sent-sent) / beat 때리다 (beat-beat-beat) 부사 still 그러나, 하지만

해설 ① 목적어 some of them이 문장의 앞에 왔다. 원래의 문장으로 고치면, they beat some of them이 된다 ② 목적어 others가 문장의 앞에 왔다. 원래의 문장으로 고치면, they killed others가 된다 ③ that one도 도치되었다. 원래의 문장으로 고치면, they killed that one이 된다. that은 one을 꾸며주는 지시형용사이다

의역 또 다른 종을 보내니 저희가 그를 죽이고 또 그의 많은 종들도 혹은 때리고 혹은 죽인지라

---

3 After me <u>will come</u> <u>one more powerful than I</u>, the thongs of whose sandals I am not worthy to stoop down and untie. (막1:7)

직역 나의 뒤로 나보다 더 강한 자가 올 것이니, 그의 신발끈을 나는 허리 굽혀서 풀을 가치가 없다.

핵심구조 부사구 After me + 동사 will come + 주어 one more powerful than I

단어 및 숙어의 확장 명사 thong 끈, 가죽끈 / sandal 샌달 동사 stoop (상체를)굽히다, (몸을)구부리다, 굽히다/ untie (묶은 것을)풀다 (tie 묶다의 반대말) 숙어 be worthy of …할 만한 가치가 있다

해설 ① After me라는 부사구가 문장의 앞에 왔기 때문에 주어(one)와 동사(will come)이 도치되었다 ② whose는 소유격관계대명사로서 I am not worthy to stoop down and untie the thongs of his sandals.라고 할 수 있다

의역 그가 전파하여 가로되 나보다 능력 많으신 이가 내 뒤에 오시나니 나는 굽혀 그의 신들매를 풀기도 감당치 못하겠노라

4 The poor you will always have with you, and you can help them any time you want. But you will not always have me. (막14:7)

직역 너희는 항상 가난한 자들을 너희와 함께 가질 것이며, 너희는 너희가 원하는 아무 때라도 그들을 도울 수 있다. 그러나 너희는 항상 나를 갖지 않을 것이다

핵심구조 목적어 The poor + 주어 you + 동사 will have

해설 ① The poor you will always have with you는 도치된 문장이다. 목적어 the poor가 문장의 앞에 나왔다. 원래의 문장으로 고치면, You will always have the poor with you가 된다 ② time과 you 사이에 장소를 나타내는 관계부사 where가 생략돼 있다 ③ the poor는 poor people (가난한 사람들)을 의미한다

의역 가난한 자들은 항상 너희와 함께 있으니 아무 때라도 원하는 대로 도울 수 있거니와 나는 너희와 항상 함께 있지 아니하리라

5 Jesus looked at him and loved him. "One thing you lack," he said. "Go, sell everything you have and give to the poor, and you will have treasure in heaven. Then come, follow me." (막10:21)

직역 예수님은 그를 쳐다보고 그를 사랑하셨다. "너는 한 가지가 부족하다" 그가 말씀하셨다. "가라, 네가 가진 모든 것을 팔아서 가난한 자들에게 주어라, 그러면 너는 천국에서 보배를 가질 것이다. 그런 후에 와서 나를 따르라"

핵심구조 목적어 One thing + 주어 you + 동사 lack

단어 및 숙어의 확장 〔명사〕 heaven 천국 / treasure 보배, 보물 〔동사〕 lack 부족하다, 결핍되다 〔숙어〕 look at…을 쳐다보다

해설 ① 목적어 One thing이 문장의 앞에 왔다. 원래의 문장으로 바꾸면, You lack

one thing이 된다 ② everything과 you 사이에는 목적격관계대명사 that이 생략
돼 있다 ③ the + 형용사=복수보통명사. the poor=poor people ④ 명령문, + and
는 …해라 그러면--할 것이다. Go, sell…give, and you will have…

예수께서 그를 보시고 사랑하사 가라사대 네게 오히려 한 가지 부족한 것이
있으니 가서 네 있는 것을 다 팔아 가난한 자들을 주라 그리하면 하늘에서 보화
가 네게 있으리라 그리고 와서 나를 좇으라 하시니

---

6 Those who went ahead and those who followed shouted,
"Hosanna!
Blessed is he who comes in the name of the Lord!
Blessed is the coming kingdom of our father David!
Hosanna in the highest!"

(막11:9-10)

직역 앞에 간 자와 따르는 자들이 외쳤다, "호산나! 복 있으라 주님의 이름으로 오시
는 이는! 복 있으라 우리 조상 다윗의 다가오는 왕국은! 가장 높은 이여 호산
나!"

핵심구조 보어 Blessed + 동사 is + 주어 he
보어 Blessed + 동사 is + 주어 the coming kingdom

단어 및 숙어의 확장 **명사** Hosanna 신을 찬미하는 말 (어원: 주여, 우리를 구원해주시
옵소서) **동사** shout 소리치다, 외치다 / bless 축복하다 / go 가다 (go-went-
gone) **숙어** in the highest 최고도로, 천상에

해설 보어 Blessed가 문장의 앞에 왔다. 원래의 문장으로 바꾸면, He is blessed…와
The coming kingdom of our father David is blessed가 된다

의역 앞에서 가고 뒤에서 따르는 자들이 소리지르되 호산나 찬송하리로다 주의 이름
으로 오시는 이여 찬송하리로다 오는 우리 조상 다윗의 나라여 가장 높은 곳에
서 호산나 하더라

② 생략

■ **생략의 일반적인 예**

1) When, As, While, If, Though 등으로 시작되는 부사절에서 주어와 be동사를 생략할 수 있다.

예문1 When (I was) young, I was a beauty. (젊었을 때 나는 미인이었다)

예문2 Let's have lunch with me, if (it is) possible. (가능하다면, 나랑 점심먹자)

2) 반복되어 나오는 단어를 생략할 수 있다.

예문1 To some walking can be interesting; to others (walking can be) uninteresting..
(어떤 사람에게는 걷는 것이 재밌지만; 다른 사람들에게는 재미없을 수 있다)

예문2 To some students English is difficult; to others (English is) easy.
(어떤 학생들에게는 영어가 어렵지만, 다른 학생들에게는 쉽다)

예문3 The proverbs of Solomon: A wise son brings joy to his father, but a foolish
son (brings) grief to his mother. (Proverbs10:1)
(솔로몬의 잠언이라 지혜로운 아들은 아비를 기쁘게 하거니와 미련한 아들은
어미의 근심이니라)(잠10:1)

3) 관용적으로 생략되는 경우가 있다.

예문1 (If you take) No pains, (you will get) no gains.
(만약 수고하지 않는다면, 아무것도 얻지 못할 것이다)

예문2 (If you) Spare the rod and (you will) spoil the child.
(매를 아긴다면, 당신은 아이를 망치게 될 것이다)
(매를 아끼면 자식을 버린다)

예문3 No smoking (is allowed). (흡연은 허용되지 않습니다) (금연)

예문4 (I wish you a) Merry Christmas ! (메리크리스마스)

예문5 (I wish you a) Good morning ! (안녕하세요) (아침인사)

1 It could have been sold for more than a year's wages and the money ✓ given to the poor." And they rebuked her harshly.

(막14:5)

> **직역** 그것은 일년의 급료 이상을 받고 팔릴 수 있었을 것이며 그 돈은 가난한 자들에게 주어질 수 있었을 것이다" 그리하여 그들은 그 여자를 호되게 비난하였다
>
> **핵심구조** the money + (could have been) + given
>
> **단어 및 숙어의 확장** 명사 wage 급료 동사 rebuke 꾸짖다, 비난하다 / sell 팔다 (sell-sold-sold) / give 주다 (give-gave-given) 부사 harshly 호되게, 모질게, 가혹하게
>
> **해설** ① the money와 given 사이에는 could have been이 생략돼 있다 ② the + 형용사 =복수보통명사. the poor=poor people=가난한 사람들
>
> **의역** 이 향유를 삼백 데나리온 이상에 팔아 가난한 자들에게 줄 수 있었겠도다 하며 그 여자를 책망하는지라

2 "Brother will betray brother to death, and a father ✓ his child ✓. Children will rebel against their parents and have them put to death.

(막13:12)

> **직역** "형제는 형제를 배반하여 죽게 할 것이며, 아버지는 그의 자녀를 그렇게 할 것이다. 자녀들은 그들의 부모에게 반항해서 그들을 죽게 할 것이다
>
> **핵심구조** a father (will betray) his child (to death)
>
> **단어 및 숙어의 확장** 동사 betray 배신하다, 배반하다 / rebel 배반하다, 반항하다 숙어 put a person to death 아무를 처형하다, 죽이다
>
> **해설** ① father와 his child 사이에는 will betray가 생략돼 있고 his child 뒤에는 to death가 생략돼 있다 ② have는 사역동사이므로 목적어(them)다음에 동사원형 (put)이 왔다
>
> **의역** 형제가 형제를, 아비가 자식을 죽는 데 내어주며 자식들이 부모를 대적하여 죽게 하리라

3   Nation will rise against nation, and kingdom ✓ against kingdom. There will be earthquakes in various places, and ✓ famines. These are the beginning of birth pains.

(막13:8)

직역 나라는 나라에 대항하여 일어날 것이며 왕국은 왕국에 대항하여 일어날 것이다. 다양한 곳에서 지진이 일어날 것이며 기근이 있을 것이다. 이것들은 고통이 태어나는 초기이다

핵심구조 kingdom (will rise) against kingdom

단어 및 숙어의 확장 명사 earthquake 지진 / pain 고통 / birth 탄생, 태어남 / famine 기근, 굶주림 동사 rise 일어나다 (rise-rose-risen) 형용사 various 다양한, 여러 가지의

해설 ① kingdom과 against 사이에 will rise가 생략돼 있다 ② famines 앞에는 there will be가 생략돼 있다

의역 민족이 민족을, 나라가 나라를 대적하여 일어나겠고 처처에 지진이 있으며 기근이 있으리니 이는 재난의 시작이라

06

명령문, + and S + V: '···해라, 그러면~할 것이다'

예문1 *명령문, and=···해라 그러면~ 할 것이다
Study English hard, <u>and you will succeed.</u>
(영어를 열심히 공부해라, 그러면 성공할 것이다)

예문2 *명령문, or=···해라, 그렇지 않으면···할 것이다
Hurry up, <u>or you will be</u> late for the class.
(서둘러라, 그렇지 않으면 강의시간에 늦을 것이다)

1 명령문, + and S+V···하라, 그러면~할 것이다

1 "Come, <u>follow me,</u>" Jesus said, "<u>and I will make</u> you fishers of
men." (막1:17)

"와서, 나를 따르라," 예수님이 말씀하셨다, "그러면 나는 너희들을 사람을 낚는 어부로 만들어주겠다"

핵심구조 Come, follow + ,and + 주어 I + 동사 will make

해설 명령문 + ,and=…하라, 그러면---할 것이다. come과 follow사이에는 and가 생략돼 있다. 원래의 문장으로 만들면, Come and follow me…가 된다. 또한 Come to follow me도 된다. Come to follow me, and I will make you fishers of men. 의 구조이다.

의역 예수께서 가라사대 나를 따라오너라 내가 너희로 사람을 낚는 어부가 되게 하리라 하시니

2 He said to her, "Daughter, your faith has healed you. <u>Go in peace, and be freed</u> from your suffering." (막5:34)

직역 그는 그 여자에게 말씀하셨다, "딸이여, 너의 믿음이 너를 치료하였다. 가서 평온하게 지내라, 그러면 너의 고통으로부터 자유롭게 될 것이다"

핵심구조 Go + ,and + 주어 (you) + 동사 be freed

단어 및 숙어의 확장 명사 daughter 딸 / faith 믿음 / suffering 고통 동사 say 말하다 (say-said-said) / heal 치료하다 숙어 in peace 평화롭게

해설 명령문 + ,and=…하라, 그러면---할 것이다. and 다음에는 you will이 생략돼 있다.

의역 예수께서 가라사대 딸아 네 믿음이 너를 구원하였으니 평안히 가라 네 병에서 놓여 건강할찌어다

3 Jesus replied, "I will ask you one question. <u>Answer me, and I will tell</u> you by what authority I am doing these things. (막11:29)

직역 예수님은 대답하셨다, "나는 너희에게 한 가지 질문을 하겠다. 내게 대답해라, 그러면 내가 무슨 권위로 이러한 일들을 하고 있는지 너희에게 말해주겠다

핵심구조 Answer + ,and + 주어 I + 동사 will tell

단어 및 숙어의 확장 명사 authority 권위 동사 reply 대답하다

해설 명령문 + ,and=…하라, 그러면~할 것이다

의역 예수께서 가라사대 나도 한 말을 너희에게 물으니 대답하라 그리하면 나도 무슨 권세로 이런 일을 하는지 이르리라

4 Jesus looked at him and loved him. "One thing you lack," he said. "Go, sell everything you have and give to the poor, and you will have treasure in heaven. Then come, follow me."

(막10:21)

직역 예수님이 그를 쳐다보았고 그를 사랑하였다. "너는 한 가지가 부족하다," 그가 말씀하셨다. "가서, 네가 가진 모든 것을 팔아서 가난한 사람들에게 주어라, 그러면 너는 천국에서 보물을 갖게 될 것이다. 그리고 나서 와서 나를 따르라"

핵심구조 Go, sell and give + ,and + 주어 you + 동사 will have

단어 및 숙어의 확장 〔명사〕 treasure 보물, 보배 / heaven 천국 〔동사〕 lack 부족하다 / follow 따르다 〔숙어〕 look at 쳐다보다 / the poor=poor people 가난한 사람들

해설 ① Go, sell…..and you will have treasure in heaven은 명령문 + ,and + S + V의 구문이다 (…해라, 그러면--할 것이다)② everything과 you 사이에 목적격관계대명사 that이 생략돼 있다 ③ One thing you lack은 도치된 문장이다. 원래대로 고치면 You lack one thing이다 ④ the poor는 poor people을 의미한다

의역 예수께서 그를 보시고 사랑하사 가라사대 네게 오히려 한 가지 부족한 것이 있으니 가서 네 있는 것을 다 팔아 가난한 자들을 주라 그리하면 하늘에서 보화가 네게 있으리라 그리고 와서 나를 좇으라 하시니

07

관계대명사 what

관계대명사 what은 따로 선행사가 있는 것이 아니라, 자신이 선행사를 갖고 있다.
따라서 관계대명사 what은 the thing which 또는 the thing that으로 바꿔 쓸 수 있다.

예문1 Sit quietly and see what Jesus has to say to you.
(조용히 앉아서 예수님이 너에게 말해야만 하는 것을 보라) [what=the thing which]

예문2 The fishermen did what Jesus told them.
(어부들은 예수님이 그들에게 말씀하신 대로 했다) [what=the thing which]

예문3 Chanyang misinterpreted what he saw.
(찬양이는 자신이 본 것을 잘못 통역했다) [what=the thing which]

예문4 He did not fully understand what had happened.
(그는 일어난 일을 완전히 이해하지 못했다) [what=the thing which]

1 Therefore <u>what</u> God has joined together, let man not separate."

(막10:9)

직역 그러므로 하나님이 함께 결합하셨던 것을 인간이 따로 떼지 못하게 하라

핵심구조 what + 주어 God + 동사 has joined

단어 및 숙어의 확장 동사 join 결합하다, 연결하다, 합류하다 / separate 분리하다, 잘라서 떼어 놓다, 가르다

해설 ① what은 관계대명사로서 the thing which로 바꿀 수 있다 ② let + O (man) + R (separate)

의역 그러므로 하나님이 짝지어 주신 것을 사람이 나누지 못할찌니라 하시더라

---

2 What I say to you, I say to everyone: "Watch!" (막13:37)

직역 내가 너희에게 말한 것을 나는 모든 이에게 말한다. "깨어있어라"

핵심구조 What + 주어 I + 동사 say

단어 및 숙어의 확장 동사 watch 깨어 있다, 주의하다

해설 what은 관계대명사로서 the thing which로 바꿀 수 있다

의역 깨어 있으라 내가 너희에게 하는 이 말이 모든 사람에게 하는 말이니라 하시니라

---

3 He went on: "What comes out of a man is what makes him 'unclean.') (막7:20)

직역 그는 계속하였다. "인간에게서 나오는 것이 그를 '깨끗하지 않게' 만든다"

핵심구조 What (주어) + 동사 comes
　　　　　　What (주어) + 동사 makes

단어 및 숙어의 확장 동사 go 가다 (go-went-gone) 형용사 unclean 불결한, 깨끗하지 않은 (↔clean 깨끗한) 숙어 go on 계속하다

해설 what은 관계대명사로서 the thing which로 바꿀 수 있다

의역 또 가라사대 사람에게서 나오는 그것이 사람을 더럽게 하느니라

---

4 The crowd came up and asked Pilate to do for them what he usually did. (막15:8)

직역 군중이 와서 빌라도에게 그가 평상시 했던 것을 그들을 위해 해달라고 요청하였다

직역 군중이 와서 빌라도에게 그가 평상시 했던 것을 그들을 위해 해달라고 요청하였다

핵심구조 what + 주어 he + 동사 did

단어 및 숙어의 확장 명사 crowd 군중, 무리 동사 come 오다 (come-came-come) / do 하다 (do-did-done)

해설 what은 관계대명사로서 the thing which로 바꿀 수 있다

의역 무리가 나아가서 전례대로 하여 주기를 구한대

---

5 The Pharisees said to him, "Look, why are they doing <u>what</u> is unlawful on the Sabbath?"

(막2:24)

직역 바리새인들이 그에게 말했다, "이봐요, 왜 그들은 안식일에 불법적인 일을 하고 있나요?"

핵심구조 what (주어) + 동사 is

단어 및 숙어의 확장 명사 Pharisee 바리새인 / Sabbath 안식일 동사 say 말하다 (say-said-said) 형용사 unlawful 불법의 (↔lawful 합법적인)

해설 what은 관계대명사로서 the thing which로 바꿀 수 있다

의역 바리새인들이 예수께 말하되 보시오 저희가 어찌하여 안식일에 하지 못할 일을 하나이까

---

6 He answered, "Have you never read <u>what</u> David did when he and his companions were hungry and in need?

(막2:25)

직역 그는 대답하였다, "너희는 그와 그의 동료들이 배고프고 곤궁할 때에 다윗이 했던 일을 읽어본 적이 없느냐?

핵심구조 what + 주어 David + 동사 did

단어 및 숙어의 확장 명사 companion 동료 동사 read 읽다 (read-read-read) 형용사 hungry 배고픈 숙어 in need 곤궁에 처한 (They are in great need. 그들은 몹시

곤궁에 처해 있다)

해설 what은 관계대명사로서 the thing which로 바꿀 수 있다

의역 예수께서 가라사대 다윗이 자기와 및 함께 한 자들이 핍절(乏絶)되어 시장할 때에 한 일을 읽지 못하였느냐

7 "Abba, Father," he said, "everything is possible for you. Take this cup from me. Yet not <u>what</u> I will, but <u>what</u> you will."   (막14:36)

직역 "아바, 아버지" 그는 말했다, "모든 것이 당신을 위해 가능합니다. 이 잔을 나로부터 거두옵소서. 하지만 저의 뜻대로가 아니라 당신의 뜻대로 하옵소서."

핵심구조 what + 주어 I   + 동사 will
what + 주어 you + 동사 will

단어 및 숙어의 확장 동사 say 말하다 (say-said-said) 형용사 possible 가능한 (↔ impossible 불가능한)

해설 what은 관계대명사로서 the thing which로 바꿀 수 있다

의역 가라사대 아바 아버지여 아버지께는 모든 것이 가능하오니 이 잔을 내게서 옮기시옵소서 그러나 나의 원대로 마옵시고 아버지의 원대로 하옵소서 하시고

8 Others, like seed sown on good soil, hear the word, accept it, and produce a crop, thirty, sixty, or even a hundred times <u>what</u> was sown."   (막4:20)

직역 좋은 흙 위에 뿌려진 씨앗처럼, 다른 사람들은 말씀을 듣고 그것을 받아들이며, 뿌려진 것의 30배, 60배, 심지어 100배의 곡식을 생산한다

핵심구조 what (주어) + 동사 was sown

단어 및 숙어의 확장 명사 seed 씨앗 / soil 흙, 토양 / crop 곡식 동사 sow (씨앗을)뿌리다 (sow-sowed-sown) / produce 생산하다 전치사 like …처럼

해설 ① what은 관계대명사로서 the thing which로 바꿀 수 있다 ② seed와 sown 사이에 주격관계대명사 that과 was가 생략돼 있다

의역 좋은 땅에 뿌리웠다는 것은 곧 말씀을 듣고 받아 삼십 배와 육십 배와 백 배의 결실을 하는 자니라

9 "Consider carefully <u>what</u> you hear," he continued. "With the measure you use it will be measured to you—and even more.

(막4:24)

직역 "너희가 들은 것을 조심스럽게 고려해라" 그는 계속하였다. "너희가 사용하는 기준으로 그것은 너희에게 평가될 것이다—훨씬 더 많이.

핵심구조 what + 주어 you + 동사 hear

단어 및 숙어의 확장 [명사] measure 기준, 척도 [동사] consider 심사숙고하다, 고려하다 / continue 계속하다 / measure …을 판단하다, 평가(비교)하다, 조정하다, 어울리게 하다, 측정하다 [부사] carefully 조심성 있게, 주의 깊게

해설 ① what은 관계대명사로서 the thing which로 바꿀 수 있다 ② measure와 you 사이에는 목적격관계대명사 that이 생략돼 있다

의역 또 가라사대 너희가 무엇을 듣는가 스스로 삼가라 너희의 헤아리는 그 헤아림으로 너희가 헤아림을 받을 것이요 또 더 받으리니

10 Whoever has will be given more; whoever does not have, even <u>what</u> he has will be taken from him."

(막4:25)

직역 가진 사람은 누구라도 더 많이 받을 것이며, 갖지 않은 자는 누구나 심지어 가진 것도 빼앗길 것이다

핵심구조 what + 주어 he + 동사 will be taken

단어 및 숙어의 확장 [동사] give 주다 (give-gave-given) / take 가지다 (take-took-taken)

해설 ① what은 관계대명사로서 the thing which로 바꿀 수 있다 ② whoever는 복합관계대명사로서 '누구든지'의 뜻이다

의역 있는 자는 받을 것이요 없는 자는 그 있는 것까지 빼앗기리라

11 He also said, "This is <u>what</u> the kingdom of God is like. A man scatters seed on the ground. (막4:26)

> 직역 그는 또한 말씀하셨다, "이것은 하나님의 왕국과 비슷한 것이다. 한 사람이 땅 위에 씨앗을 뿌린다
>
> 핵심구조 what + 주어 the kingdom of God + 동사 is
>
> 단어 및 숙어의 확장 명사 ground 땅 / seed 씨앗 동사 scatter 뿌리다, 흩뿌리다 / say 말하다 (say-said-said) 전치사 like…와 같은
>
> 해설 what은 관계대명사로서 the thing which와 바꿀 수 있다
>
> 의역 또 가라사대 하나님의 나라는 사람이 씨를 땅에 뿌림과 같으니

12 Ignoring <u>what</u> they said, Jesus told the synagogue ruler, "Don't be afraid; just believe." (막5:36)

> 직역 그들이 말한 것을 무시한 후, 예수님은 유대교 회당의 지도자에게 말씀하셨다, "두려워 말라. 믿기만 해라"
>
> 핵심구조 what + 주어 they + 동사 said
>
> 단어 및 숙어의 확장 명사 synagogue 유대교회당 / ruler 지도자 동사 ignore 무시하다 / say 말하다 (say-said-said) / tell 말하다 (tell-told-told) 숙어 be afraid …을 두려워하다
>
> 해설 what은 관계대명사로서 the thing which로 바꿀 수 있다
>
> 의역 예수께서 그 하는 말을 곁에서 들으시고 회당장에게 이르시되 두려워 말고 믿기만 하라 하시고

13 But they did not understand <u>what</u> he meant and were afraid to ask him about it. (막9:32)

> 직역 그러나 그들은 그가 의미하는 것을 이해하지 못하고 그것에 대하여 그에게 물어보는 것을 두려워하였다

핵심구조 what + 주어 he + 동사 meant

단어 및 숙어의 확장 동사 mean 의미하다 (mean-meant-meant) / understand 이해하다 (understand-understood-understood) / do 하다 (do-did-done) 숙어 be afraid of…을 두려워하다

해설 what은 관계대명사로서 the thing which로 바꿀 수 있다

의역 그러나 제자들은 이 말씀을 깨닫지 못하고 묻기도 무서워하니라

14 She did <u>what</u> she could. She poured perfume on my body beforehand to prepare for my burial. (막14:8)

직역 그 여자는 자신이 할 수 있는 것을 하였다. 그 여자는 나의 장례를 준비하기 위해서 미리 나의 몸에 향수를 퍼부은 것이다

핵심구조 what + 주어 she + 동사 could

단어 및 숙어의 확장 명사 perfume 향수 / burial 매장 (bury 묻다, 매장하다) 동사 pour 퍼붓다, 쏟아붓다 / prepare 준비하다 부사 beforehand 미리, 사전에

해설 what은 관계대명사로서 the thing which로 바꿀 수 있다

의역 저가 힘을 다하여 내 몸에 향유를 부어 내 장사를 미리 준비하였느니라

15 Then Jesus said to them, "Give to Caesar <u>what</u> is Caesar's and to God <u>what</u> is God's." And they were amazed at him. (막12:17)

직역 그때 예수님은 그들에게 말씀하셨다, "가이사의 것은 가이사에게 주고 하나님의 것은 하나님께 주어라" 그러자 그들은 그에게 깜짝 놀랐다

핵심구조 what (주어) + 동사 is

단어 및 숙어의 확장 동사 say 말하다 (say-said-said) 숙어 be amazed at…에 대하여 깜짝 놀라다, …에 아연하다

해설 what은 관계대명사로서 the thing which로 바꿀 수 있다

의역 이에 예수께서 가라사대 가이사의 것은 가이사에게 하나님의 것은 하나님께 바치라 하시니 저희가 예수께 대하여 심히 기이히 여기더라

16 Those tending the pigs ran off and reported this in the town and countryside, and the people went out to see <u>what</u> had happened.

(막5:14)

> **직역** 돼지를 돌보는 사람들은 도망갔고 이것을 도시와 시골에서 보고하였는데, 사람들은 무슨 일이 일어났는지 알아보려고 밖으로 나갔다
>
> **핵심구조** what (주어) + 동사 had happened
>
> **단어 및 숙어의 확장** [동사] run 도망가다 (run-ran-run) / tend 돌보다 / report 보고하다 / go 가다 (go-went-gone) / happen 발생하다, 생기다
>
> **해설** ① what은 관계대명사로서 the thing which로 바꿀 수 있다 ② tending은 Those를 꾸며주는 제한적용법의 현재분사이다
>
> **의역** 치던 자들이 도망하여 읍내와 촌에 고하니 사람들이 그 어떻게 된 것을 보러 와서

17 Those who had seen it told the people <u>what</u> had happened to the demon-possessed man and told about the pigs as well. (막5:16)

> **직역** 그것을 본 사람들은 귀신에 사로잡힌 사람에게 일어난 일을 그 사람들에게 말했고 돼지들에 대해서도 말했다
>
> **핵심구조** what (주어) + 동사 happened
>
> **단어 및 숙어의 확장** [명사] demon 귀신, 마귀 [동사] possess 소유하다 / tell 말하다 (tell-told-told) / see 보다 (see-saw-seen) / happen 일어나다, 발생하다 [숙어] as well=too=또한, 역시
>
> **해설** ① what은 관계대명사로서 the thing which로 바꿀 수 있다 ② Those 다음에는 people이 생략돼 있다
>
> **의역** 이에 귀신 들렸던 자의 당한 것과 돼지의 일을 본 자들이 저희에게 고하매

18 I tell you the truth, wherever the gospel is preached throughout the world, <u>what</u> she has done will also be told, in memory of her."

(막14:9)

<table>
<tr><td>직역</td><td>내가 너희에게 진실을 말하노니, 복음이 세계를 통하여 가르쳐지는 곳마다 사람들은 그 여자가 행한 일도 들을 것이다, 그녀를 기념으로</td></tr>
<tr><td>핵심구조</td><td>what + 주어 she + 동사 has done</td></tr>
<tr><td>단어 및 숙어의 확장</td><td>명사 gospel 복음 / memory 기념, 기억 동사 preach 설교하다, 가르치다 / do 행하다, 하다 (do-did-done) 숙어 in memory of…의 기념으로</td></tr>
<tr><td>해설</td><td>① what은 관계대명사로서 the thing which로 바꿀 수 있다 ② wherever는 장소를 나타내는 복합관계대명사로서 '가는 곳마다'의 뜻이다</td></tr>
<tr><td>의역</td><td>내가 진실로 너희에게 이르노니 온 천하에 어디서든지 복음이 전파되는 곳에는 이 여자의 행한 일도 말하여 저를 기념하리라 하시니라</td></tr>
</table>

19 Immediately Jesus knew in his spirit that this was <u>what</u> they were thinking in their hearts, and he said to them, "Why are you thinking these things?"

(막2:8)

<table>
<tr><td>직역</td><td>즉시 예수님은 그의 영 안에서 알았다 이것이 그들의 마음속에서 생각하고 있는 것이라는 것을, 그래서 그는 그들에게 말씀하셨다, "왜 너희들은 이러한 것들을 생각하느냐?"</td></tr>
<tr><td>핵심구조</td><td>what + 주어 they + 동사 were thinking</td></tr>
<tr><td>단어 및 숙어의 확장</td><td>명사 spirit 영, 영혼 / heart 마음 동사 know 알다 (know-knew-known) / say 말하다 (say-said-said) 부사 immediately 즉시, 곧</td></tr>
<tr><td>해설</td><td>what은 관계대명사로서 the thing which로 바꿀 수 있다</td></tr>
<tr><td>의역</td><td>저희가 속으로 이렇게 의논하는 줄을 예수께서 곧 중심에 아시고 이르시되 어찌하여 이것을 마음에 의논하느냐</td></tr>
</table>

20 As they were coming down the mountain, Jesus gave them orders not to tell anyone <u>what</u> they had seen until the Son of Man had risen from the dead.

(막9:9)

> **직역** 그들이 산 아래로 내려가고 있을 때, 예수님은 그들에게 인자가 죽은 자들로부터 부활할 때까지 그들이 본 것을 그 누구에게도 말하지 말라고 명령하셨다
>
> **핵심구조** what + 주어 they + 동사 had seen
>
> **단어 및 숙어의 확장** 〔명사〕 Son of Man 인자 / order 명령 〔동사〕 give 주다 (give-gave-given) / see 보다 (see-saw-seen) / rise 부활하다 (rise-rose-risen)
>
> **해설** ① what은 관계대명사로서 the thing which로 바꿀 수 있다 ② the + 형용사=복수보통명사…the dead=dead people=죽은 사람들
>
> **의역** 저희가 산에서 내려올 때에 예수께서 경계하시되 인자가 죽은 자 가운데서 살아날 때까지는 본 것을 아무에게도 이르지 말라 하시니

21 "I tell you the truth, if anyone says to this mountain, 'Go, throw yourself into the sea,' and does not doubt in his heart but believes that <u>what</u> he says will happen, it will be done for him. (막11:23)

> **직역** 내가 너희에게 진실을 말하노니, 누군가 이 산에게 '가서 네 자신을 바다 속으로 던져라'고 말하고 그의 마음속에 의심하지 않고 그가 말한 것이 일어날 것이라고 믿는다면, 그것은 그를 위해 행해질 것이다
>
> **핵심구조** what + 주어 he + 동사 says
>
> **단어 및 숙어의 확장** 〔동사〕 doubt 의심하다 / believe 믿다 / do행하다 (do-did-done) / throw 던지다
>
> **해설** ① what은 관계대명사로서 the thing which로 바꿀 수 있다 ② that은 종속접속사이다
>
> **의역** 내가 진실로 너희에게 이르노니 누구든지 이 산더러 들리어 바다에 던지우라 하며 그 말하는 것이 이룰 줄 믿고 마음에 의심치 아니하면 그대로 되리라

08

관계대명사의 계속적 용법

1. 관계대명사에는 who, which, that, what이 있다. 관계대명사 바로 앞에 오는 명사를 선행사라고 한다. 관계대명사의 격(주격, 소유격, 목적격)을 다음의 표로 살펴보자.

선행사	주격	소유격	목적격
사람	who	whose	whom
사물, 동물	which	whose of which	which
사람, 사물, 동물	that	_____	that
선행사 포함	what	_____	what

2. 관계대명사의 용법에는 두 가지가 있다.

1) 제한적용법: 관계대명사의 뒷부분부터 해석한다.

예문 He has a friend. / He lives in New York.

위 두 문장을 관계대명사로 엮어서 한 문장으로 만들어보자.
a friend와 뒷문장의 He와 같기 때문에 그리고 He는 주격이므로

예문 He has a friend who lives in New York.
(그에게는 뉴욕에 살고 있는 친구가 있다)

2) 계속적용법: 문장의 앞부분부터 해석한다. / 관계대명사 앞에 comma (,)가 온다.

예문 He has a friend, who lives in New York.
(그에게는 친구가 한 명 있는데, 그는 뉴욕에 산다)

■ 관계대명사 that과 what은 계속적용법이 없다. 따라서 that이나 what의 바로 앞에 comma (,)가 올 수 없다. [,that (x) / ,what (x)]

■ 관계대명사 계속적용법은 관계대명사 바로 앞에 comma(,)가 오며, 이 부분을 '접속 사(and, but, for, though)+대명사(he, she, it, we, you, they)'로 바꿀 수 있다.

계속적용법의 몇 가지 예를 살펴보자.

예문1 He has two daughters, who became missionaries.
(그에게는 딸이 둘 있는데, 둘 다 선교사가 되었다)
[딸이 두 명 있는데, 두 사람 다 선교사가 되었다는 뜻]
,who를 '접속사+대명사'로 바꾸면, and they가 된다. 이 문장을 다시 쓰면, He has two daughters, and they became missionaries.가 된다.

예문2 Everyone likes Chanmi, who is very kind.
(모든 사람이 찬미를 좋아하는데, 왜냐하면 그녀가 매우 친절하기 때문이다)
,who를 다시 고치면 for she가 된다. 이때 'for'는 '왜냐하면'의 뜻이다. 이 문 장을 다시 쓰면, Everyone likes Chanmi, for she is very kind가 된다.

예문3 The man, who is young, is very wise.
(비록 어리지만 그 사람은 매우 지혜롭다)
,who를 다시 고치면 though he가 된다. 이때 'though'는 '비록…하지만'의 뜻 이다. 이 문장을 다시 쓰면, The man, though he is young, is very wise.가 된다.

---

1 I will send you my messenger ahead of you, who will prepare your way.
(막1:2)

직역 나는 너의 앞에 나의 메신저를 보낼 것이다, 그러면 그가 너의 길을 준비할 것 이다.

핵심구조 ,who

단어 및 숙어의 확장 명사 messenger 메신저, 사자 숙어 ahead of…의 앞에

해설 ,who를 접속사+대명사로 바꾸면 ,and he가 된다

의역 내가 내 사자를 네 앞에 보내노니 저가 네 길을 예비하리라

2 It is like a mustard seed, <u>which</u> is the smallest seed you plant in the ground. (막4:31)

> **직역** 그것은 마치 겨자씨와도 같은데, 그것은 너희가 땅속에 심은 가장 작은 씨앗이기 때문이다
>
> **핵심구조** ,which
>
> **단어 및 숙어의 확장** [명사] mustard 겨자 / seed 씨, 씨앗 / ground 땅 [동사] plant 심다 [전치사] like…와 같은
>
> **해설** ,which를 접속사+대명사로 바꾸면 ,for it이 된다
>
> **의역** 겨자씨 한 알과 같으니 땅에 심길 때에는 땅 위의 모든 씨보다 작은 것이로되

3 Other seed fell among thorns, <u>which</u> grew up and choked the plants, so that they did not bear grain. (막4:7)

> **직역** 따른 씨는 가시밭 속에 떨어졌는데, 그것은 자라서 식물들을 질식시켰다, 그래서 그들은 열매를 맺지 못하였다
>
> **핵심구조** ,which
>
> **단어 및 숙어의 확장** [명사] thorn 가시 / plant 식물 / grain 곡식, 열매 [동사] fall 떨어지다 (fall-fell-fallen) / grow 자라다 (grow-grew-grown) / choke 질식시키다 / bear 열매를 맺다, 낳다 / do-did-done [숙어] grow up 자라다, 성장하다
>
> **해설** ① ,which를 접속사+대명사로 바꾸면 ,and they가 된다 ② so that + S + V는 '그래서…하다'의 뜻
>
> **의역** 더러는 가시떨기에 떨어지매 가시가 자라 기운을 막으므로 결실치 못하였고

4 But when they looked up, they saw that the stone, which was very large, had been rolled away. (막16:4)

> **직역** 그러나 그들이 쳐다보았을 때, 그들은 매우 큰 그 돌이 멀리 굴려졌다는 것을 알았다
>
> **핵심구조** ,which
>
> **단어 및 숙어의 확장** 【명사】 stone 돌 【동사】 see 보다 (see-saw-seen) / roll 구르다 【숙어】 look up 쳐다보다
>
> **해설** ① ,which를 접속사+대명사로 바꾸면 ,and it이 된다 ② that은 종속접속사이다
>
> **의역** 눈을 들어 본즉 돌이 벌써 굴려졌으니 그 돌이 심히 크더라

5 When Jesus rose early on the first day of the week, he appeared first to Mary Magdalene, out of whom he had driven seven demons. (막16:9)

> **직역** 예수님이 그 주의 첫날 일찍 부활하셨을 때, 그는 맨 먼저 마리아 막달렌에게 나타나셨는데, 그는 그 여자로부터 일곱 귀신을 쫓아내셨다
>
> **핵심구조** ,out of whom
>
> **단어 및 숙어의 확장** 【명사】 demon 귀신, 마귀 【동사】 rise 부활하다 (rise-rose-risen) / appear 나타나다 / drive 쫓아내다, 축출하다 (drive-drove-driven)
>
> **해설** ,out of whom을 접속사+대명사로 바꾸면 and out of her가 된다
>
> **의역** 예수께서 안식 후 첫날 이른 아침에 살아신 후 전에 일곱 귀신을 쫓아 내어 주신 막달라 마리아에게 먼저 보이시니

6 In the days of Abiathar the high priest, he entered the house of God and ate the consecrated bread, which is lawful only for priests to eat. And he also gave some to his companions." (막2:26)

직역 아비아탈 대제사장 시절에, 그는 하나님의 집에 들어가서 봉헌된 빵을 먹었는데, 그것은 제사장만 먹도록 법으로 규정된 것이다. 그는 또한 몇 개를 그의 동료들에게도 주었다

핵심구조 ,which

단어 및 숙어의 확장 명사 high priest 대제사장 / priest 제사장 / companion 동료, 친구 동사 consecrate 신성하게 하다, 성화하다, 봉헌하다 / give 주다 (give-gave-given) / eat 먹다 (eat-ate-eaten) 형용사 lawful 합법적인

해설 ,which를 접속사+대명사로 바꾸면 ,and it이 된다

의역 그가 아비아달 대제사장 때에 하나님의 전에 들어가서 제사장 외에는 먹지 못하는 진설병을 먹고 함께 한 자들에게도 주지 아니하였느냐

성경해설 아비아달: 다윗이 등극한 후 대제사장이 되었다

---

7 "We are going up to Jerusalem," he said, "and the Son of Man will be betrayed to the chief priests and teachers of the law. They will condemn him to death and will hand him over to the Gentiles, <u>who</u> will mock him and spit on him, flog him and kill him. Three days later he will rise."

(막10:33-34)

직역 "우리는 예루살렘으로 올라갈 것이다"라고 그가 말했다, "인자는 배신당하여 대제사장들과 서기관들에게 넘겨질 것이다. 그들은 그에게 사형선고를 내릴 것이며 이방인들에게 넘길 것이다, 그리하여 이방인들은 그를 모욕하고 그에게 침을 뱉으며 매질하고 죽일 것이다. 3일 후에 그는 부활할 것이다"

핵심구조 ,who

단어 및 숙어의 확장 명사 chief priest 대제사장 / teacher of the law 서기관 / Son of Man 인자(人子) / gentile 이방인 동사 betray 배반하다, 배신하다 / mock 조롱하다 / spit 침을 뱉다 / flog 매질하다 / rise 부활하다 숙어 condemn a person to death 유죄판결을 내리다,…에게 사형선고를 내리다 / hand over 넘겨주다, 건네주다, 양도하다

해설 ,who는 관계대명사의 계속적용법으로서 접속사+대명사로 바꾸면 ,and they가

08_관계대명사의 계속적 용법 | 227

된다

`의역` 보라 우리가 예루살렘에 올라가노니 인자가 대제사장들과 서기관들에게 넘기우매 저희가 죽이기로 결인하고 이방인들에게 넘겨주겠고 그들은 능욕하며 침 뱉으며 채찍질하고 죽일 것이니 저는 삼 일 만에 살아나리라 하시니라

8 These are the twelve he appointed: Simon (to whom he gave the name Peter); James son of Zebedee and his brother John (to them he gave the name Boanerges, which means Sons of Thunder); Andrew, Philip, Bartholomew, Matthew, Thomas, James son of Alphaeus, Thaddaeus, Simon the Zealot, and Judas Iscariot, who betrayed him.

(막3:16-19)

`직역` 이들이 그가 임명했던 열두 명이다: 시몬 (그는 그에게 베드로라는 이름을 주었다; 제베데의 아들 야고보와 그의 동생 요한 (그들에게 그는 보아네게스라는 이름을 주었는데, 그것은 천둥의 아들들이라는 뜻이다); 안드레, 빌립, 바돌로메, 마태, 도마, 알페우스의 아들 야고보, 다테우스, 젤롯의 시몬, 그리고 그를 배신했던 이스카리옷에서 온 유다이다

`핵심구조` ,which / ,who

`단어 및 숙어의 확장` `동사` betray 배신하다, 배반하다 / appoint 임명하다 / give 주다 (give-gave-given)

`해설` ① ,which는 관계대명사의 계속적용법으로서 접속사+대명사로 바꾸면 ,and it이 된다. ,who도 관계대명사의 계속적용법으로서 접속사+대명사로 바꾸면 ,and he 가 된다 ② twelve와 he 사이에 목적격관계대명사 that 또는 whom이 생략돼 있다

`의역` 이 열둘을 세우셨으니 시몬에게는 베드로란 이름을 더하셨고 또 세베대의 아들 야고보와 야고보의 형제 요한이니 이 둘에게는 보아너게 곧 우레의 아들이란 이름을 더하셨으며 또 안드레와 빌립과 바돌로매와 마태와 도마와 알패오의 아들 야고보와 및 다대오와 가나안인 시몬이며 또 가룟 유다니 이는 예수를 판 자러라

09

복합관계대명사

복합관계대명사는 관계대명사 what, who, which, whom의 끝에 -ever가 붙은 것으로서 '무엇이든지' '누구든지' '어느 것이든지'의 뜻을 갖고 있다.

> whoever + V
> whatever + V
> whichever + S + V
> whomever + S + V

- 복합관계대명사: whatever (무엇이든지) / whichever (어느 것이든지) / whoever (누구든지) / whomever (누구에게든지) (*그러나 thatever, whoseever는 없다)

- whoever는 주격이므로 whoever 다음에는 동사(V)가 오며, whomever와 whichever는 목적격이므로 whomever와 whichever 다음에는 주어(S)+동사(V)가 온다.

예문1 Give the apple whoever wants it.
(사과를 원하는 사람 누구에게나 주어라)

예문2 Whatever happens, I will go.
(무슨 일이 일어나든지 나는 가겠다)

예문3 Choose whichever you want.
(원하는 것이면 어느 것이나 골라라)

예문4 Whatever he may choose, Serin can do it well.

(무엇을 선택하든지 세린이는 그 일을 잘 할 수 있다)

예문5 Whatever you do, work at it with all your heart.
(무엇을 하든지, 온 마음을 다하여 그 일을 해라)

예문6 The Father will give you whatever you ask because of your love for the Son.
(아버지께서는 아들에 대한 너의 사랑 때문에 네가 요구하는 것이면 무엇이
든지 너에게 주실 것이다)

예문7 Whoever wants to save his life will lose it, but whoever loses his life for me
will find it.
(자신의 목숨을 구하기를 원하는 사람은 누구나 목숨을 잃을 것이나 나를 위
해서 자신의 목숨을 잃는 자는 누구나 목숨을 찾을 것이다) [whoever는 주격
이다]

1 Whoever does God's will is my brother and sister and mother."

(막3:35)

직역 하나님의 뜻을 행하는 자는 누구나 나의 형제요 자매요 어머니다

핵심구조 Whoever + 동사 does

단어 및 숙어의 확장 **명사** will 의지, 뜻

해설 Whoever는 복합관계대명사로서 '누구든지'

의역 누구든지 하나님의 뜻대로 하는 자는 내 형제요 자매요 모친이니라

2 But whoever blasphemes against the Holy Spirit will never be
forgiven; he is guilty of an eternal sin."

(막3:29)

직역 그러나 성령을 모독하는 자는 누구든지 결코 용서받지 못할 것인데 왜냐하면
그는 영원한 죄를 짓는 것이기 때문이다

핵심구조 whoever + 동사 blasphemes

단어 및 숙어의 확장 **명사** the Holy Spirit 성령 / sin 원죄 **동사** blaspheme (신, 신성

한 것에 대하여) 불경스러운 말을 하다, 모독하다 (against) / forgive 용서하다 (forgive-forgave-forgiven) 형용사 eternal 영원한 숙어 be guilty of…에 대하여 죄가 있는

해설 whoever는 복합관계대명사로서 '누구든지'

의역 누구든지 성령을 훼방하는 자는 사하심을 영원히 얻지 못하고 영원한 죄에 처하느니라 하시니

---

3 For whatever is hidden is meant to be disclosed, and whatever is concealed is meant to be brought out into the open. (막4:22)

직역 왜냐하면 숨어 있는 것은 무엇이나 드러나도록 되어 있고 숨겨진 것은 무엇이나 세상 밖으로 데려와져서 공개된다는 뜻이기 때문이다

핵심구조 whatever + 동사 is

단어 및 숙어의 확장 동사 hide 숨기다 (hide-hid-hidden) / disclose (숨겨진 것을) 나타내다, 드러내다 / conceal 숨기다, 숨다, 비밀로 하다 / mean 의미하다 (mean-meant-meant) / bring 가지고 오다 (bring-brought-brought) 숙어 bring out 세상에 내놓다, (뜻을) 분명히 하다

해설 whatever는 복합관계대명사로서 '무엇이든지'

의역 드러내려 하지 않고는 숨긴 것이 없고 나타내려 하지 않고는 감추인 것이 없느니라

---

4 Whoever has will be given more; whoever does not have, even what he has will be taken from him." (막4:25)

직역 가진 사람은 누구나 더 많이 받을 것이며 갖지 않은 자는 누구나, 그가 가진 것조차도, 그로부터 빼앗김을 당할 것이다

핵심구조 Whoever + 동사 has / whoever + 동사 does not have

단어 및 숙어의 확장 동사 give 주다 (give-gave-given) / take 가지다 (take-took-taken)

해설 Whoever는 복합관계대명사로서 '누구든지'

의역 있는 자는 받을 것이요 없는 자는 그 있는 것까지 빼앗기리라

5 And he promised her with an oath, "Whatever you ask I will give you, up to half my kingdom." (막6:23)

> **직역** 그리고 그는 그 여자에게 맹세하였다, "네가 구하는 것이면 무엇이든지 내가 너에게 줄 것이다, 나의 왕국의 절반까지도"
>
> **핵심구조** Whatever + S (you) + V (ask)
>
> **단어 및 숙어의 확장** [명사] oath 맹세 / kingdom 왕국 / half 절반, 반 [동사] promise 약속하다 [숙어] up to…까지
>
> **해설** Whatever는 복합관계대명사로서 '무엇이든지'
>
> **의역** 또 맹세하되 무엇이든지 네가 내게 구하면 내 나라의 절반까지라도 주리라 하거늘

6 Whoever believes and is baptized will be saved, but whoever does not believe will be condemned. (막16:16)

> **직역** 믿고 세례 받는 자는 누구나 구원받을 것이지만 믿지 않는 자는 정죄 받을 것이다
>
> **핵심구조** Whoever + 동사 believes and is baptized
> Whoever + 동사 does not believe
>
> **단어 및 숙어의 확장** [동사] baptize 세례주다 (be baptized 세례받다) / save 구원하다 (be saved 구원받다) / condemn 비난하다 (be condemned 비난받다, 정죄받다)
>
> **해설** Whoever는 복합관계대명사로서 '누구든지'
>
> **의역** 믿고 세례를 받는 사람은 구원을 얻을 것이요 믿지 않는 사람은 정죄를 받으리라

7 Therefore I tell you, whatever you ask for in prayer, believe that you will receive it, and it will be yours. (막11:24)

> **직역** 그러므로 내가 너희에게 말하노니, 기도하면서 너희가 구하는 것이면 무엇이든지, 너희가 그것을 받을 것이라고 믿어라, 그러면 그것은 너희 것이 될 것이다

핵심구조 whatever + 주어 you + 동사 ask

단어 및 숙어의 확장 명사 prayer 기도 동사 receive 받다 숙어 ask for 요청하다

해설 ① whatever는 복합관계대명사로서 '무엇이든지' ② believe that you will receive it, and it will be yours는 명령문+ ,and + S + V의 구조이다. (···해라 그러면-할 것이다)

의역 그러므로 내가 너희에게 말하노니 무엇이든지 기도하고 구하는 것은 받은줄로 믿으라 그리하면 너희에게 그대로 되리라

8 For whoever wants to save his life will lose it, but whoever loses his life for me and for the gospel will save it. (막8:35)

직역 그의 생명을 구하기를 원하는 사람은 누구든지 그것을 잃을 것이지만, 나를 위하고 복음을 위하여 그의 생명을 잃는 자는 누구든지 그것을 구할 것이기 때문이다

핵심구조 whoever + 동사 wants
whoever + 동사 loses

단어 및 숙어의 확장 명사 gospel 복음 동사 lose 잃다 / save 구하다, 구원하다, 살리다

해설 ① whoever는 복합관계대명사로서 '누구든지' ② it은 life(생명)이다

의역 누구든지 제 목숨을 구원코자 하면 잃을 것이요 누구든지 나와 복음을 위하여 제 목숨을 잃으면 구원하리라

9 Then James and John, the sons of Zebedee, came to him. "Teacher," they said, "we want you to do for us whatever we ask." (막10:35)

직역 그때 제베대의 아들들인 야고보와 요한이 그에게 왔다. "선생님," 그들이 말했다, "우리는 우리가 원하는 것이면 무엇이든지 당신이 우리를 위해서 해주기를 원합니다."

핵심구조 whatever + 주어 we + 동사 ask

단어 및 숙어의 확장 [동사] come 오다 (come-came-come) / say 말하다 (say-said-said)

해설 ① whatever는 복합관계대명사로서 '무엇이든지' ② want + O + to R

의역 세베대의 아들 야고보와 요한이 주께 나아와 여짜오되 선생님이여 무엇이든지 우리의 구하는 바를 우리에게 하여 주시기를 원하옵나이다

---

10 Not so with you. Instead, <u>whoever wants</u> to become great among you must be your servant, and <u>whoever wants</u> to be first must be slave of all.　　　　　　　　　　　　　　　　　　　　　(막10:43-44)

직역 너희에게는 그렇지 않다. 그 대신, 너희 중에 위대하게 되기를 원하는 자는 누구나 너희의 하인이 되어야만 하고, 먼저가 되고자 하는 자는 누구나 모든 이의 노예가 되어야만 한다

핵심구조 whoever + 동사 wants

단어 및 숙어의 확장 [명사] servant 하인 / slave 노예　[부사] instead 그 대신에

해설 whoever는 복합관계대명사로서 '누구든지'

의역 너희 중에는 그렇지 아니하니 너희 중에 누구든지 크고자 하는 자는 너희를 섬기는 자가 되고 너희 중에 누구든지 으뜸이 되고자 하는 자는 모든 사람의 종이 되어야 하리라

---

11 "Whoever welcomes one of these little children in my name welcomes me; and <u>whoever welcomes me</u> does not welcome me but the one who sent me."　　　　　　　　　　　　　　　(막9:37)

직역 내 이름으로 이 어린 아이들 중 하나를 환영하는 자는 누구나 나를 환영하는 것이며 나를 환영하는 자는 누구나 나를 환영하는 것이 아니라 나를 보내신 자를 환영하는 것이다

핵심구조 whoever + 동사 welcomes

단어 및 숙어의 확장 [명사] child 어린이 (children 어린이들)　[동사] welcome 환영하다 / send 보내다 (send-sent-sent)　[숙어] not A but B: A가 아니라 B다

해설 whoever는 복합관계대명사로서 '누구든지'

의역 누구든지 내 이름으로 이런 어린아이 하나를 영접하면 곧 나를 영접함이요 누구든지 나를 영접하면 나를 영접함이 아니요 나를 보내신 이를 영접함이니라

12 Whenever you are arrested and brought to trial, do not worry beforehand about what to say. Just say <u>whatever is given you at the time</u>, for it is not you speaking but the Holy Spirit. (막13:11)

직역 너희가 체포되어 재판을 받으러 갈 때마다, 무슨 말을 해야 할지 미리 걱정하지 마라. 그 당시에 너희에게 주어진 것이면 무엇이든지 그냥 말해라, 너희가 말하는 것이 아니라 성령이 말씀하시기 때문이다

핵심구조 whenever + 주어 you + 동사 are arrested and brought
whatever + 동사 is given

단어 및 숙어의 확장 명사 trial 재판 / the Holy Spirit 성령 동사 arrest 체포하다 (be arrested 체포되다) / bring 가져오다(bring-brought-brought) / worry 걱정하다 / give 주다 (be given 받다) (give-gave-given) 부사 beforehand 미리, 사전에 숙어 not A but B: A가 아니라 B다

해설 ① whatever는 복합관계대명사로서 '무엇이든지,' whenever는 복합관계부사로서 '언제든지' ② for는 because의 뜻이다 ③ what to say에서 what은 의문사이다. what to say는 '무슨 말을 해야 할 지'

의역 사람들이 너희를 끌어다가 넘겨 줄 때에 무슨 말을 할까 미리 염려치 말고 무엇이든지 그 시(時)에 너희에게 주시는 그 말을 하라 말하는 이는 너희가 아니요 성령이시니라

13 "Do not stop him," Jesus said. "No one who does a miracle in my name can in the next moment say anything bad about me, for <u>whoever is not against us</u> is for us. (막9:39-40)

직역 "그를 멈추게 하지 마라," 예수님이 말씀하셨다. "내 이름으로 기적을 행하는 자는 누구라도 다음 순간에는 나에 대하여 나쁜 것을 말할 수 없다, 우리에게 대항하지 않는 자는 누구나 우리 편이기 때문이다

13 "Do not stop him," Jesus said. "No one who does a miracle in my name can in the next moment say anything bad about me, for whoever is not against us is for us. (막9:39-40)

> 직역 "그를 멈추게 하지 마라," 예수님이 말씀하셨다. "내 이름으로 기적을 행하는 자는 누구라도 다음 순간에는 나에 대하여 나쁜 것을 말할 수 없다, 우리에게 대항하지 않는 자는 누구나 우리 편이기 때문이다
>
> 핵심구조 whoever + 동사 is
>
> 단어 및 숙어의 확장 명사 miracle 기적 / moment 순간 동사 say 말하다 (say-said-said) 숙어 for 찬성하다 / against 반대하다
>
> 해설 whoever는 복합관계대명사로서 '누구든지'
>
> 의역 예수께서 가라사대 금하지 말라 내 이름을 의탁하여 능한 일을 행하고 즉시로 나를 비방할 자가 없느니라 우리를 반대하지 않는 자는 우리를 위하는 자니라

14 But you say that if a man says to his father or mother: 'Whatever help you might otherwise have received from me is Corban' (that is, a gift devoted to God), then you no longer let him do anything for his father or mother. (막7:11-12)

> 직역 그러나 너희는 말한다 한 남자가 그의 아버지나 어머니에게 '사정이 달랐더라면 너희가 나로부터 받았을지도 모르는 도움이면 무엇이든지 코르반이다' (즉, 하나님께 바치는 선물)이라고 말한다면, 너희는 그가 그의 아버지나 어머니를 위해서 어떤 일도 더 이상 하지 못하게 할 거라고.
>
> 핵심구조 whatever + 동사 help
>
> 단어 및 숙어의 확장 명사 gift 선물 동사 devote 바치다 숙어 no longer 더 이상… 하지 않다 / that is 즉
>
> 해설 ① whatever는 복합관계대명사로서 '무엇이든지' ② that의 앞에 동사 say, 뒤에 주어+동사가 왔으므로 that은 종속접속사이다 ③ devoted 앞에는 주격관계대명사 that과 is가 생략돼 있다 ④ 사역동사 let + 목적어 him + 동사원형 do
>
> 의역 너희는 가로되 사람이 아비에게나 어미에게나 말하기를 내가 드려 유익하게 할 것 이 고르반 곧 하나님께 드림이 되었다고 하기만 하면 그만이라 하고 제 아비나 어미에게 다시 아무것이라도 하여 드리기를 허하지 아니하여

10

관계부사의 제한적 용법,
계속적 용법, 생략, 복합관계부사

■ 형태: ,where 또는 ,when이 쓰이는 문장을 관계부사의 계속적 용법이라고 한다.

먼저 제한적 용법을 살펴보자.

This is the apartment and they live in it.이라는 문장을 보자. 여기에서 apartment와 it은 같다. in it을 장소를 나타내는 where라는 관계부사로 바꾼 다음 문장을 쓰면, This is the apartment where they live. (이곳은 그들이 사는 아파트이다)가 된다. 이때 where they live는 apartment를 뒤에서 수식하는 형용사절이다. 이렇게 수식하는 것을 제한적 용법이라고 한다.

그러면 계속적 용법이란 무엇인가? 계속적 용법은 반드시 where나 when의 앞에 comma(,)가 있어야 한다.

예문1   They went to Boston, where they stayed for a week.
(그들은 보스턴에 갔는데, 그곳에서 일주일 머물렀다)
이때, ,where를 and there로 바꿀 수 있다.
They went to Boston, and there they stayed for a week.
또 시간을 나타낼 경우에는 ,when이 쓰인다.

예문2 I stayed in Boston, when I happened to meet one of my friends.
(나는 보스턴에 머물렀는데, 그때 우연히 내 친구 중의 한 명을 만났다)
이때, ,when을 and then으로 바꿀 수 있다.
I stayed in Boston, and then I happened to meet one of my friends.
☞이때 접속사를 반드시 and만 쓰는 것이 아니라, 문장의 내용에 따라서 but
이나 for를 쓸 수도 있다.

① 관계부사의 제한적 용법

1 But they laughed at him. After he put them all out, he took the child's father and mother and disciples who were with him and went in where the child was.

(막5:40)

> **직역** 그러나 그들은 그를 비웃었다. 그들 모두를 내보내신 후, 그는 자신과 함께 있었던 그 아이의 아버지와 어머니와 제자들을 데리고 그 아이가 있는 곳에 가셨다
>
> **핵심구조** (the place) + 장소의 관계부사 where + 주어 the child + 동사 was
>
> **단어 및 숙어의 확장** 동사 put-put-put / take-took-taken / go-went-gone 숙어 laugh at …을 비웃다
>
> **해설** where는 장소를 나타내는 관계부사의 제한적용법으로서 선행사 the place가 생략돼 있다
>
> **의역** 저희가 비웃더라 예수께서 저희를 다 내어 보내신 후에 아이의 부모와 또 자기와 함께 한 자들을 데리시고 아이 있는 곳에 들어가사

② 관계부사의 계속적 용법

1 A few days later, <u>when</u> Jesus again entered Capernaum, the people heard that he had come home. (막2:1)

[직역] 며칠 후, 예수님이 가버나움에 다시 들어가셨을 때, 사람들은 그가 집에 오셨다고 들었다.

[핵심구조] ,when + 주어 Jesus + 동사 entered

[단어 및 숙어의 확장] [명사] Capernaum 가버나움

[해설] ① ,when은 관계부사의 계속적용법으로서 and then으로 바꿀 수 있다 ② that은 종속접속사이다

[의역] 수일 후에 예수께서 다시 가버나움에 들어가시니 집에 계신 소문이 들린지라

---

2 Some fell on rocky places, <u>where</u> it did not have much soil. It sprang up quickly, because the soil was shallow. (막4:5)

[직역] 몇 개는 돌이 많은 장소에 떨어졌는데, 그곳에서는 흙이 많지 않았다. 그것은 재빨리 자랐다, 흙이 얕았기 때문이었다

[핵심구조] ,where + 주어 it + 동사 did not have

[단어 및 숙어의 확장] [명사] soil 흙 [동사] fall 떨어지다 (fall-fell-fallen) / spring 솟아오르다 (spring-sprang-sprung) [형용사] shallow 얕은 (↔deep 깊은) / rocky 바위가 많은

[해설] ,where는 관계부사의 계속적용법으로서 '접속사+부사'로 바꾸면, and there가 된다

[의역] 더러는 흙이 얇은 돌밭에 떨어지매 흙이 깊지 아니하므로 곧 싹이 나오나

[성경해설] 말씀을 듣고 즉시 기쁨으로 받으나 그 속에 뿌리가 없어서 잠시 견디다가 말씀을 인하여 환난이나 핍박이 일어나면 곧 넘어지는 자이다.

3　If your hand causes you to sin, cut it off. It is better for you to enter life maimed than with two hands to go into hell, <u>where</u> the fire never goes out.

(막9:43)

> **직역** 너의 손이 너로 하여금 죄를 짓게 하거든, 그것을 잘라버려라. 두 개의 손을 지닌 채 지옥에 가는 것보다 불구로 영생에 들어가는 것이 더 낫다, 왜냐하면 그곳에는 불이 결코 꺼지지 않기 때문이다
>
> **핵심구조** ,where
>
> **단어 및 숙어의 확장** [명사] eternal life 영생 / hell 지옥 [동사] maim (손발을 끊어) 불구로 만들다, 상처내다, 망쳐놓다 / cause 야기하다, 초래하다 / sin 죄를 짓다 [형용사] eternal 영원한 / maimed 불구의, 상한 [숙어] cut off 잘라내다, 자르다 / go out 꺼지다
>
> **해설** ① ,where는 관계부사의 계속적용법으로서 접속사+부사로 바꾸면, for there가 된다 ② cause + O + to R ③ It은 가주어, for you는 의미상의 주어, to enter와 to go는 진주어이다
>
> **의역** 만일 네 손이 너를 범죄케 하거든 찍어버리라 불구자로 영생에 들어가는 것이 두 손을 가지고 지옥 꺼지지 않는 불에 들어가는 것보다 나으니라

4　Some people are like seed along the path, <u>where</u> the word is sown. As soon as they hear it, Satan comes and takes away the word that was sown in them.

(막4:15)

> **직역** 어떤 사람들은 길가에 뿌려진 씨앗과 같다, 그런데 그곳에 말씀이 뿌려진다. 그들이 그것을 듣자마자, 사탄이 와서 그들 안에 뿌려졌던 말씀을 가져가버린다
>
> **핵심구조** ,where + 주어 the word + 동사 is sown
>
> **단어 및 숙어의 확장** [명사] path 길 / Satan 사탄, 사단 / seed 씨앗 [동사] sow 뿌리다 (sow-sowed-sown) [숙어] as soon as…하자마자
>
> **해설** ① ,where는 관계부사의 계속적용법으로서 접속사+부사로 바꾸면, and there가 된다 ② that은 주격관계대명사이다

5   After six days Jesus took Peter, James and John with him and led them up a high mountain, <u>where</u> they were all alone. There he was transfigured before them.

(막9:2)

> **직역**   6일이 지난 후 예수님은 베드로와 야고보와 요한을 데리고 그들을 높은 산으로 인도하였는데, 그곳에서 그들은 모두 혼자 있었다. 거기에서 그는 그들 앞에서 변화되셨다
>
> **핵심구조**   ,where + 주어 they + 동사 were
>
> **단어 및 숙어의 확장**   **동사** lead 인도하다 (lead-led-led) / take 데리고가다 (take-took-taken) / transfigure 변화하다 (be transfigured 변화되다)
>
> **해설**   ,where는 관계부사의 계속적용법으로서 접속사+부사로 바꾸면 ,and there가 된다
>
> **의역**   엿새 후에 예수께서 베드로와 야고보와 요한을 데리시고 따로 높은 산에 올라가셨더니 저희 앞에서 변형되사

6   Very early in the morning, while it was still dark, Jesus got up, left the house and went off to a solitary place, <u>where</u> he prayed.

(막1:35)

> **직역**   매우 이른 아침, 아직 어두울 적에, 예수님은 일어나셔서 집을 떠나 한적한 장소에 가셨다, 거기에서 그는 기도하셨다.
>
> **핵심구조**   ,where + 주어 he + 동사 prayed
>
> **단어 및 숙어의 확장**   **동사** get-got-got / leave 떠나다 (leave-left-left) / go-went-gone / pray 기도하다 **형용사** solitary 외로운, 고독한, 한적한 / dark 어두운 **숙어** get up 일어나다
>
> **해설**   ,where는 관계부사의 계속적용법으로서 접속사+부사로 바꾸면, and there가 된다

의역 새벽 오히려 미명에 예수께서 일어나 나가 한적한 곳으로 가사 거기서 기도하시더니

7 And if your eye causes you to sin, pluck it out. It is better for you to enter the kingdom of God with one eye, than to have two eyes and be thrown into hell, <u>where</u> 'their worm does not die, and the fire is not put out.'

(막9:47-48)

직역 너희 눈이 너희로 하여금 죄를 짓게 하거든, 그것을 뽑아버려라. 두 눈을 지니고 지옥에 던져지기보다는 한 개의 눈을 지니고 하나님 나라에 들어가는 것이 더 낫다, 왜냐하면 거기에서는 '벌레가 죽지도 않고, 불이 꺼지지도 않기 때문이다'

핵심구조 ,where + 주어 their worm + 동사 does not die

단어 및 숙어의 확장 **명사** worm 벌레 / the kingdom of God 하나님 나라 / hell 지옥 **동사** cause 야기하다, 초래하다 / sin 죄를 짓다 / pluck (out) 뽑다 / throw 던지다 (throw-threw-thrown) **숙어** put out 꺼지다

해설 ① ,where는 관계부사의 계속적용법으로서 접속사+부사로 바꾸면, for there가 된다 ② cause + O + to R ③ It은 가주어, for you는 의미상의 주어, to enter와 to have와 to be thrown은 진주어이다

의역 만일 네 눈이 너를 범죄케 하거든 빼어버리라 한 눈으로 하나님의 나라에 들어가는 것이 두 눈을 가지고 지옥에 던지우는 것보다 나으니라 거기는 구더기도 죽지 않고 불도 꺼지지 아니하느니라

③ 관계부사의 생략

선행사나 관계부사는 가끔 생략될 수도 있다.

예문1 This is the place (where) she comes from.
(이곳이 그녀의 출신지이다)

예문2 This is (the place) where she comes from.
(이곳이 그녀의 출신지이다)

예문3 That's (the reason) why they don't come.
(그것이 그들이 오지 않은 이유이다)

예문4 That's the reason (why) they don't come.
(그것이 그들이 오지 않는 이유이다)

1 The poor you will always have with you, and you can help them any time ✓ you want. But you will not always have me. (막14:7)

> **직역** 너희는 항상 가난한 자들을 너희와 함께 할 것이며, 너희는 너희가 원하는 아무 때라도 그들을 도울 수 있다. 그러나 너희는 항상 나와 함께 있지 않을 것이다
>
> **핵심구조** any time + (when) + 주어 you + 동사 will not have
>
> **해설** ① time과 you 사이에 시간을 나타내는 관계부사 when이 생략돼 있다 ② the + 형용사(poor)=복수보통명사(=poor people)
>
> **의역** 가난한 자들은 항상 너희와 함께 있으니 아무 때라도 원하는 대로 도울 수 있거니와 나는 너희와 항상 함께 있지 아니하리라

2 Say to the owner of the house ✓ he enters, 'The Teacher asks: Where is my guest room, where I may eat the Passover with my disciples?' (막14:14)

> **직역** 그가 들어가는 집의 주인에게 말해라, '선생님께서 여쭈신다: 나의 손님방이 어디 있느냐, 내가 나의 제자들과 유월절 음식을 먹을 곳이?'
>
> **핵심구조** the house + (where) + 주어 he + 동사 enters
>
> **단어 및 숙어의 확장** [명사] owner 주인 / guest room 손님방 / disciple 제자 / Passover 유월절
>
> **해설** ① house와 he 사이에 장소를 나타내는 관계부사 where가 생략돼 있다 ② 문두

에 있는 Where는 의문대명사, room 다음에 오는 ,where는 계속적용법의 관계부
사이다

의역 어디든지 그의 들어가는 그 집주인에게 이르되 선생님의 말씀이 내가 내 제자
들과 함께 유월절을 먹을 나의 객실이 어디 있느뇨 하시더라 하라

성경해설 유월절(the Passover): 이스라엘의 3대절기 중의 하나로서 무교절(the Feast
of Unleavened Bread)이라고도 한다. 출애굽의 해방을 기념하는 날이다. 하나님
께서 심판의 천사를 통해 애굽의 초태생들을 죽이시던 날, 문설주에 양의 피를
바른 이스라엘 가정은 "그냥 지나쳐갔다(passed over)" 유월절은 바로 그날의
사건에서 붙여진 이름이다. 해마다 그날에는 특별한 음식, 즉 고난의 떡을 상징
하는 누룩 없는 빵, 무교병과 쓴나물을 일주일 동안 먹는다. 집안의 가장들은
역사와 배경을 가르친다.

④ 복합관계부사

---

wherever + S + V (어디든지)
whenever + S + V (언제든지)
However + 형용사(부사) + S + V (아무리…한다하더라도)
whyever는 없다

예문1 Wherever you may go, I will follow you.
(네가 가는 곳이면 어디든지 너를 따라가겠다)

예문2 Please call me whenever you come up to Seoul.
(서울에 올 때마다 내게 전화해라)

예문3 However late you may be, don't forget to call me.
(아무리 늦더라도 내게 전화하는 것을 잊지 마시오)

4-1. wherever + S + V

1 They ran throughout that whole region and carried the sick on mats to wherever they heard he was. (막6:55)

> 직역 그들은 그 전체 지역을 두루 달렸고 그가 계신다고 들은 장소마다 병자들을 매트에 싣고 데리고 갔다
>
> 핵심구조 wherever + 주어 they + 동사 heard
>
> 단어 및 숙어의 확장 명사 region 지역, 지방 / mat 매트 동사 run 뛰다 (run-ran-run) / hear 듣다 (hear-heard-heard)
>
> 해설 ① wherever는 복합관계부사로서 '어디든지' ② that은 형용사 whole을 꾸며주는 지시부사이다 ③ the + 형용사 (sick)=복수보통명사 (sick people)
>
> 의역 그 온 지방으로 달려 돌아다니며 예수께서 어디 계시단 말을 듣는 대로 병든 자를 침상채로 메고 나아오니

2 I tell you the truth, wherever the gospel is preached throughout the world, what she has done will also be told, in memory of her." (막14:9)

> 직역 내가 너희에게 진실을 말하노니, 복음이 전 세계를 통하여 가르쳐지는 곳마다, 그 여자가 행한 일도 들려질 것이다, 그 여자를 기념하여."
>
> 핵심구조 wherever + 주어 the gospel + 동사 is preached
>
> 단어 및 숙어의 확장 명사 gospel 복음 동사 preach 전도하다, 설교하다 / do 하다 (do-did-done) / tell 말하다(tell-told-told) 숙어 in memory of…을 기념으로
>
> 해설 ① wherever는 복합관계부사로서 '어디든지' ② what은 관계대명사로서 the thing which로 바꿀 수 있다
>
> 의역 내가 진실로 너희에게 이르노니 온 천하에 어디서든지 복음이 전파되는 곳에는 이 여자의 행한 일도 말하여 저를 기념하리라 하시니라

3 And <u>wherever</u> he went—into villages, towns or countryside—they placed the sick in the marketplaces. They begged him to let them touch even the edge of his cloak, and all who touched him were healed.

(막6:56)

> **직역** 그리고 그가 가는 곳마다—마을이나 도시나 시골—그들은 장터로 병자들을 옮겼다. 그들은 그에게 간청하여 그의 옷자락 끝이라도 만지게 해달라고 하였고, 그를 만진 사람은 모두 치료되었다
>
> **핵심구조** wherever + 주어 he + 동사 went
>
> **단어 및 숙어의 확장** 명사 village 마을 / marketplace 시장, 장터 / edge 끝머리, 테두리, 가장자리 / cloak (소매가 없는)외투, 망토 동사 go 가다 (go-went-gone) / beg 간청하다 / heal 치료하다 (be healed 치료받다)
>
> **해설** ① wherever는 복합관계부사로서 '어디든지' ② the + 형용사 (sick)=복수보통명사 (sick people) ③ beg + O (him) + to R (let)…에게 하도록 간청하다 ④ 사역동사 (let) + O (them) + R (touch)
>
> **의역** 아무 데나 예수께서 들어가시는 마을이나 도시나 촌에서 병자를 시장에 두고 예수의 옷 가에라도 손을 대게 하시기를 간구하니 손을 대는 자는 다 성함을 얻으니라

4-2. Whenever + S + V

1 <u>Whenever</u> you enter a house, stay there until you leave that town.

(막6:10)

> **직역** 너희가 집에 들어갈 때마다, 그 도시를 떠날 때까지 거기에서 머물러라
>
> **핵심구조** Whenever + 주어 you + 동사 enter
>
> **단어 및 숙어의 확장** 동사 leave 떠나다
>
> **해설** ① whenever는 복합관계부사로서 '언제든지' ② that은 town을 꾸며주는 지시형

용사이다

또 가라사대 어디서든지 뉘 집에 들어가거든 그 곳을 떠나기까지 거기 유(留)하라

2 <u>Whenever</u> you are arrested and brought to trial, do not worry beforehand about what to say. Just say whatever is given you at the time, for it is not you speaking but the Holy Spirit. (막13:11)

직역 너희가 체포되어 법정으로 갈 때마다, 무슨 말을 해야 할 지 미리 걱정하지마라. 당시에 너희에게 주어진 것이면 무엇이든지 그냥 말해라, 왜냐하면 너희가 말하는 것이 아니라 성령께서 말씀하시기 때문이다

핵심구조 Whenever + 주어 you + 동사 arrested and brought

단어 및 숙어의 확장 명사 trial 공판, 재판, 시련 동사 arrest 체포하다 / bring 데려오다 (bring-brought-brought) / worry 걱정하다 / give 주다 (be given 주어지다) (give-gave-given) 부사 beforehand 미리, 사전에 숙어 bring a person to trial 아무를 공판에 부치다, 고발(검거)하다

해설 ① Whenever는 복합관계부사로서 '언제든지' ② whatever는 복합관계대명사 ③ what은 의문사이다 ④ not A but B: A가 아니라 B다

의역 사람들이 너희를 끌어다가 넘겨 줄 때에 무슨 말을 할까 미리 염려치 말고 무엇이든지 그 시(時)에 너희에게 주시는 그 말을 하라 말하는 이는 너희가 아니요 성령이시니라

3 <u>Whenever</u> it seizes him, it throws him to the ground. He foams at the mouth, grinds his teeth and becomes rigid. I asked your disciples to drive out the spirit, but they could not. (막9:18)

직역 그것이 그를 붙잡을 때마다 그것은 그를 땅으로 내던진다. 그는 입에 거품을 물고 그의 이를 갈며 완고하게 된다. 나는 당신의 제자들에게 그 영을 쫓아내달라고 요청하였지만 그들은 그럴 수 없었다

핵심구조 Whenever + 주어 it + 동사 seizes

단어 및 숙어의 확장 　명사　 tooth 치아 (teeth (pl))　동사　 seize 붙잡다 / throw 던지다 / foam 거품이 일다, 거품을 뿜다 / grind (맷돌로) 갈다, 가루로 만들다, 으깨다 　형용사　 rigid 완고한　숙어　 drive out 추방하다, 몰아내다, 배격하다

해설 you는 Jesus Christ이며 I는 벙어리귀신 들린 아이의 아버지이다

의역 귀신이 어디서든지 저를 잡으면 거꾸러져 거품을 흘리며 이를 갈며 그리고 파리하여 가는지라 내가 선생의 제자들에게 내어 쫓아 달라 하였으나 저희가 능히 하지 못하더이다

11

the+형용사=복수보통명사

형용사 앞에 정관사 the가 오면 복수보통명사가 된다.

예1 the old=old people=나이 든 사람들

예2 the young=young people=젊은이들

예3 the rich=rich people=부자들

예4 the poor=poor people=가난한 사람들

예5 the kind=kind people=친절한 사람들

예6 the sick=sick people=아픈 사람들

예7 the righteous=righteous people=정의로운 사람들

1 He is not the God of the dead, but of the living. You are badly
mistaken."

(막12:27)

> **직역** 그는 죽은 자들의 하나님이 아니라 산 자들의 하나님이다. 너희가 매우 잘못
> 생각하였다
>
> **핵심구조** the + 형용사 dead, the + 형용사 living

동사 mistake 실수하다, 잘못생각하다 (mistake-mistook-mistaken)

형용사 mistaken 잘못된, (생각이)틀린 부사 badly 몹시, 매우

해설 the dead=dead people=죽은 사람들 / the living=living people=살아 있는 사람들

의역 하나님은 죽은 자의 하나님이 아니요 산 자의 하나님이시라 너희가 크게 오해
하였도다 하시니라

2 They kept the matter to themselves, discussing what "rising from
the dead" meant. (막9:10)

직역 그들은 그 문제를 누설하지 않았다, "죽은 자들로부터 부활"한다는 것이 무슨
의미인가를 토론하면서.

핵심구조 the + 형용사 dead

단어 및 숙어의 확장 동사 rise 부활하다 (rise-rose-risen) / discuss 토론하다 / mean 의
미하다(mean-meant-meant) / keep 지키다 (keep-kept-kept) 숙어 keep to oneself
홀로 있다, (정보 따위를)남에게 누설하지 않다, 나눠주지 않다

해설 ① the + 형용사 (dead)=dead people=죽은 사람들 ② what은 의문사이다
③ ,discussing은 분사구문의 동시상황으로서 ,and discussed로 바꿀 수 있다

의역 저희가 이 말씀을 마음에 두며 서로 문의하되 죽은 자 가운데서 살아나는 것이
무엇일까 하고

3 That evening after sunset the people brought to Jesus all the sick
and demon-possessed. (막1:32)

직역 그날 저녁 태양이 진 후 사람들은 예수님께 모든 병든 자들과 악마에 사로잡힌
자들을 데리고 갔다

핵심구조 The + 형용사 sick, (the) + 형용사 demon-possessed

단어 및 숙어의 확장 명사 sunset 석양 형용사 demon-possessed 악마에 사로잡힌

해설 ① the sick은 sick people(아픈 사람들), (the) demon-possessed는 demon-
possessed people (악마에 사로잡힌 사람들)을 의미한다 ② That은 evening을 꾸

며주는 지시형용사이다

의역 저물어 해질 때에 모든 병자와 귀신 들린 자를 예수께 데려오니

---

4 But when Herod heard this, he said, "John, the man I beheaded, has been raised from the dead!" (막6:16)

직역 그러나 헤롯이 이것을 들었을 때, 그는 말했다, "내가 목을 자른 그 사람, 즉 요한이 죽은 자들로부터 부활하였구나!"

핵심구조 the + 형용사 dead

단어 및 숙어의 확장 **동사** hear 듣다 (hear-heard-heard) / behead 목을 베다, 참수하다 / say 말하다 (say-said-said)

해설 ① the dead는 dead people (죽은 사람들)을 의미한다 ② John과 the man I beheaded는 동격이다 ③ the man과 I 사이에는 목적격관계대명사 that 또는 whom이 생략돼 있다

의역 헤롯은 듣고 가로되 내가 목 베인 요한 그가 살아났다 하더라

---

5 When the dead rise, they will neither marry nor be given in marriage; they will be like the angels in heaven. (막12:25)

직역 죽은 자들이 부활할 때 그들은 결혼도 하지 않을 것이고 시집장가 보내지도 않을 것이다. 그들은 하늘의 천사들처럼 될 것이다

핵심구조 the + 형용사 dead

단어 및 숙어의 확장 **명사** marriage 결혼 / heaven 천국 / angel 천사 **동사** marry 결혼하다 / give 주다 (give-gave-given) **전치사** like…처럼…같이 **숙어** neither A nor B: A도 아니고 B도 아니다 / give a person in marriage: 아무를 시집(장가)보내다

해설 ① the dead는 dead people (죽은 사람들)을 의미한다

의역 사람이 죽은 자 가운데서 살아날 때에는 장가도 아니 가고 시집도 아니 가고 하늘에 있는 천사들과 같으니라

6 "No one sews a patch of unshrunk cloth on an old garment. If he does, the new piece will pull away from <u>the old</u>, making the tear worse.

(막2:21)

> **직역** "그 누구도 오래된 옷 위에 줄어들지 않은 천조각을 꿰매는 자는 없다. 그렇게 한다면 새 조각이 낡은 조각에서 떨어질 것이며, 찢어진 것을 더욱 나쁘게 할 것이다
>
> **핵심구조** the + 형용사 old
>
> **단어 및 숙어의 확장** [명사] patch 조각 / garment 옷 / tear 찢어진 곳, 해진 데 [동사] shrink 오그라들다, 줄어들다 (↔unshrink 줄어들지 않다) (shrink-shrank-shrunk) (unshrunk 줄어들지 않은) / sew 꿰매다 (sew-sewed-sewn) [형용사] worse 더 나쁜 (bad의 비교급) [숙어] pull away (…에서)떨어지다, 빠지다, 벗어나다
>
> **해설** ① the old는 old people (나이든 사람들)을 의미한다 ② If he does의 does는 대동사(代動詞)로서 sews를 대신한다 ③ ,making은 분사구문의 동시상황으로서 ,and make로 바꿀 수 있다
>
> **의역** 생베조각을 낡은 옷에 붙이는 자가 없나니 만일 그렇게 하면 기운 새 것이 낡은 그것을 당기어 헤어짐이 더하게 되느니라

7 They ran throughout that whole region and carried <u>the sick</u> on mats to wherever they heard he was.

(막6:55)

> **직역** 그들은 그 전체 지역을 두루 달렸고 그가 계신다고 들은 장소마다 병자들을 매트에 싣고 데리고 갔다
>
> **핵심구조** the + 형용사 sick
>
> **단어 및 숙어의 확장** [명사] region 지역, 지방 / mat 매트 [동사] run 뛰다 (run-ran-run) / hear 듣다 (hear-heard-heard)
>
> **해설** ① the sick는 sick people (아픈 사람들)을 의미한다 ② that은 형용사 whole을 꾸며주는 지시형용사이다 ③ wherever는 복합관계부사로서 '어디든지'
>
> **의역** 그 온 지방으로 달려 돌아다니며 예수께서 어디 계시단 말을 듣는 대로 병든 자를 침상채로 메고 나아오니

8 It could have been sold for more than a year's wages and the money given to <u>the poor</u>." And they rebuked her harshly. (막14:5)

> **직역** 그것은 일년치 급료보다 더 많은 돈을 받고 팔릴 수 있었을 것이며 그 돈은 가난한 자들에게 주어질 수도 있었을 것이다." 그리고 그들은 그 여자를 혹독하게 비난하였다
>
> **핵심구조** the + 형용사 poor
>
> **단어 및 숙어의 확장** 명사 wage 급료 동사 rebuke 비난하다, 꾸짖다 / sell 팔다 (sell-sold-sold) / give 주다 (give-gave-given) 부사 harshly 모질게, 호되게, 가혹하게
>
> **해설** ① the poor는 poor people (가난한 사람들)을 의미한다 ② the money와 given 사이에는 could have been이 생략돼 있다
>
> **의역** 이 향유를 삼백 데나리온 이상에 팔아 가난한 자들에게 줄 수 있었겠도다 하며 그 여자를 책망하는지라

9 For false Christs and false prophets will appear and perform signs and miracles to deceive <u>the elect</u>—if that were possible. (막13:22)

> **직역** 왜냐하면 거짓 그리스도와 거짓 선지자들이 나타나서 징표와 기적을 행하여 선택된 자들을 속일 것이다—만약 그것이 가능하다면
>
> **핵심구조** the + 형용사 elect
>
> **단어 및 숙어의 확장** 명사 elect 뽑힌 사람, 선택된 사람 (신의 선민) / prophet 예언자, 선지자 / sign 징표 / miracle 기적 동사 deceive 속이다 / appear 나타나다 / perform 행하다 형용사 elect 뽑힌, 선정된 / false 허위의, 거짓된
>
> **해설** ① the elect는 elect people (뽑힌 사람들)을 의미한다 ② that은 지시대명사이다 ③ For는 because의 뜻이다
>
> **의역** 거짓 그리스도들과 거짓 선지자들이 일어나서 이적과 기사(奇事)를 행하여 할 수만 있으면 택하신 백성을 미혹케 하려 하리라

10 The poor you will always have with you, and you can help them any time you want. But you will not always have me. (막14:7)

> 직역 너희는 항상 가난한 자들을 너희와 함께 가질 것이며, 너희는 너희가 원하는 아무 때라도 그들을 도울 수 있다. 그러난 너희는 항상 나를 함께하지 않을 것이다
>
> 핵심구조 the + 형용사 poor
>
> 해설 ① the poor는 poor people (가난한 사람들)을 의미한다 ② time과 you 사이에 시간을 나타내는 관계부사 when이 생략돼 있다 ③ The poor you will always have with you는 도치된 문장이다. 목적어 the poor가 문장의 앞에 나왔다. 원래의 문장으로 고치면, You will always have the poor with you가 된다
>
> 의역 가난한 자들은 항상 너희와 함께 있으니 아무 때라도 원하는 대로 도울 수 있거니와 나는 너희와 항상 함께 있지 아니하리라

11 On hearing this, Jesus said to them, "It is not the healthy who need a doctor, but the sick. I have not come to call the righteous, but sinners. (막2:17)

> 직역 이것을 듣자마자, 예수님은 그들에게 말씀하셨다, "의사를 필요로 하는 자는 건강한 자들이 아니라 아픈 자들이다. 나는 정의로운 자들을 부르러 온 것이 아니라 죄인들을 부르러 왔다
>
> 핵심구조 the + 형용사 healthy
> the + 형용사 sick
> the + 형용사 righteous
>
> 단어 및 숙어의 확장 명사 sinner 죄인 형용사 healthy 건강한 / righteous 정의로운 숙어 on + R…ing : …하자마자 / not A but B: A가 아니라 B다
>
> 해설 ① the healthy는 healthy people (건강한 사람들), the sick는 sick people (아픈 사람들), the righteous는 righteous people을 의미한다 ② It is not the healthy who need a doctor, but the sick.은 It…that 강조구문으로서 the healthy가 강조돼 있다. that 대신에 who가 쓰여있다

의역 예수께서 들으시고 저희에게 이르시되 건강한 자에게는 의원이 쓸데없고 병든 자에게라야 쓸 데 있느니라 내가 의인을 부르러 온 것이 아니요 죄인을 부르러 왔노라 하시니라

12 As they were coming down the mountain, Jesus gave them orders not to tell anyone what they had seen until the Son of Man had risen from the dead. (막9:9)

직역 그들이 산 아래로 내려가고 있을 때, 예수님은 그들에게 인자가 죽은 자들로부터 부활할 때까지 그들이 본 것을 그 누구에게도 말하지 말라고 명령하셨다

핵심구조 the + 형용사 dead

단어 및 숙어의 확장 **명사** Son of Man 인자 / order 명령 **동사** give 주다 (give-gave-given) / see 보다 (see-saw-seen) / rise 부활하다 (rise-rose-risen)

해설 ① the dead는 dead people을 의미한다 ② what은 관계대명사로서 the thing which로 바꿀 수 있다

의역 저희가 산에서 내려올 때에 예수께서 경계하시되 인자가 죽은 자 가운데서 살아날 때까지는 본 것을 아무에게도 이르지 말라 하시니

13 Jesus looked at him and loved him. "One thing you lack," he said. "Go, sell everything you have and give to the poor, and you will have treasure in heaven. Then come, follow me." (막10:21)

직역 예수님이 그를 처다보았고 그를 사랑하였다. "너는 한 가지가 부족하다," 그가 말씀하셨다. "가서, 네가 가진 모든 것을 팔아서 가난한 사람들에게 주어라, 그러면 너는 천국에서 보물을 갖게 될 것이다. 그리고 나서 와서 나를 따르라"

핵심구조 the + 형용사 poor

단어 및 숙어의 확장 **명사** treasure 보물, 보배 / heaven 천국 **동사** lack 부족하다 / follow 따르다 **숙어** look at 처다보다 / the poor=poor people 가난한 사람들

해설 ① the poor는 poor people을 의미한다 ② everything과 you 사이에 목적격관계대명사 that이 생략돼 있다 ③ One thing you lack은 도치된 문장이다. 원래대로

고치면 You lack one thing이다 ④ Go, sell…and you will have treasure in heaven
은 명령문 + ,and + S + V의 구문이다 (…해라, 그러면--할 것이다)

> **의역** 예수께서 그를 보시고 사랑하사 가라사대 네게 오히려 한 가지 부족한 것이
> 있으니 가서 네 있는 것을 다 팔아 가난한 자들을 주라 그리하면 하늘에서 보화
> 가 네게 있으리라 그리고 와서 나를 좇으라 하시니

14 Now about the dead rising—have you not read in the book of
Moses, in the account of the bush, how God said to him, "I am
the God of Abraham, the God of Isaac, and the God of Jacob?"

(막12:26)

> **직역** 이제 부활하는 죽은 자들에 대하여—너희는 모세의 책, 가시덤불에 관한 설명
> 에서 하나님이 그에게 어떻게 말씀하고 계시는지를, "나는 아브라함의 하나님,
> 이삭의 하나님, 그리고 야곱의 하나님이다"고 하신 것을 읽어보지 못했느냐?
>
> **핵심구조** the + 형용사 dead
>
> **단어 및 숙어의 확장** **명사** account 설명 / bush 덤불 **동사** read 읽다 (read-read-read)
> / say 말하다 (say-said-said)
>
> **해설** ① the dead는 dead people을 의미한다
>
> **의역** 죽은 자의 살아난다는 것을 의논할찐대 너희가 모세의 책 중 가시나무 떨기에
> 관한 글에 하나님께서 모세에게 이르시되 나는 아브라함의 하나님이요 이삭의
> 하나님이요 야곱의 하나님이로라 하신 말씀을 읽어 보지 못하였느냐

15 King Herod heard about this, for Jesus' name had become well
known. Some were saying, "John the Baptist has been raised from
the dead, and that is why miraculous powers are at work in him."

(막6:14)

> **직역** 헤롯왕은 이것에 대하여 들었다, 왜냐하면 예수님의 이름이 잘 알려졌기 때문
> 이었다. 누군가 이렇게 말하는 중이었다, "세례요한이 죽은 자들로부터 부활했
> 다, 그것이 그 안에서 기적적인 능력이 작용한 이유이다"

단어 및 숙어의 확장 명사 John the Baptist 세례요한 동사 hear 듣다 (hear-heard-heard) / become 되다 (become-became-become) 형용사 miraculous 기적적인 / well-known 유명한 (=famous) 숙어 be at work 일하고 있다, 작용하고 있다

해설 ① the dead는 dead people을 의미한다 ② John과 the Baptist는 동격이다 ③ that은 지시대명사이다

의역 이에 예수의 이름이 드러난지라 헤롯 왕이 듣고 가로되 이는 세례 요한이 죽은 자 가운데서 살아났도다 그러므로 이런 능력이 그 속에서 운동하느니라 하고

16 And wherever he went—into villages, towns or countryside—they placed <u>the sick</u> in the marketplaces. they begged him to let them touch even the edge of his cloak, and all who touched him were healed.

(막6:56)

직역 그리고 그가 가는 곳마다—마을이나 도시나 시골—그들은 장터로 병자들을 옮겼다. 그들은 그에게 간청하여 그의 옷자락 끝이라도 만지게 해달라고 하였고, 그를 만진 모든 사람은 치료되었다

핵심구조 the + 형용사 sick

단어 및 숙어의 확장 명사 village 마을 / marketplace 시장, 장터 / edge 끝머리, 테두리, 가장자리 / cloak (소매가 없는) 외투, 망토 동사 go 가다 (go-went-gone) / beg 간청하다 / heal 치료하다 (be healed 치료받다)

해설 ① the sick는 sick people을 의미한다 ② wherever는 복합관계부사로서 '어디든지' ③ beg + O (him) + to R (let)…에게 하도록 간청하다 ④ 사역동사 (let) + O (them) + R (touch)

의역 아무 데나 예수께서 들어가시는 마을이나 도시나 촌에서 병자를 시장에 두고 예수의 옷 가에라도 손을 대게 하시기를 간구하니 손을 대는 자는 다 성함을 얻으니라

■ 부록 I (Appendix I)

> 📂 자주 인용되는 마가복음의 유명한 구절이다. 우리말과 영어는 어순이 서로 반대라는 것을 명심하면서 큰 목소리로 외워보자.

1. 너희는 주의 길을 예비하라 Prepare the way for the Lord. (막1:3)

> ✝ 예비하라 Prepare / 길을 the way / 주님을 위한 for the Lord
> (우리말은 인칭을 생략하고 영어는 인칭을 쓴다) (You가 생략됨: 명령문)
>
> ↪ Prepare the way for the Lord.

2. 너는 내 사랑하는 아들이라 내가 너를 기뻐하노라
   You are my Son, whom I love; with you I am well pleased. (막1:11)

> ✝ 너는 나의 아들이다 You are my Son. 나는 너를 사랑한다. I love you. 나는 너를
> 기뻐하노라 I am pleased with you.
>
> ↪ You are my Son, whom I love; with you I am well pleased.

3. 하나님 나라가 가까이 왔으니 회개하고 복음을 믿어라
   The kingdom of God is near. Repent and believe the good news. (막1:15)

> ✝ 하나님 나라가 가깝다 The kingdom of God is near. / 회개하고 믿어라 Repent
> and believe / 복음을 the good news.
>
> ↪ The kingdom of God is near. Repent and believe the good news.

4. 네 이웃을 네 몸과 같이 사랑하라 (막12:31)
   Love your neighbor as yourself.

> ✝ 사랑하라 Love / 너의 이웃을 your neighbor / 네 자신처럼 as yourself
>
> ↪ Love your neighbor as yourself.

5. 나를 따라 오너라 내가 너희로 사람 낚는 어부가 되게 하리라

Come and follow me, and I will make you fishers of men. (막1:17)

✞ 와서 나를 따르라 Come and follow me / 그러면 내가 만들어주겠다 ,and I will make / 너희를 사람 낚는 어부로 you fishers of men.

✑ Come and follow me, and I will make you fishers of men.

6. 원하시면 저를 깨끗케 하실 수 있나이다 (막1:40)

If you are willing, you can make me clean.

✞ 만약 당신이 원하신다면, If you are willing, / 당신은 만들 수 있습니다 you can make / 저를 깨끗하게 me clean.

✑ If you are willing, you can make me clean.

7. 일어나 네 상을 가지고 집으로 가라 (막2:11)

Get up, take your mat and go home.

✞ 일어나라 Get up / 너의 매트를 가지고 가라 take your mat / 그리고 집으로 가라 and go home.

✑ Get up, take your mat and go home.

8. 나를 좇으라 (막2:14) Follow me.

✞ 좇으라 Follow / 나를 me

✑ Follow me.

9. 네 믿음이 너를 구원하였느니라 (막10:52)

Your faith has healed you.

(*heal 고치다, 낫게하다)

✞ 너의 믿음이 Your faith / 치료하였다 has healed / 너를 you

✑ Your faith has healed you.

10. 다윗의 자손이여 나를 불쌍히 여기소서 (막10:48)

Son of David, have mercy on me!

(*mercy 자비, 연민 / have mercy on(upon)…을 가엾이 여기다,…에게 자비를 베풀다)
우리

> ✞ 다윗의 자손이여 Son of David / 자비를 주십시오 have mercy / 저에게 on me
>
> ⤳ Son of David, have mercy on me!

11. 깨어 있어라 (막13:37)

Watch!

> ✞ 깨어 있어라 Watch
>
> ⤳ Watch !

12. 그러므로 깨어 있어라 (막13:35)

Therefore keep watch.

> ✞ 그러므로 Therefore / 깨어 있어라 keep watch
>
> ⤳ Therefore keep watch.

13. 주의하라 깨어 있으라 그때가 언제인지 알지 못함이라 (막13:33)

Be on guard! Be alert ! You do not know when that time will come.

(*guard 경계, 보호, 감시 / alert 방심 않는, 정신을 바짝 차린, 빈틈없는)

> ✞ 주의하라 Be on guard! / 깨어있으라 Be alert! / 너희는 모른다 You do not know
> / 언제 그때가 올 것인지를 when that time will come
>
> ⤳ Be on guard ! Be alert ! You do not know when that time will come.

14. 시험에 들지 않게 깨어 있어 기도하라 마음에는 원이로되 육신이 약하도다 (막14:38)

Watch and pray so that you will not fall into temptation. The spirit is willing, but
the body is weak.

(*so that + S + will not + R:···하지 않기 위하여 / temptation 시험, 유혹 / willing (adj) 기꺼이···하는, 꺼리지 않은)

> ✝ 깨어 기도하라 Watch and pray / 시험에 들지 않도록 so that you will not fall into temptation / 영혼은 의지적이만 The spirit is willing / 육체가 약하다 but the body is weak
>
> ∽ Watch and pray so that you will not fall into temptation. The spirit is willing, but the body is weak.

15. 나의 하나님, 나의 하나님, 어찌하여 나를 버리셨나이까 (막15:34)

My God, My God, why have you forsaken me?

(*forsake 버리고 돌보지 않다, 내버리다, 떠나다) (forsake-forsook-forsaken)

> ✝ 나의 하나님, My God, / 나의 하나님, My God, / 왜 당신은 버리셨습니까 저를 why have you forsaken me?
>
> ∽ My God, My God, why have you forsaken me?

16. 안식일은 사람을 위하여 있는 것이요 사람이 안식일을 위하여 있는 것이 아니니 (막2:27)

The Sabbath was made for man, not man for the Sabbath.

(*man과 for 사이에 was made가 생략돼 있다)

> ✝ 안식일은 만들어졌다 The Sabbath was made / 사람을 위하여 for man, / 안식일을 위하여 사람이 있는 것이 아니라 not man for the Sabbath.
>
> ∽ The Sabbath was made for man, not man for the Sabbath.

17. 네 믿음이 너를 구원하였으니 평안히 가라 (막5:34)

Your faith has healed you. Go in peace.

(*in peace=peacefully=평화롭게)

> ✝ 네 믿음이 Your faith / 치료하였다 has healed / 너를 you. / 가라 Go / 평안하게 in peace.
>
> ∽ Your faith has healed you. Go in peace.

18. 안심하라 내니 두려워 말라 (막6:50)

Take courage ! It is I. Don't be afraid.

> ✛ 용기를 가져라 Take courage ! / 나다 It is I. / 두려워마라 Don't be afraid. (be afraid 두려워하다)
>
> ↪ Take courage! It is I. Don't be afraid.

19. 할 수 있거든이 무슨 말이냐 믿는 자에게는 능치 못할 일이 없느니라 (막9:23)

If you can? Everything is possible for him who believes.

> ✛ 만약 할 수 있다면이라니? If you can? / 모든 일이 가능하다 Everything is possible / 그에게는 for him / 믿는 who believes
>
> ↪ If you can? Everything is possible for him who believes.

20. 너희는 온 천하에 다니며 만민에게 복음을 전파하라 (막16:15)

Go into all the world and preach the good news to all creation.

> ✛ (너희는)(You) 가라 Go / 모든 세계로 into all the world / 그리고 전파하라 and preach / 복음을 the good news / 만민에게 to all creation
>
> ↪ Go into all the world and preach the good news to all creation.

21. 사람에게서 나오는 그것이 사람을 더럽게 하느니라 (막7:20)

What comes out of a man is what makes him 'unclean.'

(*what은 관계대명사)

> ✛ 나오는 것이 What comes / 사람으로부터 out of a man / 그를 '불결하게' 만드는 것이다 what makes him 'unclean.'
>
> ↪ What comes out of a man is what makes him 'unclean.'

22. 건강한 자에게는 의원이 쓸데없고 병든 자에게라야 쓸 데 있느니라 (막2:17)

It is not the healthy who need a doctor, but the sick.

(*the healthy=healthy people / the sick=sick people)

> ✟ 전체 format: It + 강조부분 + that (who) + V / not A but B: A가 아니라 B다
> 건강한 자들이 아니다 It is not the healthy / 의사가 필요한 자는 who need a
> doctor / 병든 자들이다 but the sick.
>
> ↪ It is not the healthy who(that) need a doctor, but the sick.

23. 내가 의인을 부르러 온 것이 아니요 죄인을 부르러 왔노라 (막2:17)

I have not come to call the righteous, but sinners.

(*the righteous=righteous people / not A but B: A가 아니라 B다)

> ✟ 나는 온 것이 아니다 I have not come / 의로운 자들을 부르러 to call the righteous
> / 죄인을 부르러 왔다 but sinners
>
> ↪ I have not come to call the righteous but sinners.

24. 새 포도주를 낡은 가죽 부대에 넣는 자가 없나니 만일 그렇게 하면 새 포도주가 부대를
터뜨려 포도주와 부대를 버리게 되리라 오직 새 포도주는 새 부대에 넣느니라 (막2:22)

No one pours new wine into old wineskins. If he does, the wine will burst the skins,
and both the wine and the wineskins will be ruined. No, he pours new wine into
new wineskins.

(*pour 퍼붓다 / burst 터지다 / ruin 망치다, 파멸하다)

> ✟ 아무도 없느니라 Nobody / 새 포도주를 붓는 pours new wine / 낡은 가죽부대에
> into old wineskins / 그는 붓는다 he pours / 새 포도주를 new wine / 새 부대에
> into new wineskins.
>
> ↪ Nobody(No one) pours new wine into old wineskins. He pours new wine into
> new wineskins.

25. 누구든지 제 목숨을 구원코자 하면 잃을 것이요 누구든지 나와 복음을 위하여 제 목숨을
잃으면 구원하리라 (막8:35)

Whoever wants to save his life will lose it, but whoever loses his life for me and
for the gospel will save it.

> ✟ 누구든지 Whoever / 자신의 목숨을 구하기를 원하는 wants to save his life / 잃을
> 것이다 그것을 will lose it, / 그러나 누구든지 But whoever / 그의 목숨을 잃는
> 자는 / loses his life / 나를 위하여 for me / 그리고 복음을 위하여 for the gospel
> / 구할 것이다 그것을 will save it
>
> ➺ Whoever wants to save his life will lose it, but whoever loses his life for me
> and for the gospel will save it.

26. 누구든지 하나님의 나라를 어린아이와 같이 받들지 않는 자는 결단코 들어가지 못하리라
    (막10:15)

    Anyone who will not receive the kingdom of God like a little child will never enter
    it.

> ✟ 누구든지 Anyone / 받아들이지 않을 자는 who will not receive / 하나님의 나라를
> the kingdom of God / 어린아이처럼 like a little child / 결코 들어가지 못할 것이
> 다 그곳에 will never enter it
>
> ➺ Anyone who will not receive the kingdom of God like a little child will never
> enter it.

27. 약대가 바늘귀로 나가는 것이 부자가 하나님의 나라에 들어가는 것보다 쉬우니라
    (막10:25)

    It is easier for a camel to go through the eye of a needle than for a rich man to
    enter the kingdom of God.
    (*It은 가주어, to go through the eye of a needle과 to enter the kingdom of God은 진주
    어) (*for a camel과 for a rich man은 의미상의 주어)

> ✟ 더 쉽다 It is easier / 낙타가 for a camel / 바늘귀를 통과하는 것이 to go through
> the eye of a needle /…보다 than / 부자가 for a rich man / 하나님나라에 들어가는
> 것 to enter the kingdom of God
>
> ➺ It is easier for a camel to go through the eye of a needle than for a rich man
> to enter the kingdom of God.

28. 사람으로는 할 수 없으되 하나님으로는 그렇지 아니하니 하나님으로서는 다 하실 수 있느니라 (막10:27)

With man this is impossible, but not with God; all things are possible with God.

> ✙ 사람에게는 With man / 이것은 불가능하다 this is impossible / 그러나 하나님에게는 아니다 but not with God / 모든 것들이 가능하다 all things are possible / 하나님에게는 with God
>
> ➭ With man this is impossible, but not with God; all things are possible with God.

29. 너희가 나의 마시는 잔을 마시며 나의 받는 세례를 받을 수 있느냐 (막10:38)

Can you drink the cup I drink or be baptized with the baptism I am baptized with?

(*baptize 세례를 주다 / be baptized 세례를 받다)

> ✙ 너희는 마실 수 있느냐? Can you drink / 그 잔을 내가 마시는 the cup I drink / 혹은 세례받을 수 있느냐 or be baptized / 내가 세례받은 세례로? with the baptism I am baptized with?
>
> ➭ Can you drink the cup I drink or be baptized with the baptism I am baptized with?

30. 누구든지 크고자 하는 자는 너희를 섬기는 자가 되고 너희 중에 누구든지 으뜸이 되고자 하는 자는 모든 사람의 종이 되어야 하리라 (막10:43-44)

Whoever wants to become great among you must be your servant, and whoever wants to be first must be slave of all.

> ✙ 누구든지 Whoever / 위대하게 되기를 원하는 wants to become great / 너희들 중에서 among you / 되어야만 한다 너희의 종이 must be your servant, / 그리고 누구든지 and whoever / 으뜸이 되려는 자는 wants to be first / 되어야만 한다 모든 사람의 노예가 must be slave of all
>
> ➭ Whoever wants to become great among you must be your servant, and whoever wants to be first must be slave of all.

31. 예수께서 일러 가라사대 네게 무엇을 하여 주기를 원하느냐 소경이 가로되 선생님이여
보기를 원하나이다 (막10:51)

"What do you want me to do for you?" Jesus asked him. The blind man said, "Rabbi,
I want to see."

> ✝ 예수님이 그에게 물으셨다 Jesus asked him, / 너는 내가 너를 위하여 무엇을
> 해주기를 원하느냐? What do you want me to do for you? / 소경이 말하였다
> the blind man said, / 선생님, 저는 보기를 원합니다 Rabbi, I want to see.
>
> ↬ Jesus asked him, "What do you want me to do?" The blind man said, "Rabbi,
> I want to see."

32. 누구든지 이 산더러 들리어 바다에 던지우라 하며 그 말 하는 것이 이룰 줄 믿고 마음에
의심치 아니하면 그대로 되리라 (막11:23)

If anyone says to this mountain, 'Go, throw yourself into the sea,' and does not doubt
in his heart but believes that what he says will happen, it will be done for him.
(*what은 관계대명사 / that은 종속접속사)

> ✝ 만약 누구든지 If anyone / 말한다면 이 산에게 says to this mountain, / 가라,
> 던져라 네 자신을 바다로 Go, throw yourself into the sea / 의심하지 않고 마음속
> 으로 does not doubt in his heart / 믿는다면 그가 말한 것이 일어날 것이라고
> believes that what he says will happen, / 그대로 될 것이다 그에게 it will be done
> for him.
>
> ↬ If anyone says to this mountain, Go throw yourself into the sea, does not doubt
> in his heart but believes that what he says will happen, it will be done for him.

33. 무엇이든지 기도하고 구하는 것은 받을 줄로 믿으라 그리하면 너희에게 그대로 되리라
(막11:24)

Whatever you ask for in prayer, believe that you have received it, and it will be yours.
(*that은 종속접속사이며 생략할 수 있다)

> ✝ 무엇이든지 Whatever / 너희가 요청하는 것은 you ask for / 기도로 in prayer,
> / 믿어라 believe / 너희가 그것을 받았다고 that you have received it, / 그러면
> 그것은 너희 것이 될 것이다 ,and it will be yours.

⟿ Whatever you ask for in prayer, believe that you have received it, and it will be yours.

34. 건축자들의 버린 돌이 모퉁이의 머릿돌이 되었나니 (막12:10)

The stone the builders rejected has become the capstone.

(*The stone과 the builders 사이에 관계대명사 that이 생략됨) (*capstone 머릿돌, 冠石)

✛ 그 돌이 The stone / 건축자들이 거절했던 the builders rejected / 되었다 has become / 모퉁이의 머릿돌이 the capstone

⟿ The stone the builders rejected has become the capstone.

35. 네 마음을 다하고 목숨을 다하고 뜻을 다하고 힘을 다하여 주 너의 하나님을 사랑하라 (막12:30)

Love the Lord your God with all your heart and with all your soul and with all your mind and with all your strength.

✛ 사랑하라 Love / 주 너의 하나님을 the Lord your God / 너의 마음을 다하고 with all your heart / 너의 목숨을 다하고 and with all your soul / 너의 뜻을 다하고 and with all your mind / 너의 힘을 다해서 and with all your strength

⟿ Love the Lord your God with all your heart and with all your soul and with all your mind and with all your strength.

36. 너희가 내 이름을 인하여 모든 사람에게 미움을 받을 것이나 나중까지 견디는 자는 구원을 얻으리라 (막13:13)

All men will hate you because of me, but he who stands firm to the end will be saved.

(*because of… 때문에 / firm 단단한, 견고한, 흔들리지 않는 / stand(remain) firm 확고한 태도로 양보치 않다, 확고히 서다 / to the end 끝까지 / be saved 구원받다)

✛ 모든 사람이 All men / 싫어할 것이다 너희를 will hate you / 나 때문에 because of me / 그러나 사람은 but he / 견고하게 서는 who stands firm / 끝까지 to the end / 구원을 받을 것이다 will be saved

> ∞ All men will hate you because of me, but he who stands firm to the end will be saved.

37. 그 날과 그때는 아무도 모르나니 하늘에 있는 천사들도, 아들도 모르고 아버지만 아시느니라 (막13:32)

No one knows about that day or hour, not even the angels in heaven, nor the Son but only the Father.

> ✝ 아무도 모른다 No one knows / 그날이나 시간에 대하여 about the day or hour / 천사들조차도 모른다 천국에 있는 not even the angels in heaven / 아들도 모르고 nor the Son / 아버지를 제외하고 but only the Father
>
> ∞ No one knows about the day or hour, not even the angels in heaven nor the Son but only the Father.

38 먼저 된 자로서 나중 되고 나중된 자로서 먼저 될 자가 많으니라(막10:31)

Many who are first will be last, and the last first.

(*the last와 first 사이에 will be가 생략됨)

> ✝ 많은 자들이 Many / 먼저인 자들 who are first / 될 것이다 마지막 자가 will be last, / 마지막 자가 the last / 될 것이다 (will be) / 처음된 자가 first
>
> ∞ Many who are first will be last, and the last first.

39. 인자의 온 것은 섬김을 받으려 함이 아니라 도리어 섬기려함이라…(막10:45)

The Son of Man did not come to be served, but to serve.

> ✝ 인자는 The Son of Man / 온 것이 아니다 did not come / 섬김을 받으려 to be served / 도리어 섬기러 왔다 but to serve
>
> ∞ The Son of Man did not come to be served but to serve.

40. 이 세대가 지나가기 전에 이 일이 다 이루리라 (막13:30)

This generation will certainly not pass away until all these things have happened.

(*generation 세대 / pass away 사라지다)

> ✞ 이 세대는 This generation / 틀림없이 지나가지 않을 것이다 will certainly not pass away / 이 모든 일들이 발생할 때까지 until all these things have happened
>
> ✑ This generation will certainly not pass away until all these things have happened.

41. 이것은 많은 사람을 위하여 흘리는바 나의 피 곧 언약의 피니라(막14:24)

This is my blood of the covenant, which is poured out for many.

(*covenant 계약, 서약, 언약)

> ✞ 이것은…이다 This is / 나의 언약의 피다 my blood of covenant / 그것은 흘려지는 것이다 which is poured out / 수많은 사람들을 위하여 for many
>
> ✑ This is my blood of covenant, which is poured out for many.

42. 오늘밤 닭이 두 번 울기 전에 네가 세 번 나를 부인하리라 (막14:30)

Tonight, before the rooster crows twice you yourself will disown me three times.

(*crow[krou] 수탉이 울다 / rooster 수탉 / disown …에 관계가 없다고 말하다)

> ✞ 오늘밤 Tonight, / 수탉이 두 번 울기 전에 before the rooster crows twice / 너는 직접 부인할 것이다 나를 you yourself will disown me / 세 번 three times
>
> ✑ Tonight, before the rooster crows twice you yourself will disown me three times.

■ 부록 II (Appendix II)

1. How many chapters does the gospel of Mark have?

   ① 28   ② 25   ③ 16   ④ 21

2. Which of the following does not belong to the gospel of Mark?

   ① The genealogy of Jesus

   ② Jesus who is baptizing

   ③ the parable of the kingdom of God

   ④ the miracle of five loaves and two fish

3. When Jesus met Simon and his brother Andrew, what did He say to them? (1:17)

   ① The kingdom of God is near. Repent and believe the good news.

   ② Repent and be saved.

   ③ Follow me, and I will make you fishers of men.

   ④ Believe in the Lord Jesus, and you will be saved—you and your household.

4. In the chapter 4 of the Gospel of Mark, which of the following is not the parable of the kingdom of God?

   ① the parable of sowing seeds

   ② the treasure hidden in the field

   ③ the parable of mustard seed

   ④ the parable of the seed grown up of its own

5. When Jesus saved Jairus' daughter who had been dead, what did He say?

   ① Talitha koum(which means Little Girl! I say to you, 'get up.'

   ② Hallelujah

③ Abba

④ Eloi, Eloi, lama sabachthani

6. Who am I? (6:14-29)

> I regarded John, the Baptist as my enemy.
>
> I married Philip's elder brother who was my husband. I had a daughter.
>
> I let my daughter ask Herod to cut the head of John, the Baptist.

① Maria Magdalen   ② Herodia   ③ Salome   ④ Herod

7. In the Sea of Galilee Jesus healed a sick man and said "Ephphatha!" Who was the sick man? (7:32)

① A deaf and mute man

② A man dying man

③ A blind man

④ A man who cannot walk when born

8. Which of the following was not chosen to go to a high mountain with Jesus? (막9:2)

① John   ② Peter   ③ James   ④ Paul

9. What is the suitable word in the parenthesis?

Whoever wants to become great among you must be your (　　). (막10:44)

① master   ② slave   ③ friend   ④ rabbi

10. Among the leaders of the Jews, who says there is no resurrection? (막12:18)

① teacher of the law   ② priest   ③ Pharisees   ④ Sadducees

11. Where did Jesus pray the following prayer?

"Abba, Father, everything is possible for you. Take this cup from me. Yet not what I will, but what you will." (막14:36)

① Jerusalem   ② Gethsemane   ③ Capernaum   ④ the Sea of Galilee

12. Who was the man that carried the cross instead of Jesus? (15:21)

    ① Simon from Cyrene   ② John the Baptist   ③ Joseph   ④ Peter

13. Jesus said, "Watch out for the yeast of the Pharisees." What does the meaning of 'the yeast'? (막8:15)

    ① prayer   ② praise   ③ money   ④ hypocrisy

14. Where was Jesus baptized?

    (Answer: It was river Jordan.)

15. With whom did Herod marry?

    (Answer: He married the wife of his younger brother Phillip.)

16. What is the meaning of 'Ephphatha'?

    (Answer: It means Be opened.)

17. What is the name of the blind man Jesus healed in Jericho?

    (Answer: He is Bartimaeus.)

18. Where did Jesus pray with His three disciples?

    (Answer: He prayed in Gethsemane.)

19. What is the name of the man who was released instead of Jesus?

    (Answer: He is Barabbas.)

Answers:	1.③	7.①	13.④
	2.①	8.④	
	3.③	9.②	
	4.④	10.④	
	5.①	11.②	
	6.②	12.①	

■ 참고문헌 (Bibliography)

[국내서적]

강병도 편. 「빅 라이프성경」. 서울: 기독지혜사, 1996.

개역개정판 「만나성경」. 서울: 성서원, 2006.

김복희. 「Upgrade영문법:기초에서 토익토플까지」. 서울: 한국문화사, 2004.

_____. 「술술풀어가는 영어성경영문법-마태복음-」. 서울: 한국문화사, 2008.

_____. 「교회실용영어」. 서울: 한국문화사, 2010.

_____. 「술술풀어가는 영어성경영문법-요한복음-」. 서울: 한국문화사, 2011.

_____. 「술술풀어가는 영어성경영문법-옥중서신-」. 서울: 한국문화사, 2012.

김의원 편. 「NIV 한영해설성경」. 서울: 성서원, 2006.

류태영. 「이스라엘 바로알기」. 서울: 제네시스, 2006.

안준호. 「10일간의 성지순례」. 서울: 열린책들, 1994.

이종성 편. 「Big 베스트성경」. 서울: 성서원, 1999.

_____. 「뉴만나성경」. 서울: 성서원, 2000.

이희철. 「지리로 본 성서의 세계」. 서울: 생명의말씀사, 1997.

[국외서적]

Kirn Elaine & Hartmann Pamela. *Interactions One: A Reading Skills Book.* N.Y.:The McGraw-Hill Companies, Inc., 1996.

The Holy Bible: New International Version. Colorado Springs: International Bible Society, 1984.

The Holy Bible: New International Version: The New Testament. Michigan: Grand Rapids, 1973.

[번역서]

Briscoe, Jill, McIntyre K, Laurie & Seversen, Beth. *Designing Effective Women's Ministries.* 천영숙, 김복희 옮김. 「여성사역자를 깨워라」. 서울: 이레서원, 2001.

Jenkins, Simon. *Bible Mapbook.* 박현덕 옮김. 「성경과 함께 보는 지도」. 서울: 목회자료사, 1991.

生田 哲. *はや-わかり せいしょう.* 김수진 옮김. 「하룻밤에 읽는 성서」. 서울: 랜덤하우스, 2007.